MERIDIANE

Aus aller Welt

Band 100

THOMAS HÜRLIMANN

Vierzig Rosen

ROMAN

AMMANN VERLAG

Zweite Auflage
Im 25. Jahr des Ammann Verlags

www.ammann.ch

Satz: Gaby Michel, Hamburg
Druck und Bindung: Clausen & Bosse, Leck
ISBN-13: 978-3-250-60100-5
ISBN-10: 3-250-60100-4

Für Gabrielle Hürlimann, meine Schwester

Morgen im Katzenhaus

Marie stieß die Läden auf, dann schloß sie das Fenster, hob die Arme, griff in die Gardinen und ließ die feinen, durchsichtig weißen Stoffe über ihren Füßen ineinanderrieseln. Das war ihr Auftakt, Morgen für Morgen, und bei jedem Fenster wurde er wiederholt. Im Blätterkleid, das an der Südseite die Hausmauer bewuchs, surrte der Sommer, aber schon lag über dem Land etwas Müdes, etwas herbstlich Schlaffes. Dunst entrückte das Gebirge in eine zarte Ferne. Weich faßten die Ufer den bleichen See, und die Morgenkühle wurde vom Garten durchduftet. Roch es nach Fisch? Nein, kein bißchen, das Wetter würde sich halten, und damit war eine wichtige Frage, die Kostümfrage, entschieden. Heute abend würde sie zum festlichen Diner ihr Kleid von Pucci tragen.

Marie war eine Dame mit Stil. Nie verließ sie die obere Etage ohne ein leichtes Make-up, eilte jetzt ins Bad, tupfte Rouge auf die Wangen, gab etwas Spucke in die Tusche und malte sich sorgfältig die Wimpern an. Im Spiegel sah sie den Streublick, der tief aus dem Innern kam und ihr eine geheimnisvolle Aura verlieh. Es war der 29. August, ihr Geburtstag. Marie wußte, was ihr bevorstand. Wenn es klingelte, würde sie zur Tür eilen, den

Blumenboten empfangen und erfreut die Hände zusammenschlagen.

Jeweils zum Geburtstag ließ ihr Max vierzig Rosen schicken.

*

Dinge verwittern langsamer, sehr viel langsamer als Menschen. Ein alter Roman oder ein Seidenschirmchen setzen höchstens ein wenig Staub an, indes die Hand, die das Buch oder den Schirm gehalten hat, längst vermodert ist. Das ließ doch hoffen, oder nicht? Marie gab der alten Haushälterin einen Kuß ins weiße Haar, worauf sie von großen, stets etwas feuchten Augen angestaunt wurde, als wäre sie eine wildfremde Person. Luise, in Wolljacken und Tücher eingemummt, saß am oberen Ende des Küchentischs, hielt in der Rechten das Schälmesser, in der Linken eine Kartoffel und schien darüber nachzusinnen, ob zwischen Messer, in der Rechten, und Kartoffel, in der Linken, ein logischer Zusammenhang bestehen könnte. Indem sich Luise meublisierte, verlängerte sie ihr Leben.

Hast du gut geschlafen, meine Liebe?

Keine Reaktion, natürlich nicht.

Auch Maries Sohn saß am Tisch. Ein angebissenes Brötchen in der Hand, starrte er in ein Mathebuch. Marie wußte, daß er gleich eine Prüfung zu schreiben hatte. Sie räusperte sich, den Handrücken vor den Lippen, und sagte behutsam: Wenn ich in deinem Alter wäre, würde ich ebenfalls dazu neigen, mich über den Vorstand des Fahrlehrerverbandes ein wenig lustig zu machen.

Keine Reaktion, natürlich nicht.

Wie seine Mama war der Sohn eher ein Abendmensch, der sich nur mühsam durch die Morgenstunden bewegte: Als würde die Traumwelt mit elastischer Zähigkeit an ihm festhalten. Bestimmt kam er zu spät, doch schien ihn das nicht zu kümmern. Sein Ehrgeiz hielt sich in Grenzen. Hauptsache, sagte er hin und wieder, man lebt. Erinnerst du dich, nahm sie den Faden wieder auf, ich habe dir letzthin von diesem Funktionär erzählt. Schwarze Lederjacke, gelbes Hemd, breite Hosenstöße, Stiefeletten. Aufdringlich. Beinah lästig. Selbstverständlich habe ich den Mann darauf hingewiesen, daß du sehr beschäftigt bist, nur hat es ihn leider nicht davon abgehalten, dich zum Länderspiel einzuladen. Fußball, präzisierte sie. Im Stadion der Hauptstadt.

Er stand auf, verschränkte die Arme, lehnte sich an die Wand.

Dein Vater erwartet von dir, daß du die Einladung annimmst. Er soll beim Zukunftskongreß des Internationalen Fahrlehrerverbandes die Festrede halten, und dieser Auftritt, läßt er dir ausrichten, sei ihm sehr sehr wichtig.

Der Sohn hatte schöne, schlanke Hände, mit denen er wunderbar Klavier spielen könnte, und die lange Gestalt war förmlich dazu geschaffen, an Wände oder Baumstämme gelehnt zu werden. Allerdings hatte er auch im Stehen etwas Schläfriges – als nähme er eine aufrechte Horizontale ein. Wie sein Vater war er ein Menschen-, hauptsächlich ein Frauenfischer und wurde von allen geliebt, auch von der alten Luise.

Die meisten Parlamentarier lobbyieren, fuhr Marie fort. Onkel Fox engagiert sich für die Pharmaindustrie und dein Vater für den nationalen Fahrlehrerverband. Natürlich ergeben sich da gewisse Freundschaften, gewisse Abhängigkeiten. Wie auch immer: Die Herren des Fahrlehrerverbandes laden dich zum Länderspiel ein. Es handelt sich um Stehplätze. Auf den Stehplätzen, hat der Funktionär gemeint, gehe es lustiger zu, da sei man in der Hefe des Volkes.

Als Gattin eines Politikers war sie komplizierte Verhältnisse gewöhnt; das Metier der Diplomatie beherrschte sie aus dem Effeff, hier jedoch, in den eigenen vier Wänden, drohte sie ihre Parkettsicherheit immer öfter zu verlieren. Gewiß, der Sohn schlug nach ihr, zumindest innerlich. Er hatte das gleiche Empfinden wie sie, ähnliche Schwächen und Talente. Er war der Sinn ihrer Existenz. Für ihn lebte sie. Für ihn, durch ihn. Aber vielleicht war ihre Liebe ein bißchen zu groß. Der Madonna, ihrer Namenspatronin, dürfte es ähnlich ergangen sein. Was wird die gestaunt haben, als ihr Sohn Wasser in Wein, Tote in Lebende und zuletzt sich selbst, den Gott, in einen Sterbenden verwandelt hat! An den Spültisch gelehnt, beobachtete sie, wie er einen müden Blick auf die Uhr warf, und erinnerte sich, daß ihr eben ein kleiner dummer Fehler unterlaufen war. Oh, versuchte sie den Fauxpas zu korrigieren, die Hefe des Volkes, das war keine Anspielung, mein Lieber! Daß Paddy die Tochter einfacher Leute ist, spielt für mich keine Rolle.

Er glotzte sie an, dann nickte er. Kein Zweifel, ihre

Entschuldigung war akzeptiert worden. Ob er wußte, daß heute der 29. August war? Vermutlich schon, aber sie war nicht heruntergekommen, um Glückwünsche zu ergattern – es ging ihr um die Einladung zum Länderspiel, um nichts anderes. Vielleicht, sagte sie lächelnd, eßt ihr heute abend auf der Terrasse, du und deine Freunde. Es sind die letzten Sommertage, die gilt es auszunutzen.

Wieder nickte er, stopfte sein Buch in die Mappe, klemmte sie unter den Arm, schlurfte zur Garderobe. Als hätte er alle Zeit der Welt, zog er einen langen, dunklen Seidenmantel an. Darin wirkte er noch schlacksiger, als er ohnehin war, und gemahnte mit der John-Lennon-Brille, einem silbernen Gilet, verwaschenen Jeans und geschnürten Stiefeletten an einen abgebrannten englischen Landlord. Der Seidenmantel mußte aus den eigenen Beständen stammen. Entweder hatte er ihn drüben gefunden, im Atelier, oder unten in den Kellergewölben, wo eine ganze Armee von Probierbüsten und Schneiderpuppen in ewiger Gefangenschaft vor sich hin träumte. Morgen mittag bin ich zurück, rief sie ihm nach, aber schon ließ die zufallende Haustür ihr Klirren hören. Die Melodie des Hauses! In die obere Türhälfte war eine Wappenscheibe eingefügt, von der Morgensonne durchstrahltes, hellrotes Kathedralglas, und darauf stand mit gespreizten Klingen das Zeichen der Schneider, eine Schere.

Unwillkürlich war sie dem Sohn gefolgt. Solltest du es vorziehen, mit uns zu feiern, wollte sie ihm zurufen, bist du herzlich willkommen! – aber dafür war es jetzt zu spät. Eigentlich kam sie immer zu spät, mit allem.

Marie stand an der Tür.

Der Sohn ging zur Garage.

Eine Art Privatmythologie. Ihre Familie, vor Urzeiten aus dem Osten zugewandert, hatte sich dieses Wappen selber verpaßt. Die Klingen der Schere sahen aus wie leicht gespreizte Beine, und die Ovale des Doppelkopfs wandten sich angewidert voneinander ab. Oder war es umgekehrt? Waren die Köpfe im Begriff, einander zu küssen? Als Kind hatte sie gemeint, das Rot symbolisiere den Morgenhimmel über Galizien, heute jedoch, da sie auf den Blumenboten wartete, leuchtete das Glas wie die Rosette der Klosterkirche von Mariae Heimsuchung. So war es immer. Eine sichere Antwort bekam man hier nie, eine Schere ist eine Schere ist eine Schere...

Seidenkatz, ihr Großvater, hatte das Wappen entworfen. Den meisten Besuchern imponierte es, doch brachten sie es gewöhnlich mit Max Meier in Verbindung, dem Politiker, der dafür berühmt war, das Abschneiden alter Zöpfe zu fordern. Daß Maries Vorfahren, die Katzen, in der Konfektionsbranche eine erste Adresse gewesen waren, wußte niemand mehr, wen wundert's: Das Wort Mode ist ein Synonym für Vergänglichkeit. Was heute *en mode* ist, wird morgen *passé* sein.

Sie steckte zwei Scheiben in den Toaster, trat ans Fenster und sah zu, wie der Junge sein Moped aus der Garage schob. Wieder fielen ihr seine langen Arme auf, und sie konnte sich vorstellen, daß er sich bei seinen Zärtlichkeiten ein wenig verhedderte. Insofern würde Paddy bestens zu ihm passen. Paddy war klein, drall, selbstsicher, leutselig und eine der Besten in sämtlichen Fächern, vor allem in Mathe. Ihre schlabbrigen Pullover verbargen eine saloppe Sinnlichkeit, und wenn sie gemeinsam mit den Freunden des Jungen auf ihren Holzpantinen ins Haus klapperte, mußte Marie jedesmal ein amüsiertes Grinsen unterdrücken. Holzpantinen! Als wäre man in der Pestzeit! Damals mußten die Verseuchten mit einer Klapper vor sich warnen, damit ihnen die Gesunden aus dem Weg gehen konnten. Das Garagentor krachte zu, der Junge kickte das Moped an, tuckerte mit wehendem Mantel davon. Luise, sagte Marie, um neun wird der Blumenbote klingeln. Vierzig Rosen werden es sein. Weißt du, was das bedeutet?

Ja.

Wirklich?

Luise nickte, ein verschmitztes Lächeln in den Augen.

Sag bloß! Du hast dich an meinen Geburtstag erinnert?

Marie biß sich auf die Unterlippe. Ich fürchte, ich habe einen Fehler gemacht, gestand sie leise. Es war kein großer Fehler, nur ein kleiner, und doch wäre es besser gewesen, die Einladung zum Länderspiel nicht zu erwähnen. Mein Gott, wieso lobbyiert Max ausgerechnet für die Fahrlehrer?! Da gehts mir wie dem Jungen, ich finde diese Funktionärs-Mischpoche nicht besonders sympathisch.

Mit einem Klack! spuckte der verchromte Toaster die gerösteten Scheiben aus. Sie stellte ihr Frühstückstablett zusammen, aber bevor sie es auf die Terrasse trug, traf sie die Vorbereitungen, um die Rosen zu empfangen. Sie füllte eine Kristallvase mit Wasser und stellte sie im Salon auf den ziegeldicken Glastisch. Daneben faltete sie eine Zeitung auf und legte wie für eine Operation das Besteck bereit. St. Oswald schlug acht, und auf einmal verharrte Marie in jenem Zustand, den sie *mein Zwischen* nannte. Reglos wartete sie darauf, daß auch die Salonuhr die volle Stunde erreichen würde, aber das dauerte dauerte dauerte, denn die Wanduhr kam stets etwas später, und so entstand zwischen den beiden Uhren, die beide dieselbe Zeit anzeigten, ein kleines Stück Gegenwart, das Zwischen der Zeit. Dann ein Keuchen, ein Rasseln, und dong! dong! dong! wurde es auch im Katzenhaus acht Uhr morgens. Im Gymnasium begannen sie mit der Matheprüfung, und auf seinem Moped surrte ihr Sohn dem See entlang.

*

Du lieber Himmel, wie lang ist es her, daß sie ihn geboren hat! Er war die Erfüllung aller Wünsche gewesen, das größte Glück ihres Lebens, und trotzdem, und dennoch: Nur ungern dachte sie an jene Zeit zurück. Damals hatte Meiers Karriere stagniert. Er, der mit riesigen Ambitionen ins nationale Parlament eingezogen war, mußte nun feststellen, daß sie ihn nicht reüssieren ließen. Meier 3 wurde er genannt, Meier 3!, und in die letzten Reihen gesetzt, auf die Hinterbänke. Natürlich suchte er die Schuld nicht bei sich, sondern bei ihr. Ohne Frau und Kind fühlte er sich in der Hauptstadt einsam, was ihn angeblich daran hinderte, feurige Reden zu halten und in der Fraktion nach vorn zu kommen. Entweder ziehst du zu mir, verlangte Max, oder wir trennen uns. Sie lehnte ab. Sie mußte ablehnen, etwas anderes blieb ihr nicht übrig, hier war sie geboren und aufgewachsen, hier lebte ihre Geschichte, und weiß Gott, es war den Katzen nicht leichtgefallen, in diesem Boden, ursprünglich eine versumpfte Fiebergegend, Wurzeln zu schlagen. Bei allem Verständnis für Meiers Karriere: Marie hätte es nie übers Herz gebracht, ihr Erbe zu veräußern und Luise in ein Heim zu geben.

Marie: Ich gebe das Haus nicht auf.

Max: Dann reiche ich die Scheidung ein.

Als der Ehekrieg eskalierte, hatte sich Fox an die Autolobby gewandt und angedeutet, Meier gelte in der Parteizentrale als kommender Mann. Die Autolobby biß an und stellte Meier einen Wagen zur Verfügung, erst einen Ford Taunus 17m und später, als er tatsächlich zu steigen begann, einen schnittigen BMW. Damit war das Problem gelöst. Marie blieb mit dem Jungen im Elternhaus, erklärte sich aber bereit, so oft als möglich in die Hauptstadt zu fahren, um gemeinsam mit Max auf Empfänge zu gehen, Ausstellungen zu eröffnen und Diners zu geben. Seither war sie zwischen den beiden Orten und Rollen unterwegs, ursprünglich im Ford, seit einigen Jahren im BMW. Das Pendeln machte ihr nichts aus, im Gegenteil, von ihren Vorfahren hatte sie das Wandern im Blut, und meistens machte es ihr Spaß, am Volant durch die Ebene zu sausen, mal zum Mann, mal zum Sohn.

Hier, im Katzenhaus, war sie ganz und gar Mutter, und in der Hauptstadt, wo Meier eine Hotelsuite bewohnte, die Gattin des Gatten.

Auch heute würde sie fahren, und so gab es vor der Abfahrt noch einiges zu erledigen. Jeden Augenblick dürfte der Blumenbote klingeln, dann mußte sie für den Jungen das Abendessen vorkochen, Luise auf die Toilette bugsieren, das Köfferchen packen, den Autodreß anziehen, sich hübsch machen, und du lieber Himmel, schon war acht vorbei, höchste Zeit, endlich loszulegen! Gewiß, Max war er ein großzügiger Mensch. Marie, pflegte er zu sagen, sie sind die Kinder ihrer Zeit, nicht ihrer Eltern. Aber in Sachen Pünktlichkeit hörte sein Verständnis auf. Da tickte er wie ein Feldwebel, und das schlimmste war, daß er im Wort pünktlich stets das T betonte, pünkt-lich, t t t!, wie eine unbarmherzig vorrükkende Uhr: t t t! Furchtbar. Auch heute würde er punkt sechs in seiner Suite am Fenster stehen, bereits im Dinnerjackett, die Rechte in der Hosentasche, ein Schatten vor der Abendhelle, und sollte sie sich um ein paar Minütchen verspäten, dürfte er mit tödlicher Sicherheit jenen Satz sagen, den er immer sagte: Marie, da bist du ja endlich!

Marie, da bist du ja endlich ...

Wenn wir denken, denken wir nach. Wenn wir reisen, kommen wir zu spät. Marie ließ sich auf der Terrasse in einen taufeuchten Korbsessel fallen. Eine Amsel sang; auf dem Tablett hüpfte ein Spatz; der Himmel wurde blauer. Krachend biß sie in den Toast; er war mit zwei

Flocken Butter bestrichen, und wie jeden Morgen trank sie zwei Tassen Tee. Um die erste Zigarette zu rauchen, trat sie an die Brüstung. Linker Hand, am östlichen Ufer, begann sich das Städtchen aus dem Diesigen zu schälen, und der Ausflugsdampfer, an dessen Kamin bereits ein Shawl aus Rauch hing, war bereit zum Ablegen.

Ja, sie macht ihnen die Freude: Sie illuminiert für die jungen Leute die Terrasse!

*

Daß sie ausgerechnet heute, am Geburtstag, das Atelier aufsuchte, hatte mit Sentimentalität nichts zu tun. Irgendwo hier, in der ehemaligen Schneiderwerkstatt, mußten die Lampions liegen, die sie über die Brüstung hängen wollte. Die Hand auf der Klinke, hielt sie inne. Ein mürber, leicht mehliger Geruch stieg ihr in die Nase, als hätte sie einen antiken Folianten aufgeklappt, und ihr Blick fiel auf den alten Lehnsessel, der vorn an einem der hohen Fenster stand.

On a du style, hatte Maman gesagt, weißt du, was das heißt, Mariechen?

On a –

du style.

Wie der Stiel vom Sonnenschirmchen?

An der Rückwand stand das Klavier. Darauf lagen noch immer ihre Noten, zwei Stapel, dick bestaubt, und natürlich wäre es schmerzlich, sich von all diesen Dingen zu trennen. Aber: Es mußte sein. Morgen, gleich nach ihrer Rückkehr, würde sie den Jungen bitten, die Renovation an die Hand zu nehmen. Wenn es ihm Spaß machte, konnte er alles hinausschaffen, mit Benzin übergießen und anzünden. Der Raum war riesig, er bot tausend Möglichkeiten, und hatte Max nicht recht, wenn er der Jugend einen eigenen Geschmack zutraute? Bitte, sollen sie ihre Boxen installieren, einen Pingpongtisch aufstellen, mit den Holzpantinen den Parkettboden zerkratzen und den exotischen Duft von Räucherstäbchen verbreiten!

Sie band sich Papas grüne Schürze um und setzte einen Strohhut auf, der nach zahllosen, längst verglühten Sommern roch. Die Lampions fand sie in der rundumlaufenden Sitzbank, die früher zum Pavillon gehört hatte, ebenso einen Satz Kerzen, die perfekt in die Halterung paßten. Ohne Eile ging sie hin und her, um alles auf die Terrasse zu schaffen, zuletzt die Bockleiter. Halt! Gleich würde der Blumenbote vorfahren, und wenn es klingelte, wollte sie nicht auf dieser Leiter stehen, einem berühmten Möbel aus der Familiengeschichte: Zwei Jahre vor dem Ersten Weltkrieg war Seidenkatz, ihr Großvater, von dieser Leiter in den Tod gestürzt.

Es klingelte.

Der Bote, pünktlich wie stets!

Sie eilte zur Tür, schlug erfreut die Hände zusammen.

Vierzig Stück, sprach eine Stimme aus dem Strauß.

In früheren Jahren hatte Luise das Bouquet entgegengenommen, inzwischen jedoch war die Haushälterin für derartige Dienste zu alt geworden, zu immobil. Bis sie sich vom Hocker erhoben hätte! Bis sie durch das Entree an die Haustür geschlurft wäre! Bis sie diese aufgeschlossen und begriffen hätte, weshalb der nette junge Mann schon wieder vierzig Rosen vorbeibrachte, wäre der halbe Vormittag verstrichen, der Bote hätte den Strauß deponieren müssen, wie vor einem Trauerhaus, ohne Trinkgeld, und da Max eine öffentliche Person war, würde die verweigerte Annahme des Bouquets zu unguten Spekulationen geführt haben. Unmittelbar vor seinem Auftritt auf dem Zukunftskongreß durfte kein Schatten auf Meier fallen, nicht der Hauch eines Schattens. Eintausenddreihundert Fahrlehrer wurden erwartet, Abordnungen aus der ganzen Welt, sogar eine Delegation aus Taiwan, und Max war fest entschlossen, die große Bühne für sich zu nutzen. Mit einer fulminanten Ansprache wollte er nicht nur die internationale Fahrlehrerschaft, sondern hauptsächlich die eigene Partei auf sich aufmerksam machen.

Glück und Segen, sprach der Strauß, zum *vierzigsten* Geburtstag!

Wieso betonte er das Wort *vierzig?*

Natürlich dachte sie nicht daran, Max zu desavouieren und dem Blumenboten zu erklären, der liebe Gatte habe sich wieder einmal in der Jahreszahl geirrt. Im Gegenteil, fröhlich spielte sie die Komödie mit. Einem geschenkten Gaul schaut man nicht ins Maul, und war es nicht lieb von Max, daß er das wahre Alter seiner Frau in diesem Zauberstrauß verschwinden ließ? Jung soll sie bleiben, alle Jahre wieder. Vierzig soll sie werden, alle Jahre wieder.

Schaffen Sies? sprach es aus den Blättern.

Sie steckte die vorbereitete, zweimal gefaltete Note in die Beuteltasche seiner Gartenschürze. Dann umarmte sie das Bouquet und konnte leider nicht verhindern, daß ihr ein leichter, der Süße entfließender Fäkalgeruch in die Nase stieg. Die Rose war dem Meerstern verwandt, der Venus, und Marie konnte plötzlich verstehen, weshalb sich die Seefahrer früherer Zeiten an einer Kompaßrose orientiert hatten. Jede Fahrt in die Liebe war eine Fahrt in die Nacht. Sie hielt den Strauß etwas zur Seite und beobachtete, wie sich der Bote rückwärts davonmachte. Er trug eine schwarze Krawatte, und auf der Ladefläche des dreirädrigen Karrens lag ein Trauerkranz mit violetten Schleifen. Seine nächste Station war der Friedhof, wo um diese Zeit, wenn es zu herbsten begann, jeden Vormittag ein Begräbnis stattfand. Marie nickte ihm aufmunternd zu, doch war er mit einer Abgasfahne bereits davongeknattert. Sie kehrte in den Salon zurück, und das raschelnde Bouquet legte sie sorgfältig auf den zeitungsbedeckten Glastisch. So war es früher geschehen/geschah es jetzt. Mit der Rechten führte sie das Messer. Mit dem Gartenhandschuh nahm sie Rose um Rose, eine nach der andern, Jahr um Jahr. Sie schnitt die Stiele, und die Zeugen seiner Liebe erblühten in nachtroter, taubeperlter Pracht. Wenn sie kurz nach sechs, der verabredeten Zeit, die Suite betreten und er den Satz sagen wird: Marie, da bist du ja endlich!, wird sie Max um den Hals fallen und sich mit einem Kuß bedanken. Die Rosen, Liebster, wunderschön!

Marie, da bist du ja endlich!

Sie riß den Hörer vom Haken, stach den Finger in die Scheibe und wählte die einzige Nummer, die sie auswendig kannte. Im letzten Moment, da sie schon aufgeben wollte, drang ein verschlafenes Stöhnen aus der Muschel. Hallo Percy, jubelte sie, ich bins, Marie. Ginge es um elf?

Ist es dringend?

Ja. Ziemlich.

Gut. Dann bis gleich.

Bis später, flüsterte sie, danke, Percy.

*

Um Viertel nach neun stand Marie hoch über der Terrassenbrüstung auf der Bockleiter, steckte die Kerzen in die Halbmonde, faltete sie zur Kugel auf und hakte sie am Draht ein, wie Noten einer Melodie. Ob sich der Junge freuen wird? Bestimmt. Heute abend ist er der Herr des Hauses. Da kann er für alle seine Freunde Platten auflegen, die Musik aufdrehen und unter leuchtenden Lampions den Arm um Paddy legen. Aber auch ihr, dem Geburtstagskind, wird man einen schönen Abend bescheren. Im Speisesaal des Grand werden sie dinieren, sie, Max, ihr Bruder und Fox.

Etwa um zehn würden sie dann in die Bar wechseln, wo in einem reservierten Winkel die eigentliche Party stattfand, und ganz bestimmt hatte sich Max auch für heuer ein schönes Schlußbouquet einfallen lassen. Eigentlich ein guter Tag, nicht wahr? Morgens die vierzig Rosen, abends das Diner, nachts die Party. Allerdings war das mit ziemlich viel Arbeit verbunden. Das bevorstehende Großereignis, der Internationale Zukunftskongreß der Fahrlehrer, warf seinen Schatten voraus, weshalb ihr die Funktionäre allerlei scholastische Fragen stellen würden, zum Beispiel, ob es statthaft sei, bei der offiziellen Begrüßung die Delegationen aus den nordischen Staaten unter dem Oberbegriff *Fahrlehrer aus Skandinavien* zusammenzufassen. Meine Herren, wird sie sagen, es war schrecklich nett von Ihnen, unseren Sohn zum Länderspiel einzuladen, aber er ist leider zu beschäftigt ... ja, Sie haben es erraten: ein Mädchen. Die Liebe. Paddy heißt die Glückliche.

Ohne Passagiere glitt der Ausflugsdampfer vorüber, ein Geisterschiff, das in der Helle entschwand. Wenig später klatschten Wellen gegen das Ufer, spritzten hoch, und eine Zeitlang war von unten ein obszönes Schnalzen zu hören, das Lecken gieriger Zungen am Tangbehang der Ufersteine. Dann kam eine leichte Brise auf, raschelte in den Spalierblättern und brachte die bunten Papierkugeln sanft ins Schaukeln. Zwei Stück noch, dann war die Reihe vollständig, die Terrasse geschmückt, der Fauxpas ausgebügelt. Schön. Sehr schön. Viertel vor zehn. Wenn sie es schaffte, um elf bei Percy zu sein, würde Max auf seinen Lieblingssatz verzichten können: Marie, da bist du ja endlich!

Sie fuhr zusammen.

Am Fuß der Leiter stand Adele, ihre liebste Freundin, hielt in der rechten Hand ein Beauty-Case und in der linken, als handle es sich um ein Paddel, ihre Gitarre. Adeles grüner Umhang war groß wie ein Zelt, und in der Patronenhülse, die keck am Jägerhütchen steckte, zitterten drei Federn. Adele strahlte. Es war ihr gelungen, sich durch den Garten anzupirschen, ohne daß es Marie gemerkt hätte.

Hab ich dich erschreckt, meine Liebe?

Marie strich sich mit dem Handrücken über die Stirn. Dann stieg sie von der Bockleiter und rief: Aber nein! Du! Adele! Was für eine wunderbare Überraschung!

*

Maries Freude war echt, wirklich. Über Adele gab es nur Gutes zu sagen, nur Gutes. Adele dachte nie an sich selbst, und was immer sie tat, tat Adele aus Liebe, aus Fürsorge, aus Mitleid oder einfach, um die Welt ein wenig bewohnbarer zu machen. Ihre Menschenliebe mochte etwas Lawinenartiges haben, und nicht alle, die in immer neuen Schüben überrollt wurden, brachten ihr jene Dankbarkeit entgegen, die Adele insgeheim erwartete. Dann war Adele ein bißchen beleidigt, doch blieb sie ihrer Linie treu, ob man dies honorierte oder nicht. Das Gute, pflegte Adele zu bemerken, müsse getan werden, gell? Sie kümmerte sich um italienische Gastarbeiter und ehemalige Parteigrößen. Sie besuchte Gräber und Witwen, stellte Blumenväschen auf Schreibtische, lobte Parlamentarier für ihre Voten und steckte Meier nach jeder Rede ein parfümiertes Kärtchen zu: Danke, Max!

Den Weihnachtsabend verbrachte sie in Waisenhäusern, Ostern in Gefängnissen, und über Pfingsten wanderte sie mit der Jugendorganisation der Partei durch die Voralpen, bei Regen mit einer Blockflöte und bei Sonnenschein mit ihrer berühmten Gitarre. Adele saß in diversen Organisationskomitees, gestaltete Adventsbasare und Pfarreiabende, nahm an Seminaren und Kursen teil, korrespondierte mit Künstlern, Psychoanalytikern und Jesuiten, und trotz aller Aktivitäten fand sie regelmäßig Zeit, ihr Appartement zu verdunkeln, ein Laken aufzuspannen und einer Schar junger Gäste lustige Filme zu zeigen. An den Geburtstagen des Sohnes, die drüben gefeiert wurden, tönte Gelächter auf die Uferwiese hinaus, manchmal sogar Gejohle, und Marie fragte sich amüsiert, ob es den Heimkino-Zuschauern wohl bewußt war, daß die einzigen Männer, die sich auf Adeles Laken tummelten, Stan Laurel und Oliver Hardy waren. Aber bitte, jede nach ihrer Façon! Adele war herzensgut, das war die Hauptsache. Unterm Jägerzelt, das sie nun ablegte, trug sie ein hochtailliertes Empirekleid aus grünem Moiré, die Schultern nackt, der BH trägerlos, das Haar mit einer Postiche zum Turm erhöht. Ein Jupon aus Nylontaft gab dem Kleid trotz eines eindrücklichen Hüftumfangs eine schöne Glockenform, und wer gegen die goldfarbenen Sandaletten, deren Schnürung wie bei einer antiken Hetäre die Waden umrankte, stilistische Einwände hatte, mußte immerhin konzedieren, daß sie erfrischend originell wirkten. Indes waren sie in den Salon gegangen, Adele hatte sich vor dem Büffet in Positur gestellt, stimmte an ihrer Gitarre herum und schien sich zum Glück damit abzufinden, daß es leider nicht möglich war, die tickende Wanduhr in die Küche zu schaffen.

Bist du bereit, Marie? Dann setz dich!

Oh, verzeih!

Liebe Jubilarin, sagte Adele, wie du weißt, kann ich an deinem Geburtstagsdiner leider nicht teilnehmen. Deshalb möchte ich dir mit diesem Lied, das ich selber komponiert und gedichtet habe, eine kleine Freude bereiten.

Selber komponiert?

Ja, bestätigte Adele und senkte schamhaft die Augen. Aber wolltest du nicht Luise dazuholen?

Nein, besser nicht.

Auch unsere Alten haben ein Recht, die schönen Momente mit uns zu teilen, gell?

Ich will sehen, was sich machen läßt.

Marie eilte in den Flur, überprüfte im Garderobenspiegel ihre Frisur, zog die Gartenschürze aus, warf sie über einen Polstersessel, und: Durchatmen, befahl sie sich, Contenance bewahren, *on a du style, noblesse oblige.* Sie hetzte in die Küche, riß eine Erdbeertorte aus dem Gefrierfach, füllte heißes Wasser in den Eiskübel, stieß das Kuchenmesser hinein, Punkt elf mußte sie bei Percy sein, sonst konnte sie ihren Zeitplan nicht einhalten.

Wo bleibt Luise?

Sie zieht es vor, in der Küche zu bleiben.

Dann laß wenigstens die Tür offen, gell?

Und damit auch Luise vernahm, worum es ging, krähte Adele: Eine Geburtstagsüberraschung für meine liebe Freundin, die Frau von Dr. Meier!

Marie bemühte sich, möglichst locker auf dem Kanapee zu sitzen, doch konnte sie nicht verhindern, daß sich ihre rechte Hand in die Seitenlehne verkrampfte, als habe man sie auf den elektrischen Stuhl geschnallt. Sie raste, die Zeit, sie raste! und statt in der Küche zu stehen und das Abendessen vorzukochen, statt das Pucci ins Köfferchen zu packen und bei Percy vorzufahren, fügte sich Marie in ihr Schicksal und war sogar bereit, den Refrain mitzusummen... *On a du style.* Weißt du, was das heißt, Mariechen?

On a –

du style.

Wie der Stiel vom Sonnenschirmchen?

Draußen zitterten die Lampions, das Licht war golden, der Morgen heiter, Sommer mit einer Ahnung von Herbst, und auf einmal fühlte Marie ihr wahres, im blühenden Rosenstrauß weggezaubertes Alter. Ich bin eine verbrauchte Frau, dachte sie. Ich habe ein ausladendes *Derrière* und viel zu kleine, dennoch schlaffe Brüste. Meine Augen bräuchten eine Brille, und die beiden Halluxknochen müßten dringend operiert werden.

Liebes Mariele, sang Adele, du bist so schön, stark und froh, liebes Mariele, mach ewig weiter so, diddelschrumm, und noch eine Strophe, noch eine, noch eine. Wenn sie liebte, die Gute, dann liebte sie wirklich und scheute sich nicht im geringsten, den Indikator auf der

Peinlichkeitsskala in schwindelerregende Höhen hinaufzutreiben, liebes Mariele, mach ewig weiter so, diddelschrumm-schrumm-schrumm!

Nachdem der letzte Akkord verklungen war, legte die Künstlerin ihr Instrument auf das Büffet, faltete vor dem Empirebusen die Hände und wollte gar nicht mehr aufhören, sich zum Kanapee und zur offenen Portiere hin zu verbeugen.

Entzückend, sagte Marie. Was für ein Geschenk.

Wenn du mich einen Moment entschuldigen würdest?

Ja, Adele, selbstverständlich.

Sie verließen den Salon, und während die Gastgeberin in die Küche hetzte, um den Kaffee aufzubrühen und mit dem angewärmten Messer die vereiste Torte zu schneiden, konnte sie durch einen Türspalt beobachten, wie Adele vor dem Garderobenspiegel mit allerlei Tucheflakons, Pinselchen und Stiften ihr Make-up erneuerte. Aber Moment mal, warum setzte sie schon das Jägerhütchen auf? Warum wuchtete sie den Umhang vom Haken? War sie etwa beleidigt? Hatte sie mehr Lob erwartet, mehr Rührung, mehr Begeisterung?

In den Salon zurückgekehrt, nahm Adele nicht etwa Platz, sondern griff ihr Paddel, stopfte es in die Hülle und verkündete traurig: Marie, jetzt muß ich dich leider verlassen.

Schon?

Ja. Tennebaum hat mich auf den Knien gebeten, sein Seminar zu begleiten.

Worum geht's denn?

Um das Pneuma.

Wie interessant!

Den angebotenen Kuchen wehrte Adele ab, und auf den Kaffee verzichtete sie. Das Seminar finde in den Bergen statt, und nur schöne Frauen, Frauen wie Marie, meinte Adele mit einem traurigen Lächeln, könnten es sich leisten, die Männer warten zu lassen.

Oh, dann sollte es für ein Täßchen reichen!

Ich bin wirklich in Eile.

Natürlich habe ich kein Recht, dich festzuhalten. Wann können wir unser Schwätzchen nachholen?

Das Seminar dauert drei volle Tage.

Du bist uns immer willkommen.

Ich will sehen, daß ich es einrichten kann.

Adeles Blick ging nach draußen, auf die Lampions, und Marie fügte rasch hinzu, die Terrasse habe sie für die jungen Leute geschmückt, heute abend würden sie eine sturmfreie Bude haben. Adele sah stumm hinaus, auf das sanfte Geschaukel, und sagte plötzlich: Gestern abend ist ein schwarzer Mercedes vorgefahren.

Durchaus möglich. Warum fragst du?

Es war der Mercedes von Oskar.

Du hast gute Augen, Adele.

Ich hielt mich zufällig im Bad auf und konnte nicht verhindern, daß ich Oskar aussteigen und ins Haus eilen sah. Du hast ihn offensichtlich erwartet. Er brauchte nicht zu klingeln. Das ist ziemlich ungewöhnlich, findest du nicht?

Daß uns Oskar einen Besuch abstattet?

Daß es um diese Zeit geschah. Um acht Uhr abends pflegt Oskar im Yachtclub seinen Drink zu nehmen.

Ah ja, wirklich?

Im Städtchen sagen sie, Oskar sei seit Jahren in dich verliebt.

Oskar? In mich?! Ach du lieber Himmel, dann bin ich die letzte, die es erfährt.

Gib's zu, mein Täubchen, sagte Adele mit einem wissenden Schmunzeln, Oskar hat dir als erster zum Geburtstag gratulieren wollen. Ist es so?

Marie zögerte, sich durch eine falsche Antwort zu verraten, und befürchtete, nun könnte Adele doch noch das Kanapee ansteuern, sich mit einem Seufzer der Schwerkraft überlassen und für die nächsten Stunden festwachsen. Nein, das Seminar war ihr wichtiger, und indem sie im Flüsterton verkündete, Tennebaum werde über seine Erlebnisse in einem buddhistischen Kloster referieren, spazierten die beiden Freundinnen Arm in Arm aus dem Salon. Sag bloß, gab sich Marie interessiert, Tennebaum ist neuerdings Buddhist?

Er war es, sagte Adele mitfühlend.

In der Küche wurden Beauty-Case und Gitarre noch einmal abgelegt, denn Adele bestand darauf, sich von Luise in aller Form zu verabschieden. Sie hielt ihr den Zeigefinger unters Kinn, hob es etwas an und erläuterte, während die Augen der armen Luise aus ihren Höhlen krochen, wie man mit einer Dementen umzugehen habe. Nimm sie ernst! Gib ihr das Gefühl, ein Mensch zu sein, gell?

Marie versprach es, Adele nahm den Finger von Luises Kinn, und ihr Kopf klappte nach vorn, auf die Brust. Um gleich nach dem Geburtstagsständchen starten zu können, war Adele mit dem Auto vorgefahren, ihrem himmelblauen VW. Zum Abschied küßten sie einander, dann stieg die Freundin ein und fragte, stur nach vorn blickend, auf die Frontscheibe: Sind es auch heuer wieder vierzig Stück?

Keine Ahnung, schwindelte Marie, ich habe sie nicht gezählt.

Mach dir nichts draus. Männer brauchen das, gell? Je älter sie werden, desto jünger müssen ihre Frauen sein.

Der VW hüpfte zur Straße hinaus, und Marie kehrte lächelnd ins Haus zurück. Uff, entfuhr es ihr, das wäre überstanden. St. Oswald schlug elf, und während das Zwischen anhielt und alles außer dem Strauß wie ein Trichter in sich einsog, starrte Marie gebannt auf die vierzig taufeuchten, nachtroten Rosen. Sie machten den Trichter zur Vase, sie blühten aus dem Zeitloch. Sie waren schön, einfach nur schön, und Marie fand es nicht sehr nett von Adele, daß sie versucht hatte, ihr das Geburtstagsbouquet madig zu machen. Dong, dong dong, mein Gott, schon elf! Um elf war sie mit Percy verabredet.

Bei Percy

Prost, meine Liebe, alles Gute zum Geburtstag! Der Briefträger hat es mir vor fünf Minuten zugeflüstert. Auf seiner Tour kommt er an der Tankstelle vorbei. Dort hocken sie. Dort schnattern sie.

Als wäre mein Geburtstag so schrecklich wichtig!

Nicht der Geburtstag, versetzte Percy, das Rosenbouquet!

Ah ja, wirklich?

Vierzig Stück, heißt es.

Sicher, Percy könnte sie reinen Wein einschenken, er würde sie verstehen, da hat sie überhaupt keinen Zweifel. Sie kannten einander seit Jahrzehnten, seit der Zeit, da sie ihm Modell gestanden hatte, und sollte der Junge, wie sie es ihm bei der Rückkehr vorschlagen würde, das Atelier als Beatschuppen in Besitz nehmen, stieße er beim Entrümpeln auf ein riesiges, in Tücher eingeschnürtes Bild: *Junge Frau am Föhnsee,* lebensgroß, in Öl, von Percy gemalt.

Manchmal wirkte er *un peu blasé,* was wohl an seinem Künstlerstolz lag, aber das hinderte sie nicht daran, sein Vertrauen zu suchen und ihm die kleinen, von der Gartenarbeit herrührenden Wunden zu zeigen. Percy liebte seinen Pudel, nicht die Menschheit, und anders als Adele, die ganz und gar das Gute verkörperte, verortete er sich eher im Zwielichtigen, wo seiner Meinung nach die meisten siedeln. Er war ein verständnisvoller Freund, und es wäre wohl das klügste gewesen, das Problem mit der Rosenzahl offen vor ihm auszubreiten. Machen wir uns nichts vor, hätte sie sagen können, die Rosen lügen, und ich habe den leisen Verdacht, alle wissen es, alle, vom Blumenhändler über den Postboten bis zum Tankwart. Aber Percys Glückwünsche waren von Herzen gekommen, und sie hätte es ziemlich uncharmant gefunden, wenn sie ausgerechnet bei ihm das wahre Alter hervorkehren würde.

Vorhin war Adele bei mir. Sie hat mir unterstellt, ein Verhältnis zu haben.

Darf man fragen, wen sie verdächtigt?

Oskar.

Oskar?

Ja. Er sei seit Jahren in mich verliebt, heiße es im Städtchen...

Und ohne daß Marie bemerkt hätte, wie und weshalb Percy das Thema wechselte, war er unvermittelt bei seiner Mutter gelandet. Seine Mutter, sagte Percy, und es war weiß Gott nicht das erste Mal, daß Marie diese Arie zu hören bekam, seine Mutter sei auf sonderbare Weise gestorben. Zuerst habe sie geweint, wochenlang geweint, immer nur geweint und gewimmert. Ihn, den einzigen Sohn, habe sie nicht mehr erkannt. Auch habe sie nicht gewußt, wo sie liege und warum die Frauen weiß gekleidet waren. Sind das alles Bräute, habe sie gefragt. Und habe geweint, immerzu geweint und geschluchzt. Aber verglichen mit der nächsten, der letzten Phase, sei Mutters Heulen durchaus erträglich gewesen. Denn in ihren letzten Tagen und Nächten habe sie gelacht. Ja: gelacht. Haha, haha. Guten Tag, Mutter, habe er gesagt, worauf die gelacht habe, haha, und habe er gefragt, wie es ihr gehe, habe die wieder gelacht. Hast du Schmerzen? Haha. Wünsche? Haha. Wo hast du deine Zähne, Mutter? Haha, nichts als haha, tagelang, nächtelang, haha, haha, was ihn und die Pflegerinnen fast in den Wahnsinn getrieben hätte, haha, haha, haha. Er habe an ihrem Bett gesessen, und Mutter habe gelacht, er habe geweint, und Mutter habe gelacht, er hätte ihr Zuckerwasser einträufeln wollen, und Mutter habe gelacht, haha, haha, das Zuckerwasser weggelacht, die Schmerzen, das Leben, das Sterben, alles weggelacht, einfach weggelacht, haha, haha, und als sie den Sarg in die Grube gesenkt hätten, habe er, Percy, sich eingebildet, von unten Mutters Lachen zu vernehmen, haha, haha, ein unsterbliches Haha haha.

Beide schauten sich an – und dann mußten sie lachen.

Wo wird denn gefeiert?

Im Grand.

Klar, meinte Percy schmunzelnd, so ein runder Geburtstag verlangt nach einem passenden Rahmen. Als Mutter achtzig wurde, haben wir miteinander eine Dampferfahrt gemacht. Sie war überglücklich. Schau, Bub, hat sie gesagt, wie schön die Welt ist!

Percy traf fast immer den richtigen Ton, und nie sagte er ein Wort zuviel. Nachdem man seinen ersten Pudel vergiftet hatte, besorgte er sich einen neuen, wieder einen weißen, und gab ihm denselben Namen: Felix. Kein Hader, keine Klage: ein neuer Felix. Der wievielte Felix mochte es inzwischen sein? Egal. Percys Pudel war immer weiß, hieß Felix und wartete geduldig den Abend ab, da sie miteinander spazierengingen, Felix voraus, Percy hinterher, stets dieselbe Strecke, erst dem See entlang, dann zum Friedhof hinauf, wo die Mutter lag.

Das Geplauder war versickert, der Mittagsverkehr verebbt, es wurde stiller, es wurde heißer, und so ganz allmählich gewann Marie ihre Contenance zurück. Die Lider fielen ihr zu, sie döste ein wenig, und wie ein Lüftchen zog ein sanfter Friede in sie ein. Gewiß, noch hatten sich Meiers politische Ambitionen nicht erfüllt, aber der Anlauf durfte sich sehen lassen und ihre Beihilfe, ihr Mitwirken auch. Sie war die Gattin an seiner Seite und half ihm, wo sie konnte. Bei den Empfängen und Diners, die sie gaben, bediente sie den Apparat, und sie bediente ihn besser von Jahr zu Jahr. Dank einer gewissen Ruchlosigkeit, in heiklen Situationen erworben, im Lauf der Zeit perfektioniert, war ihr diese Rolle zur zweiten, vielleicht zur ersten Natur geworden, zumindest in der Hauptstadt, und sie war sicher, dies auch heute abend wieder beweisen zu können. Da Adele und Tennebaum abgesagt hatten, würde sie nur einen kleinen Apparat zu bedienen haben. Ihr Bruder und Fox würden die einzigen Gäste sein. Aber zusammen mit Max ergab das drei Welten, und natürlich ging jede davon aus, die einzige zu sein, die einzig wichtige und wahre und gültige. Vor allem Max war in dieser Hinsicht nicht ganz unkompliziert. Sobald er die allgemeine Aufmerksamkeit verlor, klappten seine Mundwinkel nach unten und ließen seine Laune wie eine Ladung Sand von einer kippenden Lastwagenbrücke abrutschen. Dann mußte sie zum Schäufelchen greifen, und zugegeben, hin und wieder war es ein wenig mühsam, während des ganzen Essens darauf zu achten, daß Meier in einem gerade noch erträglichen Ausmaß das Gespräch beherrschen durfte. Aber bitte, damit kam eine Dame mit Stil zurecht. Planeten können nur dann ihre Kreise ziehen, wenn im Zentrum eine Sonne sitzt, und in der Regel gelang es ihr, diese Anforderung zu erfüllen.

Percy gab ihr Feuer.

Danke, hauchte sie, vielen Dank.

Es war mir ein Vergnügen, wehrte er bescheiden ab.

Beide bliesen den Rauch aus und sahen zu, wie er sich vermischte. Dann zog Percy die Flasche aus dem Eiskübel, doch hinderte sie ihn daran, ihr Glas ein weiteres Mal zu füllen. Ich muß los, sagte sie. Er mag es nicht, wenn ich zu spät komme.

Bevor sie ihr Auto erreichte, sah sie über die Schulter zurück, aber der weite, vom Mittagslicht bestrahlte Platz war leer. Percy, der Maestro, und Felix, sein Pudel, hatten sich weggezaubert.

Abfahrt

Warum ging sie nicht weiter? Was hielt sie fest? Der Halluxknochen! Wieder schmerzte der Halluxknochen. Bitte, sie war nicht der Typ, der Hetärensandalen oder Holzpantinen trug, *on a du style,* Schmerzen hin oder her – sie liebte es, sich mit Spitzenabsätzen ein wenig zu erhöhen und nahm es in Kauf, daß die Stehempfänge ihre Zehen mehr und mehr zu einem Dreieck verkrüppelten. *Une déformation professionelle.* Wo Männer sind, da wird gestanden. An Altären stehen sie, auf Kommandobrükken, an Dirigentenpulten, in Parlamentsnischen; stehen mit Angelruten am See, wie ihr Sohn, oder in Siegerposen auf Gipfeln, wie ihr Mann, und natürlich haben sie keine Ahnung, wie sich das sinnlose Stehen auf Frauenfüße auswirkt, auf Frauenfüße in hochhackigen, spitzen Schuhen ... *Fahrschule* verkündete die Neonschrift, *Theorielokal.*

Selbstverständlich war ihr der Laden bekannt, das bunte Sammelsurium der Verkehrsschilder, das hölzerne Motorenmodell, die Vinylstühle, der Resopaltisch, worauf das Fähnchen des Verbandes stand, ein gelbes Steuer auf rotem Grund, und sie konnte sich beim besten Willen nicht erklären, was sie davon abhielt, in den BMW zu steigen und loszubrausen. Statt dessen ging sie langsam auf die Fahrschule zu, als würde sie vom Schaufenster angesogen. Was war daran interessant? Was gab es da zu entdecken? Hing es vielleicht mit Meiers Festrede zusammen? Vom *autós* würde er sprechen. *Autós* heißt *selbst.* Im Auto, würde Max den tausenddreihundert Fahrlehrern zurufen, bewegt sich unser Selbst, da wird das Ich mobil. Diesen Gedanken hatten sie gemeinsam entwickelt, und Fox hatte bereits angedeutet, er fände ihn gut.

Fox, pflegte Max zu sagen, sei der geborene zweite Mann. Möglicherweise stimmte es, denn Fox war für die Öffentlichkeit absolut ungeeignet. Ein Zyniker mit Charme. Gnadenlos in seinen Analysen. Hoher Alkoholkonsum, in früheren Jahren Wodka, seit einer Darmoperation temperierte Biere und Cognac. Der Schädel ratzekahl, wie eine Osrambirne, was darauf hindeutete, daß seine Intelligenz das Dunkel brauchte, um leuchten zu können. Tatsächlich verfügte er über gute Verbindungen zu den Diensten, zu den Banken und zur Pharmalobby. Die versorgten ihn mit Tabletten, die niemals in den Handel kamen, vermutlich auch mit Spritzen. Den Vordergrund überließ er Max. Er, Fox, blieb lieber im Hintergrund und zog von dort aus die Fäden, vor allem solche, über die man stolpern konnte. Manch einer, hieß es, sei nie mehr aufgestanden. In der Familie nannten sie ihn Onkel, und Marie stellte keineswegs in Abrede, daß sie ihm viel verdankten, unter anderem die Kontakte zur Autolobby und zum Verband der Fahrlehrer.

Im Innern wimmelte es von Warn- und Verbotstafeln, und quer über die Rückwand zog sich eine Art Relief: ein Personenwagen im Längsschnitt, mit echten Blinkern, Scheinwerfern, Bremslichtern und einer halb gemalten, halb aus Gips geformten Automobilistin. Mit einer Handprothese umklammerte sie das Steuer, das wie ein Henkel aus dem Bild hervorstand, und ein echter Damenschuh war in steifer Verzweiflung auf das Pedal gestellt. Mein Gott, warum fuhr sie nicht los? Was fesselte sie an dieses Interieur: etwa ihre Bemerkung von heute morgen? Hatte sie immer noch an ihrem Fauxpas zu kauen? Sie und Fußball, du lieber Himmel, hätte sie bloß geschwiegen! Aber das ging nicht, wirklich nicht. Bei den Fahrlehrern verstand der designierte Festredner keinen Spaß, und hätte sie die Einladung zum Länderspiel unterschlagen, wäre er vermutlich ziemlich sauer geworden. Sollte die Rede auf dem Zukunftskongreß einschlagen, standen die Chancen gut, daß er doch noch nach oben gelangte, ganz nach oben, in die Regierung.

Marie fand in den Abgründen ihres Täschchens den Schlüsselbund, löste sich vom Schaufenster, stieg in den BMW und brauste los.

Floh sie?

Aber nein, sie fuhr.

Fuhr und fuhr und fühlte sich sofort wohl, wie befreit. Ihre Autohandschuhe knöpfte sie am Gelenk niemals zu, eine alte Gewohnheit, sie fuhr ja schon lange, seit der Junge reden konnte, Autoauto war sein erstes Wort.

Autoauto...

Autoauto...

Reger Verkehr, wie stets um diese Zeit, doch kam sie gut voran, erreichte die Autobahn und setzte sich gleich auf die linke Spur.

Sommer.

Nachmittag.

Nach Westen, immer nach Westen, auf den Abend zu, wo die Glückwünsche von allen Seiten auf sie einprasseln würden: Alles Gute zum Vierzigsten, Marie! Am schlimmsten war die alte Grand, die jeweils zwischen Vor- und Hauptspeise am Tisch erschien, um ihr zu gratulieren. Ein pompös aufgetakeltes Schlachtschiff. Wimpern so lang wie Zahnstocher und die Augenlider, dick übermalt, wie verschrumpelte Blüten. Vierzig soll sie sein?! Mein lieber Meier, das kann ich nicht glauben!

Doch doch, Madame, doch doch.

Und der Junge? Geht er schon zur Schule?

Ins Gymnasium, Madame.

Ins Gymnasium? Diese junge Mama hat einen Sohn, der das Gymnasium besucht?!?

Sie fuhr.

Sie überholte Wohnwagen Segelboote Lastwagen Dieselbusse, der Verkehr nahm zu, der Gestank, das Gedröhn, und was dem Strom nicht paßte, das spülte er weg, das wälzte er platt, schmierte Felle in den Beton und machte Baumkronen zu Schaum, von Sonne durchstrahlt, dann der große Kühlturm, ein Dorf, eine Kirche, in Wogen versinkend, dazu Schubert Schumann Chopin, das klassische Potpourri, Weizenfelder bis zum Horizont, teils schon abgeerntet, kahlrasierte Flächen, ausgesogen vom Sommer, Limousinen Cabrios Laster, eine endlose Kolonne, der große Rückzug aus den Ferien, 120 130 140, aber hoppela, was war da los?

Warum bremsten alle?

Ach, der Rückstau vor der großen Baustelle! Sie lag etwas weiter vorn, mitten auf dem ersten Damm, und behinderte seit Jahren den Verkehr, endlich die orange flirrenden Warnlampen, die rotweiße Abschrankung, eine zugedeckte Maschine, verschobene Betonplatten, ein schiefes Zelt, ein Sandhaufen, worin eine Schaufel stak, wie ein Uhrzeiger, allerdings stehengeblieben, für immer stehengeblieben, und sollte der Planet eines Tages in die Luft fliegen, kein Zweifel, diese Baustelle würde den Untergang überdauern, *Wir danken für Ihre Rücksichtnahme! Gute Fahrt!* Sie fuhr.

Fuhr und fuhr, und wie elegant, wie sanft schmiegten sich die beiden Fahrbahnen über den nächsten, aus einer Senke anschwellenden Hügelzug, um dann im Dunst des schwülen Nachmittags zu verrinnen...

Das Atelier

Es klirrte. Dann roch es scharf nach Äther, wie in einem Spital, und in den Medizinfläschchen, die auf dem Fensterbrett standen, glitzerte die Morgensonne.

Bist dus, Mariechen?

Ja Maman, sagte sie leise.

Wie hast du mich erschreckt! Deinetwegen habe ich das Fläschchen fallen lassen. Wie soll ich jetzt atmen? Ohne Äther bekomme ich keine Luft! Hch-hch, keuchte Maman, hch-hch!

Mariechen getraute sich keinen Schritt weiter. Aber sie weinte nicht. Vor einigen Tagen war sie fünf geworden, und seither weinte sie nur noch, wenn sie allein war. Drüben im Haus begann das Telephon zu läuten.

Maman saß vorn, am weit geöffneten Fenster. Nur ihre linke Hand war zu sehen, weiß und schlank über die Armlehne hinaushängend, wie ein gebrochener Flügel. Vorgestern hatte man sie vom Schlafzimmer heruntergetragen und hierhergebracht, ins Atelier. Herr Arbenz, die Näherinnen, der Schirm- und der Hutmacher würden Ferien nötig haben, hatte Papa erklärt. Mariechen fand das sonderbar. Seit eh und je hatten hier die Singer-Maschinen gesurrt, und sie konnte sich kaum vorstellen, daß Papa und seine Angestellten nicht mehr arbeiteten. Aber so war es. Der Ölgeruch der Garnwickelmaschine hatte sich im Ätherdunst aufgelöst; die Gardinen waren abgehängt, und sämtliche Stoffe, sogar die kleinsten Reste, hatte Papa aus dem Atelier wegschaffen lassen – kein Stäubchen sollte die arme Maman zum Husten reizen, zur Atemnot und zu diesem Gekeuche, das sich anhörte, als ob jemand einen Baumstamm zersägte, hch-hch, hch-hch!

Maman schüttete sich etwas Eau de Cologne auf die Hand, tätschelte damit ihre Wangen und fragte: Weißt du, wer heute zu Besuch kommt?

Mein Bruder.

Ja, Mariechen, dein Bruder kommt. Dann gib mir rasch den Handspiegel! Er liegt dort auf dem Sims, bei meinem Gebetbuch.

Ja, Maman.

Der Spiegel hatte einen silbernen Griff und das gleiche Oval wie die Scherenköpfe auf der Wappenscheibe in der Haustür.

Merk dir das, Mariechen, eine wirkliche Dame empfängt ihre Besucher frisiert und geschminkt. *On a du style.*

Das Gebrodel in der Lunge wurde lauter, die Hand sank in den Schoß, aber das Lächeln, das ihr der Spiegel entlockt hatte, blieb auf Mamans Lippen. Weißt du, was das heißt, *on a du style?*

On a –

du style.

Wie der Stiel vom Sonnenschirmchen?

Maman hatte rote Lippen, eine Haut aus Porzellan und schien etwas zu erblicken, das wunderwunderschön sein mußte. In der Bucht zwinkerten die Wellen; irgendwo im Haus rumorte Luise, und drüben im Städtchen läuteten die Glocken zum Englischen Gruß. Wegen der Tuberkel wollte sich Mariechen vom Sessel fernhalten und durfte die Fliege, die erst über Mamans Stirn und dann über das offene Auge spazierte, nicht verscheuchen. Gehorsam blieb sie stehen und sah zu, wie aus Mamans Lächeln ein winziger Faden hervorkroch, wie er allmählich etwas länger wurde, über das Kinn rann, ein wenig um das Kinn herum und dann rot rot rot auf ihre weiße Bluse herabtropfte...

*

Der Himmel hatte Millionen von Flocken auszuschütten, und er schüttete sie aus, bedeckte den Park, die Terrasse, die Brüstung, setzte den Kaminen Kappen auf und legte zarte Kämme auf die Bögen der Laternen. Vermutlich gab es keinen Frühling mehr, und wenn er doch noch käme, fiele ihm die schwierige Aufgabe zu, aus schwarzen, im Frost erstarrten Ästen winzig gerollte, hellgrüne Knospen hervorzuzaubern. Eines Morgens jedoch begann der Schneemann zu schmelzen, Sonne stichelte durch die Kronen, die Bäume zogen ihr Kleid an, Blüten regneten herab, der Sommer war da, und an einem Julimorgen, da alles sang und prangte, kamen aus dem fernen Afrika die Tanten angeflattert.

Vor vielen vielen Jahren war ihnen ein Engel erschienen. Aus einem brennenden Busch hatte er die Tanten dazu aufgerufen, ihr Leben als Bräute Christi zu verbringen. Sie waren dem Ruf gefolgt, und seither, meinte Luise, hätten sie ihre Frohlaune nie mehr verloren. Sie lebten im tiefsten Busch, bekehrten Negerkinder zum lieben Gott, kämmten Scheitel in widerspenstige Krauslocken und lehrten die schwarzen Mütter, weiße Blusen zu nähen. Ihre Station lag an einem träge sich dahinwälzenden, lehmgelben Strom, und obwohl dort Wolken von Insekten schwirrten, saßen die drei Missionarinnen jeden Abend auf der Veranda, um beim Licht einer Petroleumfunzel aufzuschreiben, was aus dem Innern des Urwaldes heraustönte. Eine summte die Melodie, eine malte die Noten, eine wehrte die Moskitos ab. Ihre Hefte waren ihnen sehr kostbar; sie enthielten Melodien, erklärten sie, die das weiße Ohr noch nie vernommen habe.

Ah ja, wirklich?

Da glucksten die Tanten. Unser Mariechen spricht ja wie Maman, meinten sie.

Läutete es zum Englischen Gruß, klappten sie ein Büchlein auf, zischelten ihre Gebete, und sprachen sie die Wörter Jesus oder Heiland aus, klappten sie die Augendeckel zu und hoben, als könnten sie vom Himmel her etwas riechen, ihre Nasen. Baden dürfen wir nicht, sagten die Tanten, das hat uns (Augen zu, Nasen hoch) der Heiland verboten.

Und wenn ich ins Wasser falle?

Die Haubenflügel erstarrten. Aber Mariechen, riefen

die Tanten, du hast doch einen Schutzengel! Solltest du zu nah ans Ufer treten, wird er dich zurückhalten.

Eines Abends schlich Mariechen auf den Steg hinaus, barfuß, vorsichtig, bis zum äußersten Brett ... und eine Engelshand, nein, die spürte sie nicht. Oder doch? Über die gründunkle Tiefe surrte im Zickzack eine Libelle, schoß plötzlich hoch, auf sie zu, und hoppela, war sie auf den Hintern geplumpst. Am Ufer standen die Tanten; sie sahen von ihren Büchlein nicht auf.

In den ersten Besuchstagen redeten die Missionarinnen nur wenig und schaufelten so mächtige Portionen in sich hinein, Berge von Kartoffeln, daß Luise aus der dampfenden Küche nicht mehr herauskam. Aber dann wurden sie zugänglicher, hüpften nach dem Essen auf der Uferwiese herum, und an einem Sommerabend, da die Sonne glutrot unterging, breiteten alle drei ihre Arme aus, um das Mariechen an ihr Herz zu drücken. Auf eine flog sie zu, steckte ihr Näschen unter den Flügel und stellte dem verhüllten Ohr eine Frage, die sie seit langem bedrückte: Warum wird im Atelier wieder gearbeitet? Warum haben sie die Teppiche ausgerollt und die Vorhänge wieder aufgehängt? Das wird Maman nicht gefallen, schimpfte Mariechen. Stoffe mag sie nicht. Die reizen ihre Lunge.

Maman darf nun ausruhen.

Aber sie lebt.

Natürlich lebt sie.

Im Atelier.

Nein! Augen zu, Nasen hoch: beim Herrgott im Himmel!

*

An einem Sonntagnachmittag lagen die Tanten wie geschlachtete Stopfgänse auf der Uferwiese. Sie schnarchelten selig, und zart berührten sich die Flügelspitzen ihrer Hauben. Papa saß auf der Terrasse, seine Hände lagen auf den Lehnen des Korbsessels, und von der gekrümmten Asche seiner Zigarre stieg der Rauch wie ein Strick in die Sommerluft hinauf. Luise, von der Kocherei erschöpft, war am Küchentisch eingeschlafen. Nichts rührte sich, kein Schilfhalm, kein Blättchen. Sogar die Vögel waren verstummt. Da setzte sich Mariechen auf ihren Stein, stützte den Ellbogen auf das Knie und das Kinn in die Hand. Wie eine leerlaufende Platte, die auf dem Grammophon vor sich hin röchelt, kam der Nachmittag nicht vom Fleck, und Mariechen, ganz allein, saß auf einem Stein, einem Stein. Hockte da, sann vor sich hin, und da nichts, aber auch gar nichts geschah, ging ihr die Langeweile durch Mark und Bein. La la laaa, la la laaa. Warum war ihr Bruder so schrecklich alt? Eine Gemeinheit! Andere hatten Geschwister, mit denen sie spielen konnten. Sie nicht. Der Bruder kam nur selten; sie kannten einander kaum, und wollte sie wissen, wie er aussah, mußte sie in Mamans Büchergestell die schweinsledern gerahmten Photographien betrachten, die wie Heiligenbilder zwischen den Klassikern standen. Da gab es den Bruder als Erstkommunikanten mit seiner Taufkerze, als Meßdiener mit einem Weihrauchfaß, als Klosterschüler in einer Soutane. Das Gesicht glich einer Oblate, und hinter Brillengläsern, die zunehmend rilliger wurden, verschwanden die Pupillen.

Noch immer saß sie da, den Ellbogen auf dem Knie, das Kinn auf dem Handteller, doch schon segelten Blätter herab, auf den Bergen lag der erste Schnee, und meist wurde es Mittag, bis der Nebel wich. Die Tanten standen am Ufer und sangen ein Urwaldlied. Morgen oder übermorgen würden sie abreisen, zurück in die Missionsstation, und keine wollte Mariechen sagen, wann sie wiederkämen. Auf einmal schob sich ein Schatten über das Gras. Ihr Schutzengel? Nein, Papa wars. Sie sprang auf. Während des Sommers war er kleiner geworden – oder sie mußte kräftig gewachsen sein. Eine Weile lauschten sie gemeinsam dem dreistimmigen Gesang. Dann schüttelte Papa sein Haupt und sagte: Wer soll sie verstehen, diese Schwestern! Ein Leben für den Herrgott, behaupten sie. Und was tun sie in Afrika? Setzen Urwaldlieder in Noten und summen sie nach!

Schön ist es trotzdem, sagte Mariechen.

Haben sie über Maman gesprochen?

Geh weg, schrie sie plötzlich, laß mich allein!

Und rannte heulend ins Haus.

*

Im Dachstock gab es eine Kammer ohne Vorhänge, ohne Teppich. Hier oben tappte sie gern herum. Wenn sie lachte, lachte ihr Echo, und tanzte sie, knarzten die Dielen. Unter der Bettstatt lag ein großer alter Koffer. Seine Ecken waren mit Messingkappen beschlagen, der Lederhenkel dunkel verfärbt, und ging sie nah an ihn heran, vermochte sie aus dem Innern geheimnisvolle Welten zu erschnuppern, den Staub der Landstraße und den Teergeruch ferner Bahnstationen. An einem Septemberabend wagte sie es, die beiden Schlösser aufschnappen zu lassen. Sie wollte gerade den Deckel heben – da trat Papa in die Tür. Er schimpfte nicht. Er grinste. Er sagte: Wenn deine Fingerchen stark genug sind, um den Koffer zu öffnen, kannst du auch Klavier spielen.

Bitte nicht, sagte sie leise.

Das Atelier hatte sie nie mehr betreten, aber sie war oft an die Tür geschlichen und hatte gelauscht. Die Singermaschinen surrten wieder, das Bügeleisen dampfte, die Scheren quappten; im gußeisernen Ofen sprazzelte das Feuer, und wie früher, bevor sie das Atelier geräumt hatten, war im ganzen Haus der Ölgeruch der Garnwickelmaschine zu riechen. Aber Mariechen glaubte felsenfest, daß Maman noch lebte. Vorn am Fenster würde sie sitzen, im alten Lehnsessel, und die roten Tropfen würden auf ihrer Bluse ein blutiges Herz wachsen lassen... Nein, schrie sie, tu's nicht!

Zu spät. Papa hatte sie auf den Arm gehoben, und so sehr sie sich wehrte, ihn schlug, ihn kratzte, ihn biß – er trug sie nach unten, ins Atelier. Zwischen den hohen Wänden verhallte gellend ein Schrei. Papa hatte sie auf einen hohen, kreisrunden Schemel gesetzt. Hilflos baumelten ihre Füße im Leeren, und erst allmählich begriff sie, daß sie auf einem kreisrunden, innen weich mit Leder gepolsterten Schemel am Klavier saß.

Bleib ruhig, sagte Papa, ganz ruhig.

Wenn Maman stirbt, kommt sie in die Hölle.

Dummes Zeug!

Doch doch. Unten im Keller hat sie ihren Pferdesattel versteckt. Aus den Stiefeln schauen Peitschen heraus. Früher hat sie sündig gelebt.

Hör zu, mein Kind, sagte Papa streng, Maman ist tot. Das ist sehr, sehr traurig. Aber du brauchst dir ihretwegen keine Sorgen zu machen. Die Toten leben in den Geschichten weiter, nicht in der Hölle. Kannst du das verstehen?

Mariechen schüttelte die Zöpfe. Dann sagte sie leise: Ich glaubs einfach nicht.

Was glaubst du nicht?

Daß sie tot ist.

Jetzt hör mir zu, du Dickschädel!

Heute morgen hat Luise blutige Lappen ausgekocht.

Das mußt du geträumt haben.

Nein, ich hab's gesehen! Nachts hat Maman alles vollgehustet, Tücher und Lappen. Der Schaum im großen Topf war rot.

Nicht von Mamans Tüchern.

Doch!

Nein!

Eine Weile schwiegen sie. Papa sog an seiner Zigarre, blies den Rauch aus und sagte schließlich: Luise wird Früchte eingekocht haben. Himbeeren. Es ist höchste Zeit, die Himbeeren einzukochen. Magst du Himbeeren?

Früher. Als ich noch ein kleines Mädchen war. Jetzt nicht mehr.

Verstehe.

Der Saal begann nach dem würzigen Rauch der Havanna zu riechen, und Mariechen überlegte, ob sie vom Schemel klettern und davonlaufen sollte.

Weißt du, fragte er plötzlich, was du in der Dachkammer gefunden hast?

Einen Koffer.

Ja, meine Siebenschöne, einen alten schweren Koffer. Wir heißen Katz. Das ist die Leuchtschrift, die auf dem Dach steht. Seidenkatz war's, dein Großvater, der unseren Namen zwischen die Sterne geschrieben hat, und dessen Vater, dein Urgroßvater, war mit dem Koffer, den du vorhin geöffnet hast, hierher gezogen, an dieses Ufer. Er war ein frommer Mann und hatte einen Bart, der wie ein Kometenschweif gekrümmt war. Den hob er eines Tages zu den Sternen hoch, und die sprachen zu ihm: Wandere nach Westen, Katz, immer nach Westen! Also ist dein Urgroßvater losgewandert, um den Koffer nach Westen zu schleppen, immer nach Westen. Aus der Tiefe des rötlichen Himmels stachen die Schwalben herab, und in den Telegraphendrähten, denen er folgte, summte der Wind...

Papa begann zu pfeifen.

Mariechen schlug eine Taste an.

Er ahmte den Wind nach, und sie versuchte, mit der Taste seinen Ton zu treffen. Nichts leichter als das! – und schon sang der Wind im Atelier und verwandelte es in jenen Landozean, über den der Urgroßvater einst gezogen war.

Sehr gut, lobte Papa, du kannst es ja!

Nichts leichter als das! Er pfiff den Ton, sie holte ihn ein, und griff sie mal daneben, hielt Papa den Pfiff so lange aus, bis Marie die passende Taste erwischt hatte. Bald wechselten die Pfiffe schneller, ihre Finger eilten hinterher, und bereits nach wenigen Stunden konnte sie alles, was ihr Papa vorzwitscherte, nachspielen. Dann lernte sie, ihr Lied zu klimpern: *Mariechen saß auf einem Stein, einem Stein,* und rasch hatte sie begriffen, daß jeder Taste eine Note entsprach.

*

Seitdem sie Klavierschülerin war, mußte sie Luise nicht mehr beim Abwaschen helfen. Im Freien trug sie vornehme Seidenhandschuhe, und von den Rosen und Brombeeren hielt sie sich fern. Früher hatte sie sich vor dem Einnachten stets ein wenig gefürchtet, aber nun galt das nicht mehr, im Gegenteil, wenn es Abend wurde, begann für Marie die schönste Zeit des Tages. Durch die schwarzen Stämme silberte der See, die Astern wurden leuchtend blau, und saß eine Möwe auf dem Stegpfosten, bekam sie von der sinkenden Sonne ein rötliches Gefieder. Marie wartete auf den Beginn ihrer Stunde. Erklang das Abendläuten, schlich sie meist ans Fenster und sah zu, wie Papa, eine Handvoll Nadeln zwischen den Zähnen, auf allen vieren um eine halbnackte Dame herumkroch. Je nach Umfang machte die ein strenges oder ein lustiges Gesicht, und war sie schon etwas älter, wie die Witwe Kürsteiner, schien sie es zu genießen, wenn ihr Papa das Meßband um die Taille legte. Zwischen den einbeinigen Puppen stand mit Schirmmütze, Kneifer und Ärmelschonern Herr Arbenz und hielt die Zahlen, die ihm Papa zumurmelte, auf einer Karteikarte fest. Dann wurde das Seesilber stumpf, und der Pavillon, auf dessen Karusselldach eine Blechstandarte nach Osten zeigte, sah aus wie ein Scherenschnitt. Aha, endlich war es soweit! Die Witwe Kürsteiner, Herr Arbenz und die Angestellten verließen das Atelier. Im Vorraum stand ein Mohr aus Porzellan. Der hatte wulstige Lippen, eine platte Nase und balancierte auf seinen Schwurfingern ein Tablett, um die Visitenkarten der Kundschaft in Empfang zu nehmen.

Guten Abend, Mademoiselle Marie.

Guten Abend, Jacques. Hatten Sie einen angenehmen Tag?

Sehr wohl, antwortete Jacques, Ihr Herr Papa erwartet Sie bereits.

Der Mohr hielt ihr die Tür auf, und die Pianistin begab sich ans Klavier.

*

Schon vermochte sie größere Distanzen zu greifen, erreichte mit den Zehenspitzen die Pedale, beherrschte Bartóks *Mikrokosmos* und begeisterte sich an Beethovens *Elise.* Papa war ein strenger Lehrer, und selbst dann, wenn er am Reißbrett ein Muster entwarf, pfiff er jeden Fehler sofort ab. Oft waren die Fingersätze ziemlich kompliziert, und es kam vor, daß sie das richtige Cis oder Fis auch beim fünften Anschlag verpaßte. Dann mußte Papa den Pfiff so lange halten, bis ihm schließlich die Luft ausging und er heftig keuchend im Sessel hing. Hch-hch, hch-hch! Da war es wieder! Aber nun kam es von Papa und aus der Musik.

Mamans Wort wurde immer geheimnisvoller, doch ahnte Marie, daß *du style* etwas Schönes bedeutete, etwas Vornehmes, weshalb sie beschloß, künftig ein erwachsenes Mädchen zu sein, das bereits ein wenig Französisch beherrschte. Nie mehr saß sie neben dem Teich auf ihrem Stein – *on a du style,* nicht wahr? Hatte die Kürsteiner das Atelier verlassen, nahm Marie auf dem kreisrunden Schemel ihren Platz ein, und die Übungsstunde konnte beginnen.

Es war ein Abend im November. Drüben im Entree klingelte das Telephon; Luise hob es ab und krähte: Bedaure, ist momentan nicht zu sprechen! Eine äußerst dringende Sitzung! Wie bitte? Nein, nicht mit Arbenz. Katz macht die Tochter des Hauses mit dem Klavier vertraut. Wiederhören!

Aus dem chartreusegrünen Wandlämpchen fiel ein Lichtmantel, der sie in der Dunkelheit warm umhüllte, und wie stets, wenn sie Mamans Haltung einnahm, hielt sich Papa mit seinen Korrekturen zurück. Der Raum füllte sich mit dem Duft der Zigarre, er schwieg, paffte, lauschte, und plötzlich sah Marie in den Tasten eine schwarzweiße Straße, auf der allerlei Gestalten hin und her wandelten. Sie sah ihren Urgroßvater mit dem großen Koffer nach Westen ziehen, immer nach Westen, und ihre Maman, eine junge, gesunde, frisch verheiratete Frau, galoppierte auf ihrem Schimmel über herbstliche Stoppelfelder in den Nebel davon, hopplahopp-hopp-hopp, hopplahopp-hopp-hopp, bewegten sich die Tasten wie von selbst, spielte das Klavier mit Marie.

Kind, rief Papa plötzlich, das ist es, das ist es! Aber vor dieser Pause, na, du weißt schon, mußt du den Viertelton abstreifen.

Er pfiff es vor. *So* klingt das, kapiert? Dann kannst du es mit den Achtelauftakten wieder zum Atmen bringen. Los, versuchs!

Sie versuchte es.

Bring es zum Atmen!

Sie brachte es zum Atmen.

Laß es fließen!

Sie ließ es fließen.

Laß dich tragen…

…und sie ließ sich tragen und ließ sich treiben, und der Vater im Sessel am Seefenster wurde vor der letzten Abendhelle zu einem Schatten mit glühender Zigarrenspitze. Du hast es, sagte er, meine Siebenschöne, du hast es.

Ah ja, wirklich?

Auf einen Stern zugehen, nur dieses!

Die Augen des Bruders

Im August 1937 war Marie elf Jahre alt geworden und wußte nun sehr genau, was das hieß: *On a du style.* Es war der 21. Dezember, ein kalter Wintertag. Sie hatte sich lange die Haare gebürstet und kurz vor elf etwas Eau de Cologne auf die Wangen getätschelt. Als es zum Englischen Gruß läutete, meldete Luise aufgeregt, sie habe den Besucher gesichtet – er würde sich durch die Ulmenallee dem Haus nähern.

Marie huschte ins Atelier und legte los. Sie spielte ein Scherzo von Haydn, und da der Besucher offenbar zögerte, das Atelier zu betreten, wurde sie noch nervöser, als sie schon war, und griff schrecklich daneben. Na, macht nichts. Sie drehte sich auf dem Schemel herum, und ihr Lächeln gefror. Der seit Wochen angekündigte, sehnsüchtig erwartete Besucher war eine schwarze Gestalt mit kreisrundem Hut. Seine Soutane ließ ein Seidenfutter hervorschimmern, der Mantelkragen hatte ein Pelzchen, und auf den Schuhen, von denen Tropfen perlten, glänzten viereckige Silberschnallen. Der Bruder räusperte sich, dann nahm er den breitkrempigen Hut ab und hielt diesen seitlich von sich weg.

Bittschön, Herr Doktor Katz, sagte Luise ehrfürchtig.

Er zupfte sich die Handschuhe von den Fingern, warf sie in den Hut und sagte: Man nennt mich Monsignore, Luise. Das gilt auch für Sie.

Jawohl, Herr Doktor... Monsignore.

Mit einer schlaffen Handbewegung wischte er die

Haushälterin aus dem Raum, und Luise, sonst eine selbstsichere Person, entfernte sich auf Zehenspitzen, wobei sie den kostbaren Priesterhut mit den Lederhandschuhen wie einen Kelch vor sich hertrug. Der Bruder wartete, bis sich die Schritte entfernt hatten, dann richtete er die Brillengläser auf das Klavier und fragte: Wo ist Papa?

Auf Reisen.

So, auf Reisen.

Das stimmte. Papa war in letzter Zeit ständig unterwegs. Im vergangenen Juni, zu Beginn der Badesaison, war er von der kurischen Nehrung über Ostende bis Biarritz den mondänen Orten nachgefahren, wo noch ein paar übriggebliebene Majorswitwen, wie er hinterher berichtet hatte, wie früher die Promenade machten. War eine von denen noch einigermaßen in Form, hatte er dem Musterkoffer ein Sortiment von Badekleidern entnommen, gestreifte Tricots in gewagten Farbkombinationen, seine Hoffnung jedoch, wieder ins Geschäft zu kommen, hatte sich nicht erfüllt. Zuletzt, als es Herbst geworden war, hatte Papa mit seinem Musterkoffer am grauen Meer gestanden, um wie die Witwen der Brandung zu lauschen und einer Epoche nachzutrauern, die in den Kriegs- und Revolutionswirren versunken war.

Plötzlich fragte der Bruder: Hast du gepfiffen, Maria?

Ich? Gepfiffen? Aber nein.

Doch, du hast gepfiffen.

Ich habe geübt.

Du hast einen eleganten Anschlag. Für dein Alter beachtlich. Maria, sagte er, ich mag zwar schlechte Augen haben, aber mein Gehör ist gut, sehr gut sogar. Gib endlich zu, daß du gepfiffen hast.

Zugegeben, in letzter Zeit kam das hin und wieder vor. Seitdem Papa als Vertreter unterwegs war, mußte sie selber für die Korrektur sorgen und sich mit Pfiffen die richtigen Tonfolgen beibringen. Der Bruder nagelte sie mit seinen Blicken fest und sagte: Die Volksfrömmigkeit ist der Ansicht, Pfiffe eines Mädchens würden der Muttergottes weh tun. Ein alter Aberglaube, wirst du einwenden. Ich stimme dir zu. Allerdings bist du ein Mädchen, Maria, kein Kanarienvogel. Hinfort möchte ich dich nie mehr pfeifen hören. Wann essen wir?

Sie hob die Schultern.

Als Maman noch lebte, aßen wir pünktlich um sieben – und die Soutane rieselte davon.

*

Am andern Morgen fauchte durch den Schnee das Automobil heran. Marie rannte hinaus und fiel dem durchfrorenen Papa um den Hals. Er löste mehrere Shawls vom Hals, kratzte sich unter seiner Ledermütze und fragte: Dein Bruder?

Sie nickte.

Bis zum Morgen des Weihnachtstages kamen sie mit dem ungewohnten Besucher halbwegs zurecht, doch konnten sie nicht verhindern, daß die Atmosphäre drükkender wurde, wie vor einem Gewitter. Entschlüpfte Luise, die sich in diesem Punkt als unbelehrbar erwies, ein Herr Doktor Katz, bekam der Bruder hinter den dick gerillten Gläsern einen stechenden Blick – als wäre ihm der eigene Name ein Dorn im Auge. Luise, sagte er dann, würden Sie gefälligst zur Kenntnis nehmen, daß ich Monsignore genannt werde, *Mon-sig-nore?!*

Tagsüber blieb er oben, in seinem Knabenzimmer, worin man seit seinem Einrücken in die Klosterschule nichts verändert hatte. Über dem Bett hing ein Kruzifix, im Schrank lag ein Matrosengewand, obenauf die Mütze mit den blauweißen Bändeln, und in einer Ecke war ein Altärchen aufgebaut, samt Kerzen und einem niedlichen Kelch. Verließ der Bruder sein Zimmer, schlug die Uhr: Abendessen um sieben. Hatte er Platz genommen, hakte er seinen Zeigefinger in den Soutanekragen ein und machte dem Hals etwas Luft. Sie leide, sagte Marie, unter Schluckbeschwerden. Papa schien es ähnlich zu ergehen – wer Monsignore nahe kam, dem wurde es eng um die Gurgel, er raubte einem den Atem. Alle waren sie ständig am Schlucken, am Würgen, sie, Papa, Luise und natürlich auch der Bruder, der kaum einen Bissen herunterbrachte, ohne daß er den Soutanekragen mit dem Fingerhaken erweiterte. Furchtbar! Mitten im Essen zog Papa den Halm aus dem Durchzugskanal einer Virginia, knipste das Mundstück ab, und noch bevor er sie zum Glühen brachte, ließ der Bruder ein Hüsteln vernehmen: hch-hch, hch-hch.

Weihnachten kam näher; die Temperatur fiel; die Spannung stieg.

Maria, sagte der Bruder am Vorabend des Festes, wobei er das Brevier knapp vor die Nase hielt, Maman gab dir den schönsten aller Namen. Meinst du nicht, daß er dich zu einem gottgefälligen Leben verpflichten sollte?

Auf dem Büffet, wo das Verlobungsphoto der Eltern stand, hatte er mehrere Ikonenlämpchen angezündet, ein süßlicher Geruch waberte durch das Haus, genau wie früher, zu Mamans Lebzeiten, und als er seine Röcke raffte, um knisternd nach oben zu gleiten, hätte man meinen können, die Tote sei leibhaftig ins Katzenhaus zurückgekehrt. Luise, bitte seien Sie so nett – wecken Sie mich zur Frühmesse!

Dann verschwanden die Röcke im Knabenzimmer.

*

Als Marie am Morgen des 24. Dezember zum Frühstück erschien, saßen die beiden Herren bereits am Tisch. Papa sah in die Zeitung, der Bruder in sein Brevier, doch witterte sie sofort, was los war: Der bisher stumm geführte Krieg war offen ausgebrochen.

Natürlich ist mir bekannt, sagte Papa, das Blatt umlegend, daß Weihnachten für Christen eine gewisse Bedeutung hat. Aber ich mache der Kleinen keine Vorschriften. Wenn du so hartnäckig darauf bestehst, daß sie die Christmette besucht, mußt du das gefälligst mit ihr selber besprechen.

Ich meine, sagte der Bruder in sein Brevier hinein, daß Maria nicht nur *deine* Tochter ist. Vor der toten Maman habe ich das feierliche Versprechen abgelegt, mich um Marias Erziehung zu kümmern. Am heutigen Tag wurde unser Heiland geboren. Man hat mir die Kirche in der Altstadt zugewiesen. Dort werde ich die Messe lesen, und ich denke, daß mich meine Schwester begleiten wird.

Ich denke, daß sie alt genug ist, um ihre Entscheidungen selber zu treffen.

Du lieber Himmel, da war sie für eine Tasse Kaffee und ein Butterbrot hinuntergekommen, und jetzt sollte sie auf nüchternen Magen ein religiöses Bekenntnis ablegen!

Euch Juden, sagte nach einem längeren Schweigen der Bruder, wird vorgeschrieben, daß ihr das Fleisch- vom Milchgeschirr zu trennen habt, wie viele Männer nötig sind, um in der Synagoge den Gottesdienst zu feiern, und dergleichen mehr. Lauter Gesetze, lauter Regeln! Fragt sich nur, wozu sie erfüllt werden sollen. Eine Belohnung im Jenseits ist euch nicht versprochen. Aber uns, Papa! Wir glauben an die Auferstehung und an ein Leben nach dem Tod.

Was wissen wir davon? Wie sollen wir das Undenkbare denken?

Würdest du so weit gehen, die Existenz Gottes zu leugnen?

Wie käme ich dazu, ich, ein einfacher Mann!

Eben. Gott existiert. Und wenn wir ihn nicht sehen, so heißt das nur, daß wir Menschen das wahre Sein nicht erfassen können. Verstehst du mich, Maria? Gottes Herrlichkeit ist unsichtbar. Also gilt auch der Umkehrschluß. Wenn das Unsichtbare das höchste Sein ist, müssen wir daraus ableiten, daß das Sichtbare, nämlich unsere Welt, nur aus Lug, Trug und Täuschung besteht. Mir geht es um dein Seelenheil, Maria. Mir geht es darum, daß du begreifst, daß deine Seele wirklicher ist als dieser Kaffeekrug oder die Landschaft da draußen.

Der Bruder vermied es, in ihre Richtung zu blicken. Reglos sah er zum Büffet hinüber, wo unter dem golden gerahmten Verlobungsbild der Eltern die Flämmchen schwammen. Luise rumorte in der Küche; sie war rechtzeitig weggeschlichen. Die Uhr ließ ein leises Rascheln hören, als würde sie Atem holen, dann schlug sie die Stunde. Marie trat mit der Tasse in eine Fensternische. Irgendwie konnte sie den Bruder verstehen. Manchmal hatte sie das Gefühl, Maman sitze immer noch drüben, im Atelier. Sie war in all den Jahren nicht älter geworden, und auf der weißen Piquébluse wuchs ihr ein blutiges, naßglänzendes Herz, von einem Gnadensönnlein umstrahlt wie das Herzjesu am Seitenaltar von St. Oswald...

Über der Winterlandschaft sah Marie dünn gespiegelt ihr Gesicht; das Ufer weiß, schwarz der See. Für wen sollte sie sich entscheiden: für den über alles geliebten Papa oder für den Bruder und ihr Seelenheil?

Papa, nahm der Bruder den Faden wieder auf, du kommst doch eben von einer Vertreterreise zurück. Nichts gegen dein Verkaufstalent, aber besonders erfolgreich wirst du nicht gewesen sein.

In der Tat, gab Papa zu, es hat schon besser ausgesehen.

Heute früh habe ich nach der Messe mit Arbenz gesprochen. Die Auftragslage, deutete er an, sei miserabel.

Was sollst du mir ausrichten?

Es geht um die nächtliche Beleuchtung unseres Firmennamens...

Was ist damit?

Die würde neuerdings als Provokation empfunden, meint Arbenz. Muß ich deutlicher werden?

Marie starrte den Bruder an. Gewiß, seine Frömmigkeit konnte sie verstehen, ja sogar ein wenig nachempfinden. Aus lauter Sohnesliebe war er Priester geworden. Er wollte Maman eines Tages wiedersehen, und natürlich klappte das nur, wenn es eine leibhaftige Auferstehung der Toten gab, die Himmelfahrt zum Letzten Gericht. Aber was hatte die Leuchtschrift auf dem Dach mit der Christmette zu tun? Warum kam er gerade jetzt, da es um ihre Seele ging, auf den Firmennamen zu sprechen?

In Sachen Mitternachtsmesse, sagte Papa, könnte dein Bruder recht haben. Es kann nicht schaden, wenn du dich in der Kirche zeigst. Gut. Einverstanden. Geh mit! Aber die Beleuchtung, setzte er wütend hinzu, wieder an seinen Sohn gewandt, wird bleiben, da mache ich keine Konzessionen! Solange es uns gibt, Monsignore, ist unser Name, der edle Name Katz, in den Himmel geschrieben.

Nein, so durfte der Handel nicht enden. Marie drehte ihrem Spiegelbild den Rücken zu, ließ sich in einen Sessel fallen, schwang das linke Bein über das rechte und sagte: *Au fonds* handelt es sich um eine Kostümfrage. Ich bin in letzter Zeit ziemlich stark gewachsen und weiß beim besten Willen nicht, ob ich mich in meiner Garderobe dem Städtchen präsentieren kann.

*

Mit Mamans Marquisette, dem schwarzen Seidenschleier, und einem Pelzmantel, den Papa in aller Eile und mit Luises Hilfe für Marie abgeändert hatte, begleitete sie den Bruder in das Kirchlein der Altstadt zur Christmette. Er sang, brach die Hostie und hob den Kelch; das Meßgewand stand ihm vorzüglich, und über den steilen Altarstufen bewegte er sich wie ein Tänzer. Bei der Kommunion schritt Marie mit ein paar uralten Hutzelweibern nach vorn, schloß die Augen, und der lateinisch murmelnde Priesterbruder legte ihr die geweihte Hostie auf die Zunge. Sie behielt sie so lange als möglich im Mund, und erst beim *Ite-missa-est* löste sie die gefalteten Hände von der Stirn, um aus dem Schauder ihrer Andacht aufzutauchen. Danach gingen sie Arm in Arm durch die verschneiten Gassen, und immer wieder steckte der Bruder, der bester Laune war, seine Nase in Mamans Pelzkragen. *Ihr* Parfum, sagte er.

Zu Hause war alles dunkel. Papa schlief, Luise verbrachte den Heiligen Abend bei einer Verwandten. Bevor sie die Garderobe ablegten, fragte der Bruder, ob sie ihm noch ein wenig Gesellschaft leiste.

Gern, sagte sie.

Dann laß den Pelzmantel an! Zuerst müssen wir in den Keller, dort unten ist es kälter als am Nordpol.

Sie gehorchte, er schloß die Tür auf, und in ihren Mänteln stiegen sie hinab in die finsteren, nach Tang riechenden Gewölbe. Nirgendwo gab es Licht, und der Bruder mußte ihnen mit einer Petroleumlaterne voranleuchten. An manchen Ecken lauerten einbeinige Modebüsten, manche mit Köpfen, andere ohne, so daß gespenstisch die Schatten tanzten, und in einer Nische lag über einem Holzbock Mamans Pferdesattel. Auch ihre Stiefel standen noch da, darin eine Garbe von Gerten, und trotz der kalten Feuchtigkeit entfloß der Nische ein warmer Ledergeruch. Die schwankende Laterne zog weiter. Vielleicht sollte ich dir gestehen, rief mit hallender Stimme der Bruder, daß ich nicht mehr in Rom lebe.

Nicht mehr beim Papst?

Nein. Die politischen Umstände haben mich gezwungen, aus Italien abzuhauen. Seit einigen Wochen lebe ich wieder im Land, und stell dir vor, in einer Klosterbibliothek habe ich einen hübschen Unterschlupf gefunden!

Im Kloster? Sie konnte es kaum glauben. Und hübsch! Im Mund des Bruders klang dieses Wort ziemlich fremd. Hübscher Unterschlupf im Kloster! Na, fragte sie, und wie fühlt man sich als Mönch?

Die Mönche seien während der Reformation vertrieben worden, erklärte er, das Kloster sei stillgelegt, die Bibliothek jedoch, eine weltberühmte Bibliothek, von ihm Bücherarche genannt, habe den Wandel der Zeiten überdauert. Auf dieser Arche habe er angeheuert. Als Bibliothecarius. Er sei der Kapitän der Bücher.

Sie stutzte. Ihre Gedanken verwirrten sich – und durch quietschende Blechtüren führte sie der Bruder noch tiefer hinab. Sie erinnerte sich nicht, jemals hier unten gewesen zu sein, und es tat ihr ein bißchen leid, daß sie keine Freundin hatte, mit der sie diese Kavernen erkunden konnte. Zuletzt gelangten sie in einen Weinkeller, der

Bruder nahm eine Flasche aus dem Gestell, wischte den Staub ab, hielt sich die Etikette vor die Brille, schnupperte am Korken und hörte dabei nicht auf, in den höchsten Tönen von seiner Bücherarche zu schwärmen, einem Saal von unglaublicher Schönheit, wie er sagte, im Übergang vom Barock ins Rokoko, das Deck aus Geigenholz, die schlanken Masten aus Mahagoni und die halbrunden, bis zur Decke reichenden Büchergestelle wie Segel gebläht. Er entschied sich für einen Bordeaux von 1926. Dein Jahrgang, Maria!

Als sie durch die feuchten Gänge zurückkehrten, flogen ihr die Säume seiner Soutane mit einem leisen Geraschel voran, zurück in die Oberwelt, und hoppela! – schon erlebte sie die nächste Überraschung. Als sei das Haus inzwischen aufgeheizt worden, empfing sie eine wohlige Wärme. Marie wollte aus dem Mantel schlüpfen, aber wieder wurde sie vom Bruder daran gehindert. Mamans Pelz, lobte er, stünde ihr ausgezeichnet.

Ah ja, wirklich?

Ich habe Luise gebeten, diesen Hut bereitzulegen. In unseren alten Prospekten wirst du Photographien finden, auf dem sie ihn getragen hat. Darf ich?

Behutsam wie bei einer Krönung setzte ihr der Bruder einen Loftyhut auf, und Marie, ihm zulächelnd, zog sich das feinmaschige Netz über Augen und Lippen, bis unters Kinn. Tatsächlich, auch das Netz roch nach Maman!

Weine nicht. Merke dir: Dinge verwittern langsamer, sehr viel langsamer als Menschen. Deshalb lieben wir Bücher und Bilder. Sie handeln von der Zeit, ohne ihr zu unterliegen. Jetzt fehlen uns nur die Gläser, dann kann unser Christfest beginnen. Freust du dich?

Ja, hauchte sie.

Im Bibliothekszimmer entkorkte der Bruder die Flasche, den linken Arm wie ein vornehmer Ober in den Rücken gedrückt, und schenkte ihr ein. Sie hatte sich auf die Chaiselongue gelegt und bemühte sich nun, möglichst vornehm am Glas zu nippen.

Hat dir Papa erzählt, was er draußen im Reich erlebt hat?

Ja, sagte sie. Majorswitwen schauen auf das Meer hinaus.

Ist das alles? Kein Wort von Hitler und seiner Nazihorde?

Der Bruder stellte das Glas ab. Maria, sagte er, sie mit der gerillten Brille fixierend, ich habe in Italien erlebt, wie die Menschen über Nacht vergessen haben, sich beim Grüßen die Hand zu geben. Plötzlich galt der Saluto romano, sogar bei gewissen Priestern im Vatikan. Die Sintflut steht unmittelbar bevor, es wird Feuer und Asche regnen, und nun fragst du dich natürlich, was meine Bibliothek zur Arche macht. Ganz einfach: Ich habe ihr Lied an Bord, die Nibelungenhandschrift B, und gehe davon aus, daß die Nibelungen zumindest dieses eine Buch, ihr eigenes, mit Respekt behandeln werden. Auf der Arche sind wir sicher. Die Hüter ihres Schatzes werden sie nicht behelligen. Hast du mich verstanden?

Nein, gestand sie leise.

Bitte, ich bin gern bereit, konkreter zu werden. Als

Bibliothecarius habe ich viel zu tun. Das gesamte Katalogsystem muß von Grund auf erneuert werden. Du könntest mir im Haushalt helfen, und es soll mir ein Vergnügen sein, dir Latein, Griechisch und ein wenig Philosophie beizubringen. Es ist ein Angebot. Was auch immer geschieht, ich halte es aufrecht.

Was soll denn geschehen?

Maria, wer Bücher verbrennt, will die Welt vernichten. Ist es das erste Mal, daß du Wein trinkst?

Ja, das erste Mal.

Schmeckt er dir?

Geht so.

Maria, du kannst wundervoll Klavier spielen. Papa ist stolz auf dich. Aber inkonsequent. Er müßte alles tun, um dein Talent zur Entfaltung zu bringen, und ich fürchte, genau das tut er nicht. Verzeih mir meine Deutlichkeit: Als Papas Tochter gehörst du zu einem gefährdeten Personenkreis. Wenn er die Leuchtschrift auf dem Dach nicht ausknipst, wird es Ärger geben.

Er wird sie nicht ausknipsen.

So ist es. Er ist ein sturer alter Mann. Deshalb kannst du nicht in diesem Haus bleiben, begreif das bitte! Entweder ziehst du zu mir, oder ich bringe dich eigenhändig in ein katholisches Pensionat.

Oh, eine Erpressung!

Maria, du hast die Wahl: Bücherarche oder Pensionat, *tertium non datur,* ein Drittes gibt es nicht. Warum lächelst du?

Ich? Nur so...

Aber das stimmte nicht. Sie lächelte, weil sie durch die feinen Maschen von Mamans Hutschleier hindurch etwas entdeckt hatte. Im Büchergestell, das bis zur Decke reichte, sah sie die schweinsledern gerahmten Photographien: der kleine Erstkommunikant, der fromme Ministrant, der kuttentragende Klosterschüler. Seit eh und je stand der Bruder zwischen den Klassikern, und so war es wohl kein Zufall, daß er zu einer Bücherarche gekommen war. Auch dort würde er zwischen den großen Dichtern und Philosophen stehen – als hätte ihn Maman eigenhändig eingereiht.

Warum starrst du dauernd auf meinen Hals?

Auf deinen Kragen. Muß er so eng sein?

Maria, es wäre mir wirklich lieber, wenn du zu mir ziehen würdest. Wir sind doch Geschwister. Bestimmt haben wir viele Gemeinsamkeiten.

Ich bleibe bei Papa.

Du kennst die Konsequenzen.

Nein, Bruderherz. Die katholische Luft ist nichts für mich, weder auf deiner Bücherarche noch in einem Pensionat. Bin zwar getauft, aber...

Ja?

... eher eine Katz. Ich vertrage kein Halsband.

Sie erhob sich. Darf ich dich um etwas bitten?

Natürlich, sagte er, sich ebenfalls erhebend.

Ich möchte, daß du mich Marie nennst.

Morgen werden wir uns nicht mehr sehen, ich reise in aller Herrgottsfrühe ab. Trag Sorge zu dir. Und vergiß nicht: Die Arche steht dir jederzeit offen.

Danke, sagte sie.

Er hob das Netzchen von Mamans Loftyhut (Baumwolle, mit Kunstseide verzwirnt) und gab ihr einen scheuen Kuß. Adieu, Marie!

Briefe von Maman

Nach dem Weihnachtsbesuch des Bruders sah sie das Städtchen mit anderen Augen. Der Turnlehrer hatte sich ein viereckiges Schnäuzchen zugelegt; er brachte der Klasse militärisches Marschieren bei, rechts schwenkt!, links schwenkt!, und es schien ihm ein großes Vergnügen zu bereiten, die kleine Katz die Stange hochzuhetzen. Blieb sie dummerweise hängen, stemmte er die Hände in die Hüften und rief: Hebräer bleibt Hebräer, das wäscht kein Taufwasser ab!

Auf dem Schulhof wurde hinter ihrem Rücken getuschelt, und ihre Banknachbarin, die Tochter des Metzgers, erbat von der Lehrerin die Erlaubnis, auf einen andern Platz versetzt zu werden. Der Name Katz, da hatte sich der Bruder nicht getäuscht, war ein kleines Problem geworden. Auf gewissen Gesichtern löste er Grimassen aus – als führe ein Fingernagel quietschend über die Wandtafel.

Marie war die Beste ihrer Klasse und durfte damit rechnen, nach der Primarschule auf das Gymnasium zu kommen. Sie lernte rasch und leicht, und zählte sie im

Religionsunterricht die sieben Todsünden auf, die sieben
Schmerzen Mariae, die zehn Gebote oder die Namen der
Rosenkränze, war sie bestimmt so gut wie früher, be-
kam aber schlechtere Noten. Was war denn los? Warum
wurde sie auf einmal angestarrt? Und, du lieber Himmel,
was erlaubte sich der Vater ihrer Ex-Banknachbarin?
Wenn Marie mit ihrer Schulmappe am gekachelten Ge-
wölbe vorbeikam – es lag eine halbe Treppe unter Stra-
ßenhöhe –, trat der Metzger regelmäßig vor die Tür, ein
Beil oder ein Messer in der Faust, und ließ in ihrem Rük-
ken einen Klumpen Kautabak auf das penibel gereinigte
Pflaster klatschen.

Natürlich hätte sie diese Dinge gern mit jemandem be-
sprochen – fragte sich nur, mit wem! Der Bruder hatte
sich auf die Arche zurückgezogen; Luise interessierte
sich ausschließlich für den Haushalt, und Papa hatte im
Rauchzimmer einen Radioapparat installiert, von dem er
kaum noch wegzubringen war. Ganze Abende, Nächte,
Sonntage verbrachte er vor diesem Kasten, stets eine Fla-
sche Fernet neben sich, ein schwarzes Stundenglas, das
sich rasch und rascher leerte. Niemand durfte ihn stören,
nicht einmal Arbenz, und nur zu den Klavierstunden,
die ihm heilig waren, stellte er die Radiostimme ab und
kam ins Atelier. Häufig stand über der Bucht eine unge-
wohnte Stille, und an den Hauswänden, denen Marie
entlangschlich, klebten Plakate, die gegen die jüdische
Plutokratie hetzten.

*

Papa schleppte seinen Musterkoffer von Stadt zu Stadt, von Salon zu Salon – er gab sein Letztes, um Aufträge hereinzuholen und den berühmten Namen über die schwere Zeit zu retten. Ob es ihm gelang?

Am 29. August 1938 feierte Marie ihren zwölften Geburtstag.

Papa machte ihr ein großartiges Geschenk: ein Velo! Silberne Speichen, roter Rahmen, Gepäckträger, Klingel und Ledersattel. Sehr schön, wirklich. Aber warum bekam sie das Velo gerade jetzt? Wollte ihr Papa den Gang durch die Gassen ersparen? Sicher, so kam sie leichter an der Metzgerei vorbei, aber inzwischen machte ihr die klatschende Spucke nichts mehr aus. Auch der Turnlehrer, dessen Nacken wie ein Furunkel glänzte, kam ihr eher lächerlich vor, nicht unbedingt gefährlich, und daß ihr der Stadtpfarrer gewisse Bedenken entgegenbrachte, ließ sich ebenfalls erklären. Sie hatte ihn zu sehr spüren lassen, wie sehr ihr die Katechismusformeln zum Hals heraushingen.

In der Bucht kreuzten Segler; auf dem Ausflugsdampfer spielte eine Kapelle; in den Ruderbooten küßten sich Verliebte. Marie radelte fröhlich dem See entlang, dann schlüpfte sie durch ein Zaunloch in den Park und setzte sich in den Pavillon. Noch war es Sommer, ringsum zirpte, sang und summte es, und war es nicht schön, zugleich hier zu sitzen und sich in einer andern, längst versunkenen Welt aufzuhalten? Die hatte sie dem Bruder zu verdanken. Da die Bücher demnächst verbrannt würden, verschlang Marie einen Roman nach dem andern. Romane! Oh, sie liebte Romane! Zugegeben, darin wimmelte es von Wörtern, die sie noch nie gehört hatte: *Chambre séparée, Schäferstündchen* oder *in andere Umstände kommen,* aber zum Glück gab es in jedem Buch einige Stellen, die mit eingetrockneten Blutspritzerchen übersät waren, von Maman herausgehustet, und anhand dieser Tupfen, die Silben unterstrichen oder Punkte hinter Punkte setzten, konnte die Leserin einen Weg in die Herzen der Figuren finden. Das ging ganz leicht, denn kurioserweise – das Wort hatte sie aus den Romanen – *kurioserweise* bezeichneten Mamans Lungen stets die richtigen Abschnitte: Da wurden *Billets* abgeschickt, Küsse ausgetauscht, Duelle anberaumt, und auf Schloßtreppen oder Bahnhöfen kam es zu erschütternden Abschiedsszenen...

Wehte vom See her die Abendbrise durch den Park, kehrte sie durch das Zaunloch zur Straße zurück. Dann fuhr sie auf das Haus zu – als käme sie direkt aus dem Städtchen. Unter der Tür drückte ihr Luise die Seife in die Hand und flüsterte: Mach schnell, er hat schon zweimal nach dir gefragt!

Oh, bin ich etwa zu spät? Verzeih, Papa, ich habe mich mit meinen Freundinnen verplaudert. Da merkt man gar nicht, wie die Zeit vergeht, nicht wahr?

Der Sommer wich, es wurde Herbst, es wurde kalt.

An einem Oktobertag suchte Marie in der Bibliothek ein neues Buch, zog einen fetten Wälzer heraus, und hoppela! – in der Lücke entdeckte sie ein Bündel Briefe, mit einem Seidenband verschnürt. Erst zögerte sie. Es war nicht sehr vornehm, ein Band zu lösen, das Maman zu ihren Lebzeiten geknüpft hatte – *on a du style!* Aber dann tat sie es doch, schmuggelte das Bündel in den Garten hinaus, und so gierig, wie sie ein neues Buch aufschlug, löste sie jetzt das Seidenband.

Ma chère Maman, stand im ersten Brief geschrieben, *pro Tisch sind wir acht Zöglinge. Sieben bekommen genug zu essen. Einer geht jeweils leer aus, in der Regel stets derselbe. Wir nennen ihn Herero, das ist der Angehörige eines Stammes, den die Deutschen in der namibischen Wüste ausgehungert haben. So ein Tisch-Herero hat es natürlich schwer, oft plagt ihn der Hunger, und es braucht viel Geduld, darin eine Prüfung zu sehen, die uns der Heiland auferlegt hat...*

Aha, die Briefe waren aus der Klosterschule gekommen! Damals muß der Bruder am Heimweh schier gestorben sein, und am liebsten hätte sie ihm geantwortet – er tat ihr schrecklich leid, der hungernde Herero-Bruder, und sie dankte Gott, daß er nun auf der Arche lebte, nicht mehr in der Klosterschule. Nachdem sie mit dem Bündel fertig war, machte sie sich sofort wieder auf die Suche, und dank einer gewissen Lebenserfahrung, die sie durch ihre Lektüre erworben hatte, wurde sie fündig. Damen pflegen ihre Geheimnisse im Wäscheschrank zu verstecken, Herren die ihren in der Schreibtischschublade. Marie zitterte vor Erregung. Ein Lebenszeichen der lieben Toten! Mamans schöne blaue Handschrift! Wieder deponierte sie den verbotenen Schatz in der Bank des Pavillons, unter Gartenwerkzeugen versteckt, und gleich nach der Schule kam sie hierher, legte sich in einen Liegestuhl und vertiefte sich in die Briefe, die Maman während eines Sanatoriumsaufenthalts an Papa gesandt hatte.

Aber ach, die beidseitig beschriebenen und behusteten Seiten enthielten nichts als ratlose Ärzte, sinnlose Kuren, quälende Blutuntersuchungen und einen kirchlichen Würdenträger, der in christlicher Demut seinem Ende entgegendämmerte. Das Sanatorium lag in den Bergen, unaufhörlich fiel Schnee, und das Haupt des Würdenträgers sank immer tiefer in die Kissen ein. Im Lauf des Winters wurde seine Nase schmal, gelb, spitz, und Anfang Juli – eben war der goldene Siegelring des Würdenträgers aus eigener Kraft vom knochigen Finger gerutscht – hatte die Leserin genug. Puh! Das ist ja nicht zum Aushalten!

Liebster! schrieb Maman im nächsten Brief, *Du kannst dir nicht vorstellen, wie ich mich freue, daß Du mir morgen unseren Sohn bringst! Um drei Uhr nachmittags, wie telephonisch besprochen, an der Bahnstation!*

Aha, der Bruder, mittlerweile ein elfjähriger Zögling, durfte die Ferien bei seiner Maman verbringen! Marie merkte sofort, daß dieser Sommer für beide eine schöne Zeit gewesen sein mußte, wohl die schönste ihres Lebens, denn die restlichen Briefe, viele waren es nicht mehr, teilten in flüchtigen Zeilen mit, endlich sei alles alles gut. Mutter und Sohn hatten sich wiedergefunden. An den Vormittagen lagen sie in Liegestühlen auf dem Balkon, sahen zu den weißen Firnen hoch und fragten sich, welcher Heilige ihnen helfen könnte, Papa aus dem Alten ins Neue Testament herüberzulocken. Zum Mittagessen setzten sie sich in einen großartigen Speisesaal, und an den Nachmittagen, wenn sich über dem Kessel ein blauseidener Himmel spannte, spazierten sie Hand in Hand zu einem Kirchlein, das wie ein Schiff auf einer Alpweide schwamm, von Kühen und Ziegen umbimmelt. Was für ein schönes, glückliches Paar! Der junge Klosterschüler trug eine Mönchsfrisur, ähnlich einem Pagenschnitt, und eine Brille mit dicken runden Gläsern. Maman wiederum hatte sich dank der gesunden Bergluft, wie sie schrieb, in ein munteres Mädchen verwandelt und schwebte im weißen Seidenkleid, mit weißen, bis zu den Ellbogen reichenden Handschuhen und einem Spitzensonnenschirmchen über die Alpwiesen...

Sie erschrak.

Im gefrorenen Laub raschelten Schritte heran.

Sie lag in einem Liegestuhl, wie eine Lungenkranke in Decken eingewickelt. Ein spontaner Einfall, erklärte sie verlegen, ich wollte vor dem Winter noch einmal den Pavillon genießen, die freie Natur, die letzten Astern... Darf ich dich etwas fragen, Papa?

Immer, das weißt du doch.

Gestern nacht hast du lange mit Arbenz konferiert.

Es gab einiges zu besprechen, antwortete er unwirsch.

Über die neue Kollektion?

Künftig verbringst du die Nachmittage im Haus, schrie er plötzlich. Hier draußen will ich dich nie mehr sehen! Das ist ein Befehl, Mademoiselle! Du tust mir weh! Du beschämst mich!

Hilflos starrte sie ihn an.

Ich weiß doch, was los ist, Mädchen. Meinetwegen wirst du von diesen Idioten geschnitten.

Während er davonraschelte, blieb sie noch lange stehen, reglos wie ein Holzpferdchen, das man auf der runden, mit Herbstlaub bestreuten Karussellscheibe vergessen hatte. Aus dem Schilf quorrte und quarrte es, die Nebelflut wurde dichter, und dann, plötzlich, war es dunkel...

Der Name!

Die Leuchtschrift!

Du lieber Himmel, Papa hatte auf dem Dach der Villa den Namen ausgeknipst, den edlen Namen Katz!

Sie rannte los, stolperte über die Uferwiese, stieß die Tür zum Atelier auf – und prallte zurück. Was für eine Hitze! Der gußeiserne Ofen bullerte; die Scheiben waren beschlagen; es roch nach Feuer und Rauch. Arbenz kniete ohne Jackett und Kragen vor dem glühenden Maul und brachte es mit Papierstößen zum Fauchen. Hatte er einen Ordner geleert, warf er diesen auf einen Haufen, gab den Inhalt in den Feuerschlund und wischte sich mit dem Ärmelschoner über die Stirn. Marie wagte es nicht, ihn zu stören. Sie trat an ein Fenster und machte es einen Spalt weit auf – ah, tat das gut! Hier draußen, an der Balkonbrüstung, hatte vor vielen Jahren der große Seidenkatz gestanden, ihr Großvater. Seine Kreationen waren weltweit gefeiert worden. Sie hatten auf russischen Hochzeiten getanzt, in Ascot die Pferderennen besucht und in Wien die Premieren des Burgtheaters. Er hatte den Namen Katz bis weit in den Osten getragen, in den uferlosen Landozean hinaus, und es soll Damen gegeben haben, die das Atelier am Knistern einer Ballrobe zu erkennen vermochten...

Jetzt knisterte der Ofen. Der Bruder hatte recht gehabt. Die seit Jahrzehnten geführte Kartei mit den Brustumfängen der Damen und den Beinlängen der Herren ging in Flammen auf. Als Marie sich umwandte, waren Paletot und Melone, die eben noch am Garderobenständer gehangen hatten, verschwunden. Sie trat in den Vorraum, wo der Porzellanneger grinste, öffnete einen Spalt weit die Tür und sah Arbenz mit wehendem Mantel davonhopsen. Wie eine alte Krähe, dachte sie, und tatsächlich, jetzt hob Arbenz ab und flatterte mit einem wehmütigen Krächzen, das sich rasch entfernte, durch die neblige Ulmenallee davon.

Die Krähe hinterließ einen sauberen Schreibtisch: ein Lineal, sieben gespitzte Bleistifte, das verschraubte Tintenfaß, blankgeputzte Federn, eine Reihe von Stempeln sowie das Schiffchen zum Abrollen der feuchten roten Zahlen. Die Nähmaschinen waren zugedeckt, die Schränke ausgeräumt, aber vorn, an einem der hohen Fenster, entdeckte Marie auf dem Reißbrett einen phantastischen Entwurf. Er mußte von Papa stammen und zeigte eine Unterwasserwelt, die er wohl für das Abendkleid einer jungen Dame entworfen hatte: Stilisierte Delphine trugen Nixen mit wellenartigen Haaren durch Wälder aus sich windenden Schlingpflanzen.

Bestimmt wurde sie drüben im Haus erwartet, doch war Marie auf einmal so müde, daß sie sich ein wenig ausruhen mußte. Sie legte sich auf den grünen Filzbelag des großen Schneidertischs, stopfte die Hände zwischen die Oberschenkel und lauschte dem Bullern des Ofens. Allmählich wurde er leiser, sein Glühen verblaßte. Das einst weltberühmte Atelier würden nun einen tiefen, hart verdienten Schlaf schlafen, und vielleicht durfte auch sie, die letzte Katz, ein wenig mitschlafen. Hoch oben, zwischen den Sternen, standen die erloschenen Lettern. Das Land war namenlos geworden.

Vorfahren

Es war einmal ein alter schwerer Koffer. Aus Galizien kam der Koffer, aus dem ärmsten Kronland des Wiener Kaisers, und enthielt die gesamte Habe des Wanderes, der ihn schleppte: eine Schere, eine Klarinette, fromme Bücher und Gebetsriemen. Über den Landozean zogen die beiden, der Wanderer und sein Koffer, fuhren im Winter auf Eisschollen und stiegen im Sommer auf Hügel, um dem jammernden Wind zu lauschen, die kapriolenden Lerchen zu bestaunen und in den Nächten das Glitzern der Milchstraßen. Sie kletterten über den gelbschwarz geringelten Grenzzaun, und drohten sie sich im Wald der Steppengräser zu verirren, folgten sie den Telegraphendrähten, die den Himmel wie Notenlinien zerschnitten. In der Hitze, in Regenschauern und im Schneegestöber verloren sich die Wege, aber ging fern am Horizont die

Sonne unter, erglänzten am Koffer die Messingkappen und erinnerten den müden, ausgezehrten Wanderer, der die eitrigen Füße mit Lappen umwickelt hatte, an seinen Traum vom goldenen Westen.

Es war im dritten Jahr seiner Walz, als sich an einem rotrauchigen Herbstabend drohend, dunkel die Alpen erhoben. Davor lag ein See, und obwohl der Koffer ziemlich leicht geworden war, ließ er sich nicht mehr verrücken. Bleib hier, sagte er zum Wanderer.

Hier ist es sumpfig, antwortete der, hier schwärmen im Sommer die Mücken.

Also werden dich die Menschen in Ruhe lassen, meinte der Koffer.

Und wovon soll ich leben?

Von deiner Schere, Katz, du bist Schneider.

Tatsächlich, im hohlen Koffer klapperte noch die Schere. Also baute der Schneider am Ufer eine Hütte, bedeckte sie mit Schilf, bot im nahen Städtchen seine Dienste an, gewann die ersten Kunden, lernte ein hübsches, schwarzlockiges Mädchen kennen und nahm es zur Frau. Sie waren glücklich miteinander, ein Sohn wurde ihnen geboren, und da sie zu arm waren, um eine Wiege zu kaufen, wurde er in den treuen alten Koffer gelegt. Am liebsten schlief der Knabe auf Seide, und so nannte ihn die Mutter, wenn sie ihn herzte, mein liebes Seidenkätzchen.

Eines Morgens saß der Schneider wie üblich auf dem Tisch, doch war er weiß wie Schnee, und die Hand, die die Schere hielt, war hart wie Stein. Ein Verstorbener, sprach die Mutter zum Sohn, werde gekleidet von seinen Taten, den guten wie den schlechten, und von den Geschichten, die über ihn erzählt würden, den guten wie den schlechten. Also stieg der Sohn in die Stiefel des Vaters, setzte sich dessen Hut auf, der ihm bis zur Nasenspitze rutschte, und stapfte ins Städtchen, wo er jedermann berichten wollte, was geschehen war. Kennt ihr den Schneider, Leute? Draußen im Sumpf hat er die Werkstatt. Meist arbeitet er die ganze Nacht, und liege ich im Koffer, höre ich das Gezwacke der Schere. Heute morgen jedoch –

Wer bist du?

Sein Sohn.

Dein Name?

Seidenkatz.

Was willst du, Seidenkatz?

Ein Grab für den Vater.

Er bekam es nicht. Der Friedhof, wurde ihm erklärt, sei den Christen vorbehalten, und wenn er ein Grab haben wolle, müsse er in die große Stadt fahren, wo auch die Juden ihren Friedhof hätten. Aber die große Stadt lag fern, und so hob der Sohn neben der Hütte ein Grab aus. Er wälzte einen Stein heran, ritzte den Namen ein und darunter einen sechszackigen Stern. Um zu verhindern, daß das Grab vom Sumpf verschlungen wurde, pflanzte er zusammen mit der Mutter Hunderte von Weidenstrünken ein. Die sogen dem Boden das Wasser ab und verwandelten das Ufer in festen, guten Grund. Bald wuchsen auch Birken, legten ein silbriges Schimmern über das Schilfdach, und von überall flatterten Vögel herbei, um zu nisten, zu brüten, zu singen. Die Stelle, die der Koffer bestimmt hatte, war zum Paradies erblüht.

*

Das Atelier wurde von hohen Fenstern erhellt. Im besten Licht stand das Reißbrett, und neben der Tür, die nach Osten ging, thronte an seinem Pult Herr Arbenz, der Buchhalter. Es gab mehrere Nähmaschinen, zwei lange Schneidertische sowie Werkbänke für die Schirm- und Hutmacher. Alle arbeiteten flink und leise, und wäre das Surren der Singermaschinen nicht gewesen, hätte man meinen können, im Atelier würden fromme Handlungen ausgeführt. Seidenkatz, der die ererbte Schneiderei innerhalb weniger Jahre zum Blühen gebracht hatte, trug zur grünen Plüschweste eine gelbe Krawatte und einen violetten, auf Taille geschnittenen Frack mit großen roten Knöpfen. Trat er auf die Terrasse hinaus, mußte ihm ein Diener den Pelzmantel umlegen, und ein Spitzenseidenschirmchen, natürlich aus eigener Produktion, schützte ihn gegen die Sonne. Stets hatte er eine Schere sowie eine Rasierklinge dabei, und meist genügte ihm ein einziger Schnitt, um einem Kleid jene Raffinesse zu geben, die den Damen Ausrufe des Entzückens entlockten. Die Seide beurteilte er nach ihrem Duft, und weiß Gott, er liebte sie mehr als den schönsten Leib, der von seinen Kreationen umhüllt wurde. Einladungen schlug er aus, Spaziergänge machte er höchstens bei Nacht, und zog er den Hut, geschah es hauptsächlich zu Reklamezwecken:

Um den Einheimischen zu zeigen, daß ein von ihm gefertigter Zylinder im Schein einer Gaslaterne acht Reflexe warf, wie bei einem Gentleman der Londoner City.

In einer hellen Mondnacht ging er über den Friedhof. Der lag oberhalb der Stadt im Hang, und Seidenkatz mag sich gefragt haben, was er hier, wo sie seinem Vater das Grab verweigert hatten, zu suchen habe. Da erblickte er in der Ferne seinen Besitz, das aus roten Fabrikziegeln gemauerte Schlößchen mit dem angebauten Atelier. Einsam lag es draußen vor der Stadt an der nördlichen Bucht, und auf einmal hatte Seidenkatz eine hübsche Idee. In doppelt mannshohen Lettern ließ er den Namen Katz auf die Dachzinne setzen. Gut, vielleicht sah dies ein wenig seltsam aus, aber den Schneider brauchte das Getuschel im Städtchen nicht zu kümmern, wirklich nicht, inzwischen war sein Ruf bis weit in jene Unendlichkeit vorgedrungen, die sein Vater mit dem Koffer einst durchzogen hatte. Wer auf russischen Gütern, in kakanischen Kasernen oder auf polnischen Promenaden *à la mode* sein wollte, trug Kleider, Hüte und Sonnenschirmchen von Seidenkatz.

*

So galt er im Osten als berühmter, mit Orden dekorierter Mann und kam nicht umhin, hie und da mit einer Musterkollektion durch sein Absatzgebiet zu reisen, von Salon zu Salon, von Gutshaus zu Gutshaus. Nach einigen Wochen war sein Auftragsbuch prall gefüllt, er wollte heimkehren, und da der Zug wieder einmal verspätet war, setzte sich Seidenkatz in das Büffet einer abgelegenen Bahnstation, um an einer reich gedeckten Tafel, von mehreren Kellnern umdienert, das ihm verhaßte Warten zu überbrücken. Da teilte sich ein Vorhang, Taftsäume rauschten, ein Stiefelabsatz gab den Takt an – und Seidenkatz erschauerte.

Sie sang wie eine Nachtigall und bewegte sich wie eine Elfe. Sie ließ einen goldenen Vorderzahn blitzen, und ihr Haar schwang wie eine weiche, schwarze Glocke über den schmalen Rücken. Sie war nur eine Tingeltangelsängerin, aber wie grandios, dachte Seidenkatz, würde diese Frau seine Schöpfungen präsentieren! Ach was, die hatte weder Hüte noch Kostüme nötig, die machte es mit der Haltung, mit der Stimme, mit den Augen. Sie war ein vollendetes Kunstwerk, ein Bild von einer Frau, mit korallenroten Lippen und einer porzellanweißen Haut. Keine andere, sagte sich Seidenkatz, die!

Er brachte sie mit nach Hause, und auf einer großartigen Hochzeit wurden die schöne Sängerin und der berühmte Seidenkatz ein Paar. Sie wurde schwanger und gebar, wurde schwanger und gebar, wurde schwanger und gebar. Drei Mädchen wurden ihnen geschenkt, später Maries Tanten, die Missionarinnen in Afrika. Bei jeder Geburt hatte Seidenkatz auf einen Sohn und Stammhalter gehofft, und zu guter Letzt erfüllte sich sein Wunsch. Da zog er unter den riesigen Buchstaben, die er nachts von Petroleumscheinwerfern beleuchten ließ, seinen Zylinder und sprach: Herr, ich danke Dir. Du läßt Deine Juden nicht allein. Mein Sohn wird mich eines Tages begraben und den Namen Katz über meinen Tod hinaus erhalten.

Die erste Zeit im Schlößchen dürfte der Nachtigall gefallen haben, den fortwährenden Schwangerschaften zum Trotz. Hier wurden ihr die Mahlzeiten auf Meißner Porzellan gereicht, und eine Domestikin, die beim Betreten des Gemachs einen Knicks vollführte, leerte der Gnädigen den Nachttopf. Aber nach der Geburt des Stammhalters war der Name Fleisch geworden, sie hatte ihre Rolle gespielt, die Pflicht erfüllt, sah das Gastspiel für beendet an und mußte zu ihrer Verwunderung feststellen, daß der Vorhang nicht fallen wollte. Was nicht aufhört, sagte sie eines Nachmittags zum Gatten, heißt Rußland.

Seidenkatz gab ihr recht. Rußland, meinte er, sei sein größter und bester Markt.

Da entstieg der goldenen Kehle ein Lachen, und als Seidenkatz, der in einem bordeauxroten Ledersessel des Rauchzimmers lag, die Zeitung sinken ließ, blähte eine Brise den Vorhang – das Fenster stand offen, die Nachtigall war ausgeflogen.

Ihre drei Töchter gaben die Hoffnung niemals auf, die Mamuschka würde eines Tages zurückkehren, stürzten immer wieder an die Tür und riefen: Da kommt sie! Doch war dies nur ein Nebelchen, das mit der Dämmerung heranwehte und sich wie ein Seidenschleier um einen Busch wand...

Der Knabe, der später Maries Papa werden sollte, ging nie an die Tür, nie ans Fenster – er spielte Klavier. Seidenkatz hatte es ins Atelier stellen lassen, an die rückwärtige Wand. Er stand vorn, vor seinem Reißbrett, und Maries kleiner Papa saß auf einem Schemel, sah in den Tasten eine schwarzweiße Straße und stellte sich vor, wie die Nachtigall, seine Mamuschka, den langen Weg zurückging nach Osten, immer nach Osten, wo die Ackerfurchen im Unendlichen verrannen...

*

Nach dem Verschwinden seiner Frau wurde Großvater Seidenkatz zum Gärtner, und wie beim Entwerfen seiner Kollektionen war er äußerst erfolgreich. Seiner Hand entrollte eine wahre Blütenbrandung, und die Bäume streckte er wie den Strauß eines Liebenden hoch in den Himmel. Von überall her flatterten Vögel herbei, nur eine kam nie: die Nachtigall. Wie Späher berichteten, zog sie als Soubrette eines reisenden Operettenensembles über die Dörfer, geriet immer tiefer in die Ebene hinein, nach Osten, in den Winter, in jaulende Eiswinde, und löste sich im Reich der Töne und Träume schließlich auf.

Die peinlichste Episode der Katzschen Familiengeschichte ereignete sich viele viele Jahre vor Maries Geburt, bei der Verlobung ihrer Eltern, und die golden gerahmte Photographie, die noch immer auf dem Büffet im Salon stand, hielt diesen Augenblick fest. Die blutjunge Maman sitzt im Pavillon, unter ihren Röcken schaut ein geschnürtes Stiefelchen hervor, und Papa steht mit wallenden Künstlerhaaren an ihrer Seite. Beide bemühen sich um eine würdige Haltung, machen aber einen etwas belemmerten Eindruck, denn während man sie photographiert hatte, war Seidenkatz, der Gründer des Ateliers, mit langen Schritten davongestapft, um im selbstgeschaffenen Paradies für immer zu verschwinden.

Natürlich hatte der Alte einen scharfen Blick. Kein falscher Fadenlauf entging ihm, kein Fehler im Gewebe, und doch war ihm soeben eine schreckliche Peinlichkeit geschehen – er hatte die künftige Schwiegertochter mit seiner Nachtigall verwechselt! Als er in den Park gekommen war, um ein paar Chrysanthemen zu schneiden, hatte er im Pavillon eine junge, weiß gekleidete Frau erblickt, die unter den Taftsäumen ein geschnürtes Stiefelchen hervorschauen ließ. Ihre Locken waren rabenschwarz, korallenrot ihre Lippen, und ihr Teint war weiß wie Schnee. Wie jung du bist, hatte Seidenkatz gesagt, ihre behandschuhte, zartgliedrige Rechte an seine Wange legend, so jung wie eh und je!

Ah ja, wirklich?

Da war er totenblaß geworden. Mademoiselle, hatte er gestammelt, verzeihen Sie den Irrtum, ich habe mich um ein ganzes Menschenleben vertan.

Haus und Atelier hat er nach diesem Vorfall nie mehr betreten. Nur noch für seine Tagetes lebte er, für Fuchsien, Glyzinien, Geranien. Er gab sich purpurnen Levkojen hin, Busch-, Kletter- und Stelzrosen, Freesien und Astern. Filigrane Essigbäume brachten ihn zum Lachen, und im exotischen Aroma seiner Gewächshäuser reiste er durch die Dschungel ferner Archipele. Irgendwo im hinteren Parkteil bewohnte er eine schilfbedeckte Hütte, und es schien ihm zu gefallen, daß er wie in seiner Kindheit von Mücken umschwärmt wurde. Ihm wuchs ein langer Bart, krumm wie der Schweif eines Kometen, und da er kaum noch aß, wurden die Stiefel an den mageren Beinen größer und schwerer. Er bekam Wangen wie Baumnüsse, roch im Herbst nach Feuer, im Winter nach Kälte, im Frühling nach Erde, und stand eine wichtige Entscheidung an, wurde Arbenz ausgesandt, um den Chef in einer Baumkrone aufzuspüren.

Eines Morgens wollte er eine Katalpa stutzen, stieg auf die Bockleiter, verlor das Gleichgewicht, und typisch – sogar bei seinem Todessturz hat der große Seidenkatz eine glückliche Hand bewiesen! Drei Jahre danach brach der Weltkrieg aus, die Throne gerieten ins Wanken, die Landgüter gingen in Flammen auf, den Offizieren riß man die Epauletten von den Schultern, den Damen die Hüte von den Köpfen, und leider war die Kundschaft des Ateliers viel zu weich, um sich ihrer Haut zu erwehren. Farbige Plüschwesten, Blusen mit eingestickten Adelswappen, weiße Spitzensonnenschirmchen und Handschuhe, die bis zu den Ellbogen reichten: das war auf einmal Schnee von gestern, nutzloser Plunder, nicht mehr abzusetzen. Eigentlich ein guter Tod, nicht wahr? Seidenkatz hat seine Schöpfung im Zenit verlassen, im schönsten Abend- und Abschiedslicht.

*

Papas erste eigene Kollektion war ein schöner Erfolg, aber dann wurde es Sommer, und das Land verharrte in einer

Stille, wie sie großen Stürmen vorangeht. Die Fische sprangen nach Mücken; die Menschen schafften Vorräte beiseite, und hinter vorgehaltener Hand wurde behauptet, die Kriegsminister der Kaiserreiche würden auf Posto bleiben und nicht in die Badeorte fahren. An einem heiteren Morgen, da die Bucht nur leicht gekräuselt war, geschahs. Durch den Pistolenlauf eines Attentäters schoß der Sturm in die Welt hinaus, und bei der hochschwangeren Maman setzten die Wehen ein. Als man sie auf einer Bahre aus dem Haus trug, läuteten im ganzen Land die Glocken. Sie riefen die Männer zu den Waffen, leider auch den Chefarzt des Spitals, und sei's, daß die Geburt besonders schwierig verlief, oder sei's, daß die Hebamme nur halb bei der Sache war: die Gebärende glaubte zu verbluten und legte, um die Hebamme gnädig zu stimmen und ihr Kind zu retten, in letzter Not ein heiliges Gelübde ab. Wenn ich überlebe, schwor sie, werde ich katholisch.

Sie überlebte.

Sie wurde katholisch.

Erst ließ sie den neugeborenen Knaben, dann sich selber taufen, und kaum vom Wochenbett genesen, kniete sie sich so entschieden in den christlichen Glauben hinein, wie sie vorher ihren Reitsport betrieben hatte. Sie las Heiligenlegenden, besuchte täglich die Frühmesse, krümmte sich in die letzte Bank und dankte der Madonna für die Gnadenhilfe bei der schweren Geburt. Auf einmal empfand sie ihr Vorleben, das sie auf Pferden und Bällen verbracht hatte, als sündig, eiferte der heiligen

Magdalena nach, und nachmittags um drei, zur Karfreitagsstunde, warf sie sich bäuchlings auf den Chorboden von St. Oswald, mit flügelartig gebreiteten Haaren. Aber schon bald genügte ihr das Beten, Büßen und Danken nicht mehr. Sie wußte sich im Zustand der Gnade und glaubte sich berufen, auch ihre Liebsten auf den rechten Weg bringen zu müssen, auf die *via crucis,* die Straße zum Kreuz und zum Heil.

Bei den Tanten, ihren Schwägerinnen, war sie auf Anhieb erfolgreich. Die lebten seit dem Davonflattern der Mamuschka in der Erwartung eines Wunders und glaubten felsenfest, bei der Geburt des Knaben habe sich ein solches ereignet – schließlich hatten beim Einsetzen der Wehen landauf landab die Glocken geläutet. Nein, dachten die drei, das war kein Zufall, das war höhere Fügung. Eines Abends streiften sie summend durch den Park, wo neben dem Komposthaufen ein Feuer brannte. Lodernd stiegen die Flammen aus dem Laub, und auf einmal brachen sie selbdritt auf die Knie, falteten die Hände und priesen mit ihren schönen Stimmen Gott, den Allmächtigen. Dann rannten sie zum Stadtpfarrer und baten um Aufnahme in die Gemeinschaft der Gläubigen. Die wurde ihnen selbstverständlich gewährt, und ab sofort entwickelte sich im Katzenhaus eine Frömmigkeits-Olympiade mit den sonderbarsten Disziplinen: Wer hat vom langen Beten die wundesten Knie, wer hat vom nachtlangen Ringen die rötesten Augen, wer kennt die meisten Franziskaner.

Indes ging der Krieg ins vierte Jahr, in Rußland brannten die Gutshäuser, und die einst so vornehme Kundschaft des Ateliers konnte von Glück reden, wenn es ihr gelang, die nackte Haut zu retten. Sandte Arbenz einer längst gestellten Rechnung eine Mahnung hinterher, kam sie per Feldpost retour: Zustellung unmöglich, Kriegsgebiet. In Odessa wurde ein Zwischenlager geplündert, und irgendwo im Galizischen, auf der Strecke zwischen Przemyśl und Tarnow, blieben drei Güterwaggons stehen, in denen die Arbeit eines ganzen Jahres steckte: Ballroben, Damenhüte, Spitzenhandschuhe, Seidenschirme. Arbenz unternahm alles, um die wertvolle Fracht zurückzuholen, eine telegraphische Verbindung jedoch kam nicht mehr zustande, der Markt war tot.

Anno 18, als die Spanische Grippe wütete, mußte ein großer Teil des Grundstücks verkauft werden. Das Birkenwäldchen wurde gefällt, die Ulmenallee verkürzt; die Hirsche kamen an die Wand und die Pfauen in den Zoo. Nun gut, eine Katastrophe war es nicht, denn das Herzstück des Parks blieb erhalten: die Villa, die Uferwiese sowie der Rest der Allee, die Rosenbeete, der Pavillon und die Gegend um den kreisrunden Teich. Aber die von Seidenkatz geschaffene Welt war kräftig gestutzt worden, und das Katzenhaus verwandelte sich mehr und mehr in eine Kapelle. Überall brannten Ikonenlämpchen und Kerzen, und wollte Papa eine ihm gemäße Atmosphäre schaffen, mußte er den Rauch einer Kubazigarre in die schwülfromme Luft pusten. Seine drei Schwestern traten bald nach ihrer Taufe in einen Orden ein und flatterten mit flügelartigen Hauben südwärts davon. Seither lebten sie in Afrika, mitten im Regenwald, und führten einen frommen Kampf gegen das Schwarzwasserfieber, eisenhartes Kraushaar und eine Mutter Oberin, die ihnen viel zu selten erlaubte, in die Heimat zu reisen.

*

Maries Bruder war ein Muttersöhnchen. Jeden Morgen täppelte er mit ihr in die Kirche, bestaunte die Heiligen, lauschte der Orgel, und beweinte sie ihre Jugendsünden, drückte auch der Knabe ein Tränlein heraus. Beim Zubettgehen erzählte sie ihm, wie die Ungläubigen im Höllenfeuer geröstet würden, und bevor sie das Licht löschte, zeichnete sie mit dem Daumen ein Kreuz auf seine Stirn, die Lippen, die Brust. Sie beteten und sangen miteinander, gingen Stationenwege ab und küßten dem geschnitzten Erlöser die Holzfüße. Schon mit sechs sprach der Kleine wie ein Erwachsener, las stundenlang die Bibel und rückte an seinem siebten Geburtstag mit dem Wunsch heraus, sein Leben dem Herrn zu weihen. In diesem Wunsch glaubte Maman eine höhere Berufung zu sehen, und was Gott von ihr verlangte, das führte sie aus. Ihr Sohn kam in eine Klosterschule und lebte nun unter lauter Waisenknaben, die früh gelernt hatten, für ein Stück Brot das Messer zu ziehen. Der fromme Zögling schrieb herzzerreißende Briefe, und Maman fühlte sich im Katzenhaus plötzlich so einsam, daß sie jede Lebenslust verlor. Sie magerte ab, sie wurde krank, schwer und schwerer ging ihr Atem, und natürlich war der Steinboden von St. Oswald, wo sie zur Karfreitagsstunde bäuchlings für den Sohn betete, das pure Gift für ihre angeschlagene Lunge.

Lavendel, wie Papa den Doktor nannte, bat eines Tages zu einem Colloquium ins Rauchzimmer, aber besonders viel gab es nicht zu diskutieren. Im oberen Stock lag eine schwerkranke Frau. In ihrer Lunge brodelte es, und gegen Abend, wenn es dunkler wurde, keuchte und pfiff sie so laut, daß im Schilf draußen die Vögel verstummten. Papa und Lavendel rauchten schweigend. Dann sagte der Arzt: Es hilft alles nichts, mein lieber Katz, sie muß fort, in die Berge.

Man setzte sie mit ihrem schönsten Hut, einem Cartwheel, in ein reserviertes Abteil Erster Classe. Papa stand mit Luise und sämtlichen Angestellten auf dem Perron, und als Maman in aufrechter Haltung hinter der Scheibe davonglitt, schwenkte er in der traurigen Gewißheit, sie werde aus dem ewigen Winter nie mehr zurückkehren, seine Melone.

Lavendel und die Libido

Immer noch sanken Flocken herab, im Park schrie eine Krähe, vermutlich der alte Arbenz, und vor den Fenstern ihres Schlafzimmers schossen Möwen vorbei. Sie mußte hohes Fieber haben, und auf der Brust spürte sie einen stechenden Schmerz. Sie schwitzte, und es fror sie. Wachte sie auf, saß Papa am Bett, milchiges Licht floß herein, dann schwarze Tinte, und niemand konnte ihr helfen, in der Zeit wieder Fuß zu fassen. Alles war flüssig geworden, sie selbst, ihr Zimmer und sogar die Geschichten, die ihr Papa beim Klavierüben erzählt hatte. Sie irrte durch den Park und durch Galizien, schleppte den großen Koffer nach Westen, zog als Soubrette nach Osten, tief und immer tiefer in die Ebene und in die Polarstürme hinein, und nahm ihr der Doktor den Puls, konnte sie zwar den Geruch von Lavendelwasser riechen, mit etwas Chloroform gewürzt, aber sie war nie ganz sicher, ob sie diesem Mann in der Realität oder in der Phantasie begegnete. Eines Tages zog er kein Stethoskop, sondern ein Paar Schuhe aus der abgewetzten Ledertasche und sagte: Prinzessin, die sind für dich.

Für mich?

Sobald es dir bessergeht, darfst du sie anziehen.

Sie gab die Schuhe nicht mehr aus der Hand, herzte sie wie Puppen, kühlte mit dem Lack ihre Wangen, aber aufstehen, nein, das wollte sie nicht, das durfte sie nicht, denn wäre sie gesund, würde der Doktor seine Besuche einstellen, und nie mehr stiege aus dem unteren Stock der Zigarrenrauch herauf, der sie wie eine Wolke umhüllte. Bei jedem Besuch fragte Lavendel, ob sie die Schuhe endlich angezogen habe, und eines Nachmittags, da sie wie üblich verneint hatte, trat er ans Fenster, stopfte die Hände in die Taschen und meinte: Schade, Prinzessin. Von dir hängt es ab, ob es Frühling wird. Bleibst du liegen, wird der Schnee nicht weichen.

War er verrückt geworden? *Sie* sollte den Frühling machen? *Sie* sollte die Kraft aufbringen, aus den schwarzen, im Frost erstarrten Ästen hellgrüne Knospen hervorzaubern? Du lieber Himmel, da verlangte dieser Doktor entschieden zuviel von ihr!

Ganze Tage und Nächte verbrachte Papa an ihrem Bett, und tauchte aus dem trägen Dahinströmen der Zeit lang und schmal wie ein Stundenzeiger der Doktor auf, mußte es drei oder vier Uhr nachmittags sein. Mit dem Stethoskop horchte er sie ab und legte, während sie bemüht war, nur zu atmen, nicht zu keuchen, sein Aroma über das Bett. Der Park verharrte im Frost. Die Bäume blieben kahl, die Möwen laut. Dieser Winter war russisch, er hörte nicht auf.

Irgendwann hat sie es dann doch getan. Unter der Decke. Ganz im Verborgenen. Es ist eine Premiere, dachte sie, das erste Geschenk, das mir ein Herr verehrt hat. Schuhe. Rote. Aus Lack. Sie schlüpfte hinein, erst in den linken, dann in den rechten, und das Wunder geschah. Knospen platzten auf, Vögel sangen, sie wankte zum Fenster, es war Frühling geworden.

Frühling! Der Park blühte auf, loderte in hellgrünen Flammen, und als der Marienmonat angebrochen war, schaffte es Marie, von Luise gestützt, in den Park hinauszugehen. Sie trug die roten Lackschuhe und setzte sich zum Träumen auf die rundumlaufende Bank des Pavillons. Luise wich nicht von ihrer Seite, und wenn die Vögel schrillten, legte Marie die Fingerspitzen an die Schläfen – genau wie Maman, meinte Luise.

Ah ja, wirklich?

Maman hatte das Lungensanatorium im Herbst 1925 verlassen, nur wenige Tage nach der Abreise ihres Sohnes, und war in einem Waggon Zweiter Classe nach Hause gefahren – nicht in der Ersten, bewahre!, dort gab es Polster voller Tuberkel. Als sie im Städtchen aus dem Zug stieg, paßte ihr Cartwheel, der mit einem Gebinde aus Reiherfedern, Blumen, Tüll und Gaze geschmückt war, millimetergenau durch die Waggontür, und Papa, der mit Luise und sämtlichen Angestellten auf dem Perron das Empfangskomitee bildete, sprach mit gezogenem Zylinder: Das Gebirge war mir zwar nie besonders sympathisch. Irgendwie zu massig, zu massiv, zu zugespitzt. Aber eins muß man den Bergen lassen: Sie haben dich zum schönsten Mädchen der Welt gemacht, *welcome home!*

Neun Monate später, am 29. August 1926, gebar Maman ihr zweites Kind, ein Mädchen. In St. Oswald, der Stadtkirche, wurde es auf den Namen der Gottesmutter getauft, und Luise behauptete steif und fest, Papa habe an der heiligen Taufe leibhaftig teilgenommen, allerdings im Verborgenen, hinter einer Säule versteckt. Ob es stimmte? Marie war skeptisch. Ihren Namen nahm Papa nicht ein einziges Mal in den Mund. Meine Kleine nannte er sie oder meine Siebenschöne, mein Augapfel, mein Leben, mein Kind. Eines Abends jedoch, da sie wieder im Pavillon saß, diesmal allein, trat er überraschend vor sie hin und sagte: Ich bin so glücklich, daß du wieder gesund bist, Marie.

Dann faltete er das Plaid und bot ihr den Arm, um sie wie ein Kavalier über die Uferwiese zu führen. Sie spürte, wie ihr Tränen über die Wangen rannen. Vor lauter Freude. *Marie!* Papa hatte sie zum ersten Mal Marie genannt, Marie...

Langsam schritten sie unter den schräg einfallenden Sonnenstrahlen über das grünschattige, schon nachtfeuchte Gras. Ich hoffe, es ist dir recht, wenn ich etwas Ordnung in unsere Zeiten bringe, sagte sie. Künftig essen wir um sieben, ja?

*

Ja, wie ein Mantel war die Krankheit von ihren Schultern geglitten, und jeweils gegen drei Uhr nachmittags eilte Marie an die Haustür, um den Doktor, der immer noch seinen täglichen Hausbesuch machte, mit nackten Schultern zu empfangen. Treten Sie ein, flötete sie, herzlich willkommen!

Dann huschte sie, mit Daumen und Zeigefinger nach Luise schnippend – fix, meine Gute, wir haben Besuch! – ins Rauchzimmer und bat Papa auf die Terrasse, unter das Sonnensegel, das sie eigenhändig aufgespannt hatte. Staunend sanken die beiden Herren in die Korbstühle. Dieselbe Marie, die eben noch zwischen Tod und Leben geschwebt war, bot jetzt das Whiskytablett an und brachte, indem sie geschickt einige Fragen stellte, die Konversation in Schwung. Den Kaffee, von dem sie ebenfalls ein Täßchen trank, ließ sie Luise servieren, und damit war klar, wer hier neuerdings das Sagen hatte. Sollten die Herren ein Stück Kuchen wünschen, flüsterte Marie, werde ich klingeln.

Donnerwetter! entfuhr es dem Doktor.

Das haben *Sie* bewirkt, rief Papa fröhlich, meine Tochter weilt wieder unter den Lebenden. Los, geh ins Atelier, mach das Fenster auf und spiel uns etwas vor!

Heute nicht.

Bitte, flehte der Doktor.

Vielleicht das nächste Mal.

Schlau, nicht wahr? So kam er wieder, und zugegeben: Daran war Marie sehr gelegen. Papa, der seit dem Untergang des Ateliers ziemlich einsam war, mußte unbedingt einen Gesprächspartner haben – einen Kopf, wie er sagte, mit dem er sich austauschen konnte. Wie lockt man einen Kopf herbei? Mit Fieber, Schmerzen und Atemnot, mit blassen Wangen und entzündeten Augen. Aber nun war sie gesund, aß mit Appetit, nahm täglich zu, und was konnte sie als Fieberersatz anbieten? Wie schaffte sie es, den Doktor regelmäßig ins Haus zu holen und für eine hübsche Plauderei an den Korbstuhl zu fesseln, bei gutem Wetter, oder an den bordeauxroten Armstuhl, im Rauchzimmer, bei schlechtem? Manchmal ließ sie ihn vor der Haustür ein wenig stehen. Oder sie wartete eine halbe Zigarrenlänge ab, bis sie zu erscheinen geruhte. Lavendel mochte es, wenn sie die roten Lackschühlein trug, aber so gern sie ihn zufriedenstellte – immer ging es nicht, sonst verkrüppelten ihre Zehen. Also trug sie Mamans Abendsandaletten oder die geschnürten Lederstiefelchen, und natürlich hatte sie längst gemerkt, daß der Doktor stumm darum bat, von ihr belohnt oder enttäuscht zu werden. Bitte, beides konnte er haben.

Es war ein Sonntag im Juni. Aufgeregt wie eine Schauspielerin betrachtete sie im Spiegel von Mamans Ankleidekammer die blütenweißen Seidenstrümpfe, die die Rotlackierten des Doktors dezent zur Geltung brachten...

Dezent? Marie, schrie der Spiegel, das ist doch *peinlich!*

Ah ja, wirklich? Sie streckte ihm die Zunge heraus und eilte nach unten, in die Küche, wo sie ihre Anweisungen für das Abendessen gab: Ein Gedeck für den Doktor, Liebe, und vergiß nicht, ein paar Kartoffeln mehr zu schälen!

Dann flog sie ins Atelier – nein, nicht um zu spielen, um zu lesen. Während ihrer Krankheit hatte sich der Raum vollständig verändert. Das Reißbrett, die Tische und sämtliche Singermaschinen waren in den Keller geschafft worden, und im späten Nachmittag reflektierten an der Decke die Wellen. Von der Terrasse her hörte sie keinen Ton – offenbar waren Papa und Lavendel nicht in der Lage, ohne ihre Hilfe ein Thema aufzugabeln. Also ging sie nach einigen Zeilen hinaus, ließ sich in den dritten Korbstuhl sinken und registrierte wohlgefällig, daß Lavendel einen roten Kopf bekam, fast so rot wie ihre Lackschühlein. Sie legte das rechte Bein über das linke und konnte nicht verhindern, daß der hochrutschende Rocksaum über den Oberschenkeln eine flache Schnalle zeigte. Papa warf ihr einen Blick zu, und der Doktor, den Kopf ins Genick drückend, blies den Zigarrenrauch senkrecht in die Höhe. Sie wartete, bis ihr Luise eine Tasse Tee serviert hatte, und als sie weit genug weg war (gewisse Gespräche gingen das Personal nichts an), fragte sie den Doktor, ob es Neuigkeiten gebe.

Neuigkeiten, antwortete der, gebe es immer. Vor allem draußen, im Reich.

Grüßen sie noch mit erhobenem Arm?

Fanatischer denn je.

Mein Gott, wie peinlich!

Ja, grinste Lavendel verschmitzt, vor allem jetzt, im Sommer, bei kurzen Ärmeln! Da sind die Frauen gezwungen, beim Hitlergruß ihr Achselhaar zu entblößen.

Sprachen die Herren nicht über Politik, konnte es auch für Marie interessant werden, vor allem dann, wenn Lavendel von unheilbaren Krankheiten schwärmte, von Wasserbeinen, Raucherlungen und Wucherungen, die er so fasziniert zu beobachten schien wie Papa das Erblühen einer Rose.

Heute, bemerkte an einem Sonntagnachmittag der Doktor, könnte ich etwas länger bleiben und abends Ihrem Vortrag lauschen.

Keine Rekruten, die Sie impfen müssen?

Nein, glücklicherweise nicht. Unser Bataillon ist geimpft. Was steht denn auf dem Programm, etwa Beethovens *Elise?*

Über die bin ich hinaus.

Ich weiß, Sie sollen eine hervorragende Schubertinterpretin sein. Göttlich, dieser Schubert, nicht wahr? Dabei war er ein Trinker, verlor früh die Haare und hatte von der Syphilis einen schrecklichen Ausschlag. Werden Sie spielen, Marie?

Vielleicht beim nächsten Mal.

Lächelnd verließ sie die Terrasse, huschte nach oben und sank rücklings auf ihr Bett. Keine Angst, lieber Papa, der Doktor kommt wieder. Sie streifte den Rock ab, die Strümpfe und Mamans rosaroten Flanellschlüpfer, zog sich dann die Decke über die Ohren und kicherte vor Glück. Der einzige Besucher... der letzte Gast... mein erster Verehrer!

*

Eines Nachmittags schwärmte Lavendel von der Schizophrenie.

Gott, wie furchtbar! Sind Sie ihr schon begegnet?

Als junger Schiffsarzt.

Doktor, Sie sind zur See gefahren?

In meiner Jugend.

Erzählen Sie!

Über ihr linkes Ohr hatte sie zwei Kirschen gehängt; die kamen frisch vom Baum, wurden jetzt ein weiteres Mal gepflückt, zwischen die Zähne geschoben und genüßlich zerkaut.

Auf seinen Passagen, begann er, im Sessel sich zurücklehnend, habe er zweimal Borneo berührt und mehrmals den Äquator überquert, die Linie.

Die Linie?

Ja, die Linie.

Ah, die Linie –

Begeistert sprach der Doktor von fernen Ländern, Inseln und Häfen, von überirdisch süßen Düften und endlosen Nachmittagen auf dem spiegelglatten Meer. Er erzählte von einer jungen Dame, die tage- und nächtelang an der Reling gestanden habe, in die Betrachtung des fernen Horizonts versunken, und von einem Ersten Offizier, der sich in blütenweißer Uniform auf der Brücke postiert habe, um mit einem Feldstecher die Dame zu betrachten. Waren sie verliebt, die beiden? Haben sie sich gefunden? Marie geriet ins Träumen, und miteins kam es ihr vor, als kehre sie in ihre Fieberwelt zurück. Die Stimme des Doktors bekam einen Hall, und lachte er, lachte nicht er, sondern sein Echo. Wurde sie wieder krank? Nein nein, die Rippenfellentzündung hatte der Doktor kuriert, aber all die Flure, Säle, Fluchten, die im Fieber entstanden waren, gab es immer noch. Darin konnte sie wandeln wie in der dämmrigen Weite eines Palastes. Ist die Linie denn zu spüren, fragte sie.

Was für eine Linie, Marie?

Fühlt man ein Kribbeln, wenn der Äquator unter einem durchrutscht?

Mein Kind, sagte Papa kopfschüttelnd, wir reden längst über anderes.

Ah ja, wirklich?

Habe gerade den alten Freud erwähnt, versuchte ihr Lavendel zu helfen, den berühmten Erforscher der Libido. Er ist von Wien nach London emigriert.

Ach so, ja. Wie dumm von mir! Um den Fehler wiedergutzumachen, fragte sie interessiert, was das Wort bedeute.

Was für ein Wort, Marie?

Ihre Lippen, auf die sie heute etwas Rouge gelegt hatte, stülpten sich über den Goldrand der Porzellantasse. Libido, hauchte sie.

Die beiden Herren erstarrten. Papa räusperte sich in seine Faust hinein, und da Lavendel, statt zu antworten, heftig an seiner Zigarre sog, schlüpfte sie geschwind in ihren Fieberpalast zurück, wo jetzt eine Statue stand, wie Umzugsgut in Tücher gehüllt... kein Zweifel, das war sie, das mußte sie sein: die Libido! Marie lächelte. Eines Tages würde sie die Statue entschleiern und die Libido näher kennenlernen, aber vorläufig war sie vollauf damit beschäftigt, ihren Palast zu erkunden, diese geheimnisvollen Räume, die offenbar über die Magie verfügten, sich aus Wörtern zu meublieren.

Anderntags wurde sie in Lavendels Praxis durchleuchtet. Gespannt wartete sie auf das Ergebnis, und sie wäre nicht erstaunt gewesen, wenn er in ihrem Innern auf die von ihm angelieferte Statue gestoßen wäre... Keine Tuberkel?

Nein, Marie, gab Lavendel am nächsten Nachmittag das Resultat bekannt, Ihre Lungen sind nicht beschädigt worden.

*

Es war der Sommer 1939, und eines Nachmittags sagte der Doktor so leise, als fürchte er heimliche Lauscher, die Partei der Katholischen habe den Metzger zum Präsidenten gewählt. Ob sie, Marie, den Mann kenne?

Nein, log sie, warum?

Er werde ihr Attest verlängern, meinte Lavendel. Es sei besser, wenn sie der Schule bis auf weiteres fernbleibe.

Mehr wurde zu diesem Thema nicht gesagt, und vor dem Essen begab man sich ins Atelier, wo die Tochter des Hauses eine kleine Probe ihrer Kunst geben wollte. Sie griff in den Stapel, zog wahllos ein Heft heraus und erwischte die Wandererphantasie von Schubert. Im Allegrosatz ging es lustig los, hinaus in die Welt, As-Dur, Frühling, Sonne, Sehnsucht, Weite, alles war licht und schön, aber plötzlich rollte ein Donner heran, über dem See wurde es finster, und schwer, schwermütig begann der zweite Satz. Haarausfall. Hautausschlag. Gehirnerweichung. Syphilis. Sie hatte das Stichwort im Lexikon nachgeschlagen und wußte seither, was der arme Schubert gelitten hatte. Hunger. Fieber. Delirium. Das Gebirge kam näher, der Wind zerrte an den Gardinen, und bevor sie mit dem Stück ans Ziel kam, explodierte über der Bucht der erste Donner.

Drei Tage später kam eine Feldpostkarte. Man hatte den Doktor eingezogen.

Ein schweigsamer Papa, eine bekümmerte Luise.

Öde Nachmittage in schwüler Hitze.

Keine Besucher mehr, das Telephon stumm. Um Strom zu sparen, schraubte Papa schwächere Birnen ein. Im Haus wurde es düster, trotz des Sommers, und das Fleisch, das Luise beim Metzger ergatterte, war so schlecht, daß es mit Steckrüben verkocht werden mußte. Davon setzte sich ein säuerlicher Geruch fest, und nur in Mamans Ankleidekammer, wo eine Mixtur aus Kampfer und Parfum erhalten blieb, war von der plötzlichen Ärmlichkeit nichts zu spüren. Marie las Romane, büffelte französische Vokabeln, versuchte ein wenig zu gouachieren, und gegen Abend erschien sie im Atelier, wo sie von Papa ungeduldig erwartet wurde. Ihm schien es ähnlich zu gehen wie ihr. Er fürchtete sich vor dem nahenden Untergang, und wie früher, da ihn Mamans übertriebener Katholizismus geärgert hatte, versuchte er die drückende Atmosphäre mit weißen Rauchwolken zu verschönern. Hat der Bruder wieder angerufen?

Ja, gestand Papa. Der Geheimdienst des Vatikans wolle aus zuverlässiger Quelle erfahren haben, daß es noch in diesem Sommer zum Krieg komme. Kriege fangen immer im Sommer an, fügte er bekümmert hinzu.

Schon schwärmen die Wespen, wandte sie ein, bald ist der Sommer vorbei.

Weißt du noch, was uns Lavendel von der Schizophrenie erzählt hat? Erst befällt sie nur ein paar einzelne, zum Beispiel den Metzger. Oder deinen Turnlehrer. Ich habe Arbenz getroffen. Er hat mir gesagt, was sich der Metzger, dieses Schwein, dir gegenüber erlaubt hat.

Ach, das bißchen Spucke!

Gut, zugegeben, das mögen beschränkte Typen sein, allerdings sieht es ganz danach aus, als hätte das Volk nichts dagegen, von denen regiert zu werden. Ja, meine Tochter, von Zeit zu Zeit kann der Wahnsinn ganze Länder befallen, und in einem hat dein Bruder leider recht: Du bist durch mich gefährdet.

Mein Bruder ist ein Angsthase!

Nein, meine Liebe. Auf meiner letzten Reise habe ich Schreckliches gesehen.

Fürchtest du etwa den Metzger? Dem hat die Frau Hörner aufgesetzt, erklärte sie lachend.

Du kennst ihn also doch.

Mit seiner Tochter hab ich früher die Schulbank geteilt.

Verstehe, sagte Papa. Früher...

Durch den leeren Saal ging sie auf ihn zu, lehnte sich zwischen den Fenstern an die Wand, verschränkte die Arme. Heraus mit der Sprache! Worüber habt ihr am Telephon gesprochen?

Sobald es losgeht, wird sich dein Bruder verpflichtet fühlen, für deine Sicherheit zu sorgen.

Ich weiß. Er hat mir angedroht, mich in ein katholisches Pensionat zu stecken.

Der Gedanke ist gar nicht übel.

Wie bitte? Meinst du das im Ernst?! Papa, in einem Pensionat würde ich ersticken. Da bringt ihr mich nicht hinein, nicht mit zehn Elephanten!

Dieser Ansicht ist auch dein Bruder.

Um so besser. Dann hat sich das Thema ja erledigt.

Nicht ganz. Dein Bruder kann ziemlich hartnäckig sein, genau wie du. Das habt ihr von Maman. Ihr seid richtige Dickschädel. Er hat uns gewissermaßen ein Ultimatum gestellt. Entweder bist du bereit, in ein Pensionat zu gehen...

Oder?

Oder wir verreisen.

Tertium non datur, nicht wahr?

Alle Achtung! Seit wann kannst du Latein?

Mein Bruder ist ein verdammter Erpresser! Er hat überhaupt kein Recht, über uns zu bestimmen!

Vielleicht doch. Er liebt dich. Und er weiß, daß du begabt bist.

Sie wurde rot. Wie eine Erdbeere so rot. Papa sah es. Er sagte: Eines Tages könnte eine Pianistin aus dir werden. Allerdings setzt das voraus, daß du auch weiterhin üben kannst.

Ich möchte, daß wir zusammenbleiben, entgegnete sie. Alles andere ist mir egal.

Am nächsten Morgen tönte aus dem Keller, wo man die Nähmaschinen eingelagert hatte, ein Surren, und da es aus der Tiefe kam, nicht mehr aus dem Atelier, klang das Geräusch zugleich fremd und vertraut. Luise, die vor urdenklichen Zeiten als Näherin bei Seidenkatz angefangen hatte, saß im kalten Gewölbe und änderte an einer frisch geölten Singer Mamans Kleider ab. Dann stopfte sie sämtliche Löcher, besserte Papas Hemden aus und nähte in seine Jacketts und Westen Schweißblätter ein. Zuletzt wurde alles gewaschen und Schicht um Schicht in den alten Koffer gepackt, der auf dem Schneidertisch parat lag. Da begriff Marie: Ihre Kindheit war zu Ende. Papa hatte sich entschlossen, mit ihr zu verreisen. Aber darüber wurde nicht gesprochen. Kein einziges Wort wurde darüber gesprochen. Papa verbrachte die Tage im Park; zu den Essen ließ er sich entschuldigen; ihm fehle es an Appetit, sagte Luise. Nur etwas änderte sich nicht:

das tägliche Üben, die gemeinsame Dämmerung im Atelier. Marie spielte besser denn je, und wollte sie einen Pfiff hören, mußte sie mit Absicht danebengreifen.

*

Es war ein Abend im späten August. Papa und Marie hatten Luise als Publikum ins Atelier gebeten, um auch ihr, wie dem Doktor, eine Abschiedsvorstellung zu geben. Aber für Luise sollte es etwas Besonderes sein, eine dramatische Erzählung mit Musik, mit Papa als Erzähler und Marie als Pianistin. Nun saß Luise auf der Kante des Lehnsessels und sah immer wieder auf das Rückpolster, in das die sterbende Maman weißliche Umrisse eingeschwitzt hatte. Papa ermahnte Luise eindringlich, bei einem Klingeln der Hausglocke unter keinen Umständen an die Tür zu rennen. Im Fall der Fälle werde er das Läuten in die Geschichte einbauen, mit anderen Worten: Wenn es klingelt, klingelt es nicht hier, sondern in Rußland. Ist das klar?

Nein, sagte das Publikum.

Fang an, flüsterte Marie, griff in die Tasten und ließ mit leisen, hohen Triolen das ewige Jaulen des Windes entstehen, sein Singen und Summen an den Telegraphendrähten über den uferlosen Weiten der russischen Ebene.

Wie meist ist der Zug verspätet, begann Papa seine Erzählung, und einer der Reisenden, ein Kapitalherr aus dem Goldenen Westen, hat sich im Bahnhofsbüffet Erster Classe an eine reich gedeckte Tafel gesetzt. Kräftiger Akzent! Dann Stille. Aber dieser Herr, sprach der Erzähler, an seiner Virginia ziehend, den Rauch ausblasend, ist kein anderer als Seidenkatz, der berühmte *Créateur.* Aus dem Nichts hat er sich in Adlerhöhen emporgeschwungen und erblickt in den Sternen, die aus Kristallkaraffen und Silberplatten funkeln, die ihm gemäße Umgebung. Da er den Pelzmantel über dem violetten Frack nur geöffnet, nicht ausgezogen hat, wirkt er wie ein russischer Fürst, und so wird er von den Kellnern auch behandelt. Einer schenkt ihm den Champagner ein, der zweite den Wodka; einer steht mit den Schnabeltassen für die Bratensaucen bereit, einer putzt ihm unterm Tisch die Stiefel, und der *Chef de service,* eine lange hochnäsige Gestalt, deren Haar in der Mitte gescheitelt ist, hat sich hinter den Plüschsessel gestellt, um dem vornehmen Gast mit einer Brokatserviette ein allfälliges Schweißtröpflein – pling! – von den Schläfen zu tupfen: Verzeihung, Euer Hochwohlgeboren!

Da geschiehts!

Ein Vorhang teilt sich, Taftsäume rauschen, Strümpfe knistern, ein Stiefelabsatz gibt den Takt an, der Pianist greift in die Tasten, und als ihre Stimme erklingt, seidig weich und sündig wie die Nacht, hat Seidenkatz, sich zurücklehnend, doch ohne seinen Blick von der Sängerin zu lösen, bereits nach dem *Chef de service* geschnippt, fix!, der Chef nach dem Büffetdiener, fix!, der Diener nach dem Telegraphisten, fix!, und schon saust die Depesche über die flache Unendlichkeit nach Westen: Katzenhaus für die Hochzeit vorbereiten. Seidenkatz.

Nachdem sie ihr letztes Lied gesungen hat, läßt er die Schöne an seine Tafel bitten. Sie duftet nach Schminke, auch ein wenig nach Schweiß, sie hat alles gegeben, um dem großen Mann zu imponieren. Ein Polstersessel schwebt heran, sie nimmt Platz, Seidenkatz ergreift ihre Hand und sagt: Keine andere, Sie!

Es hat geklingelt, flüsterte das Publikum.

Das wird der Zug sein, fuhr Papa geistesgegenwärtig fort, und tatsächlich, aus weiter Ferne nähert sich ein wehmütiges, windverwehtes Signaltuten.

Die Nachtigall gehört mir, sagt der Pianist.

Wir haben uns soeben verlobt, entgegnet Seidenkatz.

Darauf der Pianist: Lassen Sie die Finger von ihr. Ich liebe sie.

Seidenkatz: Ich auch, mein Herr.

Und der Pianist, zum Letzten entschlossen: Säbel oder Pistolen? Ich überlasse Ihnen die Wahl der Waffen.

Nein, zu einem Duell darf es nicht kommen. Seidenkatz steckt dem Kontrahenten eine Zigarre in den Mund, entfacht ein Streichholz und raunt ihm beim Feuergeben eine verflucht hohe Summe zu, doch es hilft nichts: Der Pianist, ein blasser Hungerleider, lehnt ab. Die Dame habe eine goldene Kehle, meint er, sie sei mit Geld nicht aufzuwiegen.

Sicher, für die Schönheit dieser Person hätte Seidenkatz alles hingegeben, auch sein Leben, doch ist er zu sehr Künstler, um sich für ein Pistolenduell begeistern zu können. Er befiehlt, aus seinem Gepäck den größten Koffer herbeizuschaffen: Klappe auf, fix! Tusch! Ein Schrei, dann ein Raunen, ein ungläubiges Staunen, denn Rubelscheine, in ziegelsteingroße Bündel abgepackt, lassen mit Peter dem Großen und der Zarin Katharina alle Farben des Regenbogens aus der Schatztruhe hervorstrahlen. Wenn Sie gestatten, mein Herr, dies ist mein Einsatz.

Akzeptiert, sagt der Pianist, ich setze die Dame.

Würfel oder Karten?

Wie Sie wünschen, mein Herr.

Die Karten, befiehlt Seidenkatz, fix!

Es hat schon wieder geklingelt! rief das Publikum.

Papa hielt inne, und Marie, die begriff, daß der Erzähler an dieser Stelle abbrechen wollte, setzte mit einem Akkord, den sie lange verhallen ließ, den Schluß.

Es wird die Spedition sein, sagte Papa, sie holen unser Gepäck.

*

Als am nächsten Morgen der Wecker klingelte, war es im Haus noch kühl. Rasch zog Marie sich an, und bevor sie die Tür zu ihrem Zimmer zuzog, nahm sie von den Dingen Abschied. Vor dem Bett lag ein weicher Teppich, mit Ranken und Blumen gemustert. In den hohen Fenstern hingen weiße Seidenvorhänge, mit hellblauen Schleifen gerafft. Zwei Stühle standen an der Wand, ein weißgestrichener Schaukelstuhl und ein Strohsitz mit gerader Leiterlehne. Das kleine Toilettentischchen aus Rosenholz trug einen ovalen, goldgerahmten Spiegel. Auf dem Pult ein Porzellanväschen, daneben eine angefangene Näharbeit und ein offenes Buch, einer von den blutbesprenkelten Romanen... Ob sie jemals wiederkehren würde?

Von unten ein Pfiff.

Ich komme, Papa!

Im Rauchzimmer war es dämmrig, wie in einer Kirche. Die Vorhänge zugezogen, die Armsessel verhüllt, die Bücherwände stumm, das Whiskytablett abgeräumt, die Aschenbecher sauber. Dem Globus sah sie an, daß er nie mehr leuchten, nie mehr sich drehen würde. Schon stand hier alles still, und nur an der Wand, hoch über dem Pult, präsentierte der goldene Rahmen eine höchst lebendige Frau: die Nachtigall, Maries Großmutter. Aus dem Kapotthut floß das schwarze Lockenhaar, und unter den dunkelroten, von der linken Hand gelüpften Taftröcken gab ihr Stiefel den Takt an.

Auch im Salon waren die Läden bereits geschlossen, die Vorhänge gezogen, und obgleich einzelne Lichtstrahlen wie Blindenstöcke ins Dunkel stachen, hatte sich der sonst so luftige Raum über Nacht in ein Museum verwandelt. Die Bilder waren dunkle Flächen, die mit Schonhüllen bedeckten Sessel eine verschneite Herde, und der Wanduhr glaubte Marie anzuhören, daß sie demnächst ein letztes Mal Atem holen, ein letztes Mal rasseln, ein letztes Mal bimmeln würde, um dann für immer zu verstummen. Aber kurios, äußerst kurios: Der ziegeldicke Glastisch, den sie bisher als furchtbar häßlich empfunden hatte, kam ihr nun herrlich schön vor, wie eine glitzernde Eisscholle, und als ihr Blick auf die schwarzen, matt glänzenden Löwenfüße des Büfetts fiel, konnte sie die Tränen nicht mehr zurückhalten. Sie krümmte die Finger, um sich von den Löwen zu verabschieden, doch bewegte sie nur die vorderen Glieder, gerade so, als befürchte sie, die Königstiere ihrer Kindheit aus dem Winterschlaf zu reißen.

Wo bleibst du, meine Schöne?

Im weißen Seidenanzug sah Papa blendend aus. Auf seinen Kneifer hatte er Sonnengläser geklemmt, das Kinnbärtchen war frisch gestutzt, und sein Haar wallte in einer grauen Welle über den Stehkragen. Künftig, erklärte er verschmitzt, verstehe er sich nicht mehr als Schneider, sondern als Weltreisender, *en compagnie de sa fille.* Er ging zur Garderobe, setzte vor dem Spiegel einen kreisrunden, mondänen Strohhut auf und überprüfte, ob dessen Band farblich mit seiner Gardenie übereinstimmte.

Bevor wir die Freiheitsstatue passieren, sagte sie lächelnd, werden wir deinen Hut über Bord schmeißen müssen. Er ist schrecklich *démodé,* und drüben, in den Staaten, meint Luise, seien sie unserer Zeit um einiges voraus.

Papa ging nicht darauf ein, sondern betrachtete noch immer sein Kostüm. Die Gardenie hatte er vor Tagesanbruch im Park gepflückt, jetzt blühte sie am Revers, und natürlich war das locker in den Kragen geschlungene Seidentuch eine eigene *création:* submarine Flora im Art-déco-Stil. Er schwang einen Stock unter den Arm, schwarzes Ebenholz mit Silberknauf, dann führte er sie durch die Halle zur Haustür. Haben wir alles?

Ja, sagte sie, unsere Schlüssel können wir hierlassen.

Stimmt, knurrte Papa, die brauchen wir nicht mehr.

Komm, drängte Marie, es wird Zeit!

Aber in diesem Augenblick streckte Luise, die zuvor den Anschein erweckt hatte, sie habe zum Adieusagen beim besten Willen keine Zeit, das Gesicht aus der Küchentür und sagte schniefend, im Koffer habe sie etwas versteckt, ganz unten. Zu deinem Geburtstag, schluchzte sie, Mariechen! mein liebes, mein armes Mariechen! du hast ja bald Geburtstag! – und dann knallte Luise die Tür so heftig zu, daß die Hirsche, die mit ihren uralten, dunklen Augen in die Halle glotzten, von ihren Schnauzen etwas Lichtstaub herabrieseln ließen. Sekunden später wurde das Frühstücksgeschirr ins Spülbecken getunkt – Luise arbeitete weiter, als wäre nichts geschehen.

Eine Weile standen Vater und Tochter reglos vor der Wappenscheibe, die auf dem rosaroten Kathedralglas die Schere zeigte. Weißt du noch, fragte er plötzlich, woran der alte Seidenkatz gestorben ist?

Er ist von der Bockleiter gefallen, beim Stutzen einer Katalpa.

Papa nickte. Als er das Wappen entworfen hat, wird Seidenkatz an deinen Urgroßvater gedacht haben, den eingewanderten Schneider. Für eine Dynastie, die mit Stoffen zu tun hat, ist die Schere das richtige Symbol. Das Schneiden, nicht das Nähen, macht den Schneider – der Schnitt bestimmt den Stil. Allerdings hat diese verdammte Schere auch beim Tod von Seidenkatz eine traurige Rolle gespielt.

Die Schere?

Ja, schlaues Fräulein, zum Stutzen einer Katalpa braucht man eine Schere, und leider ist dein Großvater so unglücklich gestürzt, daß er sich beim Aufprall eine Klinge in den Hals gestochen hat, hier, direkt über der Gurgel.

Tja, sagte sie lächelnd, ein Teil von uns geht fort, der andere bleibt hier. Offenbar gibt es im Leben Momente, da wird man entzweigeschnitten.

Unterwegs I

Ihr Autodreß war schwarz und weiß. Schwarz waren die Schuhe, die Strümpfe, der Rock, weiß die Bluse und das Kopftuch. *It's too much Audrey,* würde der Junge vermutlich sagen, zu sehr à la Hepburn, schrecklich *démodé,* womit er ja recht hätte, die Zeit der Hepburn war *passé,* ihr Stern am Sinken, wieder wurde der Fluß zum Strom, und was ihm nicht paßte, das spülte er weg, wälzte er platt, leider auch die großen Stars und deren Filme, zum Beispiel *Frühstück bei Tiffany,* worin die junge Audrey im roten Etuikleid und einem mitternachtsblauen Bolerocape durch die Fifth Avenue schlendert, dann in ein Juweliergeschäft schaut und mit ihren Handschuhen, die bis zum Ellbogen reichen, einen Pappbecher hält ... oder war *Frühstück bei Tiffany* ein Schwarzweiß-Film? Der Verkehr wurde nervöser, die Sonne sank tiefer, wurde ein Teich, fett und schmierig, und schon von weitem sah Marie die

Tankstelle, die wie ein beflaggter Dampfer vor dem nächsten Damm lag.

Sie hatte aufgeholt. Sie war gut in der Zeit. Sie würde es schaffen – sogar dann, wenn sie hier einen Stopp einlegte. Etwa um fünf würde sie die Vorstädte erreichen, dann konnte sie eine halbe Stunde später beim Grand vorfahren, und wie üblich würden die Wandspiegel der Hotelhalle ein Marienballett aus den Drehtüren tanzen lassen, alle im schwarzweißen Autodreß, ein Lächeln auf den Lippen, mit einer Unterarmtasche und einem Lederköfferchen, worin sie ihr Pucci-Abendkleid transportierte. Der erste Concierge, eine würdige Erscheinung, würde seine Hand auf die grüne, mit Troddeln geschnürte Livree legen, würde das Haupt beugen und ihr die Glückwünsche des Hauses entbieten: Madame, alles Gute zum Vierzigsten!

Monsieur, Sie überraschen mich, sehr liebenswürdig, vielen Dank!

Im Lift würde sie nach oben schweben, von Musik berieselt, wiederum von Spiegeln umgeben, so daß sie rasch die Strumpfnähte überprüfen könnte, die Lippen, die Frisur, den Teint, dann würde sie über den roten, weiche Wellen werfenden Läufer über den Flur eilen, der Boy würde ihr die Tür aufschließen, und tatsächlich, dort steht er, bereits im Dinnerjackett, die Rechte in der Hosentasche, ein Schatten vor der Abendhelle: Max.

Marie, da bist du ja endlich!

Die Rosen, Max, wunderwunderschön!

Sind sie pünktlich geliefert worden?

Und in diesem Augenblick würde der berühmte Song aus der Westside-Story ertönen, *Maria-Maria-Maria!* Dann spränge die Tür auf, und Sergio, der Oberkellner, würde das Champagnertablett hereinbalancieren. *Quaránt'anni? Non é véro!*

Doch doch, Sergio, doch doch...

Wieder scherte das Cabrio aus.

Marie gab Gas und scherte mit.

Autoauto, Autoauto...

Fern brannten Feuer, Rauch stieg in die Luft, und die Erntemaschinen, die wie Käfer dem Horizont entlangkrabbelten, warfen den Sommer in winzigen Würfeln hinter sich aus.

Um 15 Uhr die Nachrichten, nichts von Max, dann der zweite Damm, die Fugen im Beton, sie auf der linken Spur, das Tempo nahm zu, die Frisur saß, auch das weiße Kopftuch, die schwarze Sonnenbrille, und Gottseidank, der Schmerz in den Halluxknochen war halbwegs erträglich, das verfluchte Alter, das an den Füßen beginnt, um dann durch Krampfadern höher zu kriechen, bis es die Augen erreicht, das Gehör, den Verstand, die Erinnerung, sie fuhr.

Kurios, irgendwie schien sie ihren zwiespältigen Ruf im Städtchen behalten zu haben. Obwohl sie nicht mehr Marie Katz war, Percys Modell, sondern Marie Meier, die Gattin eines angesehenen Politikers. Ob Adele die Wahrheit sagte? War es tatsächlich ein Zufall, daß sie just im Moment, da Oskar im schwarzen Mercedes vorgefahren war, herübergeschaut hatte?

Nein, sie wollte jetzt nicht an Oskar denken. Oder an Adeles Neugier. Oder an das Geschwätz im Städtchen, die reden immer, hocken in der Tankstelle, verfolgen das An- und Abfahren der Autos und lassen sich vom Briefboten die Neuigkeiten des Tages erzählen, die immergleichen Geschichten vom Werden und Welken, vom Kommen und Gehen...

Vorfahren...

Nachfahren...

Autoauto, Autoauto...

Vor dem nächsten Damm mußte sie wieder abbremsen, erneut ein Rückstau, Gedröhn und Gestank, aber dann, endlich, die orange flirrenden Warnlampen, eine rotweiße Abschrankung, eine zugedeckte Maschine, Kieshaufen, Sandhaufen, darin die obligate Schaufel, der stehende Zeiger, und draußen die Stoppelfelder, die Erntekäfer, die Sommerwürfel und darüber die reine Unendlichkeit, keine Wolke, kein Blau, kein Flugzeug, dieser Himmel, dachte Marie, will nur Himmel sein, sie fuhr.

Der dreizehnte Geburtstag

Das Hotel Moderne lag im oberen Teil der Altstadt und war ein turmähnlicher, schrecklich verwinkelter Fuchsbau. Unten, an der Rezeption, klingelte Tag und Nacht das Telephon, Signora Serafina jedoch, die Besitzerin, hatte keine Zeit, es abzunehmen, denn ständig wurde sie von allen Seiten bedrängt, von Fischern und Gemüsehändlern, von Emigranten und Faschisten, die ihr mit Drohungen und Komplimenten den Hof machten.

Über Absätze und Umwege ging es zu den einzelnen Etagen; nur im Speisesaal gab es elektrisches Licht; es dunstete nach Petroleum; überall waren Koffer gestapelt, und im Treppenhaus lauerten geckenhaft gewandete Schiffsagenten, um den Hotelgästen eine Passage anzudrehen.

Das Zimmer war eher schäbig: ein Messingbett für den Herrn Papa, eine Couch für das Fräulein Tochter, ein wackliger Leuchtertisch, ein wurmstichiger Schrank, ein gefleckter Spiegel, und aus dem Wasserkrug, der in einer Porzellanschüssel stand, roch es nach Chlor. Oh, aber die Aussicht, das Panorama! Am liebsten stand Marie im Fenster und bürstete ihr Haar. Dann spürte sie die Wärme der untergehenden Sonne, und es kam ihr vor, als vermähle sie sich dem Himmel, dem Meer, dem Hafen und der Stadt.

Genua!

Genua im Spätsommer 1939.

Um acht Uhr abends erscholl jeweils der Gong zum Dinner, worauf sie mit Papa nach unten ging, in den Speisesaal. Die Emigranten waren leicht zu erkennen. Da sie ihre letzten Abende in Europa würdig begehen wollten, erschienen sie *en grande toilette,* einige der Männer sogar im Frack. Dagegen war sie, Marie, eher behelfsmäßig kostümiert, *already worn,* wie der Brite sagt. Das grün schillernde, von Luise umgenähte Fähnchen stammte aus den

Roaring Twenties, und nur Lavendels Schühlein, die roten, aus Lack, konnten den Ansprüchen genügen. Dennoch wurde sie von sämtlichen Kellnern bewundernd zur Kenntnis genommen, und eines Abends sprangen sie am Nebentisch sogar auf: Sturmtruppleute! Ein Männercercle in schwarzen Hemden und Kniebundhosen! Sie hoben die Gläser, winkelten die Ellbogen und: *E viva,* riefen sie, *e viva la bellezza!*

Errötend senkte Marie den Blick, aber beim Suppeschöpfen zwinkerte ihr Serafina, die Hotelwirtin, verstohlen zu und meinte flüsternd, die Herren würden sich glücklich schätzen, nachher mit ihr zu tanzen.

Oh, es wird getanzt?

Der Prosecco, sagte Serafina, kommt vom Nebentisch.

Serafina schien mit aller Welt auszukommen, mit jüdischen Emigranten und Mussolinis Faschisten, auch schämte sie sich ihrer Üppigkeit keineswegs, sondern ließ unter den Bändeln einer weißen Servierschürze die Gesäßbacken derart aufreizend mahlen, daß sogar Papa, der die Frauen als abgeschlossenes Kapitel betrachtete, zu unverhohlenen Seitenblicken verführt wurde. Serafinas Fülle drohte den Rock aus allen Nähten zu pressen; sie roch nach Parfum, Schweiß und anderen Säften; das rote Haar wurde durch einen Schildpattkamm zu einem bombastischen Turm gefügt, und ihr Gebiß, das sie dauernd blitzen ließ, war ganz aus Gold. Für sie, hatte Serafina erklärt, hätten die Rassegesetze keine Bedeutung, wer zahle, sei willkommen, basta.

Papa sprach beim Essen kaum ein Wort. Er löffelte, er

schlürfte, er schwitzte. Schließlich faßte sich Marie ein Herz und sagte: Papa, stimmt es, daß demnächst die Batavia einläuft? Sie soll von Dakar heraufkommen und noch am selben Abend via Marseille zurückgehen.

Wer hat dir das gesagt?

Ach, man hört so dies und das.

Vom Oberkellner hatte sie es erfahren. Der hatte einen Mittelscheitel, seine Wangen waren weiß gepudert, und sein violetter Schnauz lag wie ein Lidstrich über den rötlichen Lippen. Früher hatte er als Kabinen-Steward die Ozeane befahren, nun war er die rechte Hand von Serafina, vermutlich auch ihr Liebhaber, und spielte im Moderne die Rolle eines meererfahrenen Lebemenschen. Jeweils nach dem Frühstück begab er sich in einen rückwärtigen Saal, hinter eine mit Eisblumen verzierte Milchglasscheibe, wo er mit kratzender Feder die Speisekarten für das Abendessen schrieb. Eigentlich wollte er dabei von niemandem gestört werden, aber bei der jungen Signorina Katz ließ er sich huldvoll zu einer Ausnahme herab. Darauf dürfe sie stolz sein, hatte ihr Serafina zugeflüstert, das erlaube der Steward nur den wenigsten. In der Tat war er äußerst distinguiert und im Schiffsverkehr bewandert wie kein zweiter. Der *Oceanliner,* auf dem er seinerzeit gefahren war, hatte die ganze Welt enthalten, *Salons à la Versailles,* maurische Säulengänge, eine preußische Turnhalle, ein türkisches Bad sowie eine gewaltige, über sieben Etagen führende Treppe, die Auftritte wie am Broadway ermöglichte. Er hatte mehr als hundert Mal die Linie überquert, Taifune überlebt, das Kap umrundet, und Marie fand es ziemlich aufregend, mit dem Meererfahrenen auf dem Plüschsofa zu sitzen, eine Hand am Knie zu spüren und die Zielhäfen auslaufender Schiffe von einem heißen, nach Fisch und Likör riechenden Atem ins Ohr gehaucht zu bekommen…

Jetzt servierte er ihnen den Hauptgang, ein Bistecca vom Grill. Dann kam Serafina mit dem Salat, und schweigend zerschnitten Papa und Marie das Fleisch, schoben es in den Mund, zerkauten es lange. Papas Stehkragen war grau geworden. Er schwitzte, schwitzte so heftig, als hätte ihn Serafina mit Olivenöl übergossen. Marie kicherte. Neinnein, sie war nicht betrunken, höchstens ein bißchen angeschickert, der vom Männercercle spendierte Schaumwein schmeckte, und wie! Ach, Papa, mach nicht so ein trübes Gesicht! Laß uns fröhlich sein! Nur ein bißchen, hm?

Ob Papa wußte, daß sie jeden Vormittag den Steward traf? Sie schüttete, hoppela, etwas Prosecco über das Grünschillernde. Oh, verzeih, wie ungeschickt von mir! Worüber haben wir eben gesprochen? Ach ja, über die Batavia. Sie ist ein *Steamer* der Peninsular- and Oriental-Company.

Was du alles weißt!

Nicht wahr? Das Personal ist fabelhaft nett zu mir. Die halten mich auf dem laufenden… Sie lächelte, doch schwante ihr Schreckliches. Die Batavia würde nach einem kurzen Aufenthalt nach Afrika zurückkehren, und sollten sie sich auf diesem *Steamer* einschiffen, hatte der Steward gemeint, ließ dies nur eine Deutung zu: Emigration nach Afrika, in den Busch, in eine Welt ohne Klaviere. Ohne Klaviere? Nein, das durfte nicht sein, unter keinen Umständen! Hör zu, platzte sie heraus, ich bin über den schwarzen Kontinent im Bild. Durch die Tanten. Kakerlaken, Schlangen, Bazillen, und die Luft, diese Fieber- und Urwaldluft, soll ja derart feucht sein, daß die Klaviere, wenn sie überhaupt welche haben, hoffnungslos verstimmt sind. Verzeih, liebster Papa, ich begleite dich, wohin du willst, nach Argentinien oder in die Staaten, aber Afrika ist nichts für mich, wirklich nicht.

Wir reden morgen darüber.

Nein, jetzt! Morgen habe ich Geburtstag.

Ja, meine Siebenschöne, morgen wirst du dreizehn Jahre alt. Sei ganz unbesorgt. Was auch immer geschieht, eines verspreche ich dir: Du mußt nicht nach Afrika.

Und wir bleiben zusammen, wir zwei?

Er hielt die Hand hinter sein Ohr. Wie bitte?

Du hast meine Frage genau verstanden! Ob wir zusammenbleiben!

Du und ich?

Wer denn sonst!

Pst, machte Papa, nicht so laut!

Tatsächlich, auf einmal war es still geworden im Speisesaal, totenstill. Die Kellner erstarrten; die Officetüren schwangen aus; in der Küche erstarben die Geräusche, kein Teller klapperte, kein Messer kratzte, und wie in Erwartung einer Erscheinung blickte alles zu einem Radioapparat empor, der hoch oben auf einem Wandbrett stand und zwischen strahlenden Lichtmuscheln ein Knistern von sich gab, als würde er gleich explodieren. Dann ertönte ein von der Atmosphäre zerquetschtes Trompetensignal, Stechschritt, bumm! bumm! bumm!, die Schwarzhemden trampelten los, stellten sich unter den Apparat, standen stramm, und plötzlich, wie auf Kommando, kippten ihre Schädel so tief in die Nacken, als glaubten sie, Mussolini, der kahlschädlige Duce, wäre leibhaftig aus dem Lautsprecher hervorgeschnellt und wandle nun über ihre Gesichter wie Jesus Christus über den See Genezareth. Serafina, die gefalteten Hände emporstreckend, sank in die Knie. Der Duce sprach und sprach, immer wieder von Applaus unterbrochen, von Rufen, von Schreien, alles geriet in einen Taumel, fiel sich um den Hals, begann zu stampfen, zu tanzen, zu singen, *E viva Italia! e viva la bellezza! e viva la gioventú!* Der Meererfahrene wirbelte sie herum, die Schwarzhemden sangen im Chor, und Serafina, von den Schiffsagenten auf einen Tisch gehoben, ließ ihre fetten Hüften wie eine orientalische Bauchtänzerin kreisen wackeln zucken. Nur Papa war mitten im Trubel sitzen geblieben. Er rührte das Obst nicht an. Er ging früh zu Bett.

*

Am Morgen des 29. August 1939 lag auf ihrem Tisch im Speisesaal ein großes, in blaues Seidenpapier eingewickeltes Geschenk, und zwischen Blumen, Zitronen- und Orangenblüten erhob sich ein riesiger Geburtstagskuchen. Aber das sind ja nicht dreizehn, sondern vierzehn ... fünfzehn ... *sechzehn* Kerzen! rief sie lachend.

Alles Gute zu deinem Geburtstag, sagte Papa. Glück und Segen, mein Kind!

Sie schlang die Arme um seinen Hals und küßte ihn auf die frisch rasierten Wangen. Hast *du* für sechzehn Kerzen gesorgt?

Nein, das war ich nicht.

Dann wird es Serafina gewesen sein (oder der Meererfahrene, dachte sie. Einer Sechzehnjährigen gestand man eher zu, daß sie nach dem Frühstück hinter die Milchglasscheibe huschte).

Für dich, sagte Papa und deutete auf das Geschenk.

Oh, wie hübsch! Ein Köfferchen! Aber was ist denn los, Papa, mußt du schon weg?

Nicht für lange.

Wann kommst du zurück?

In gut einer Stunde.

Du wolltest mir etwas mitteilen.

Erwarte mich im Zimmer.

Hör zu, ich bin kein Kind mehr. Hast du die Kerzen nicht gezählt? Hier im Hotel geben sie mir sechzehn Jahre. Komm, sei lieb. Sag mir, was du vorhast, bitte bitte!

Nicht hier.

Dann laß uns hinaufgehen.

Vorher muß ich etwas abklären.

Was denn? Ach, Papa, mach es nicht so spannend! Werden wir nach New York reisen? Oder nach Buenos Aires?

Darüber reden wir, wenn ich zurück bin, entgegnete

er, setzte den kreisrunden Strohhut auf, schlurfte am Stock davon. Offensichtlich machte ihm die Hitze zu schaffen, diese Schwüle, die von Afrika herüberkam und eindrang in die Gassen, die Häuser, die Gemüter. Nachdem er den Saal verlassen hatte, suchte sie gleich den Meererfahrenen auf, der mit einer schwungvollen Schrift die Speisekarten schrieb. Haben Sie Neuigkeiten, Steward?

Ja, sagte er, setzen Sie sich.

Sie sind so ernst, Steward. Was ist denn los? Bekomme ich keinen Kuß?

Sie werden nicht alles verstanden haben, was der Duce gestern verkündet hat. Die Schiffslinien sind stillgelegt.

Was?!

Die Batavia ist die letzte, die Genua verläßt.

Aber die geht doch nach Afrika..!

Ihr wurde schwarz vor Augen. Und plötzlich wußte sie, warum Papa gezögert hatte, mit dem Reiseziel herauszurücken. Es ging in den Urwald, in eine schwülfeuchte, klaviervernichtende Fieberluft. Papa hat mich angelogen, entfuhr es ihr. Er hält mich immer noch für ein Kind...

Alles Gute zum *sechzehnten* Geburtstag, sagte der Meererfahrene, wobei er den Schnauz über den Lippen geradezog, nahm ihr das Lederköfferchen ab, staunte es von allen Seiten an und meinte dann, dieses Geschenk, übrigens aus Florentiner Leder, weise darauf hin, daß sie im Zwischendeck reisen würden.

Auch das noch!

Deshalb brauchen Sie ein eigenes Köfferchen, Signorina. Im Zwischendeck der Batavia liegen Männer und Frauen getrennt.

Im Zwischendeck der Batavia...

Ja, Marie, ich fürchte, Sie treten noch heute eine große Reise an.

Steward, sagte sie, sich erhebend, das Köfferchen nehmend, es war reizend, Ihnen zu begegnen. Ich werde Sie nicht vergessen.

Dann rannte sie schluchzend hinaus, wollte zu Serafina, aber vor der Rezeption herrschte ein fürchterliches Gedränge, Gäste redeten wild durcheinander, man umarmte und küßte sich, riesige, eisenbeschlagene Überseekoffer wurden treppab gebuckelt und mit Kisten Taschen Hutschachteln vor dem Hotel auf einen schwankenden Eselskarren gehievt. In Vogelkäfigen piepsten Kanaris, Kinder heulten, Hunde bellten, und nur mit Mühe, indem sie sich den Wänden entlangschob, gelangte Marie durch das Turmlabyrinth in ihr Zimmer hinauf, in die lichtdurchflutete Gondel über der Stadt, wo sie sofort zu packen begann. Papas Sachen kamen in den großen, ihre in den kleinen Koffer. Es ging nach Afrika, das war schlimm, eine richtige Katastrophe, aber immerhin wußte sie jetzt, woran sie war. Sie nahm die Bürste und trat, wohl zum letzten Mal, hoch über der Stadt ins Fenster. Vom Hafen her hörte sie das Kreischen der Dampfkräne. Weiße Deckaufbauten, schwarze Kamine und bewimpelte Masten ragten hoch über Giebel und Dächer hinaus – das mußte sie sein, die Batavia, der berühmte *Steamer* der P.- and O.-Company!

Das Geburtstagsgeschenk von Luise, das sie heute früh, gleich nach dem Aufstehen, aus dem Koffer gezogen hatte, lag auf dem Fenstersims: ein Tagebuch mit rotem Ledereinband und goldenem Schloß. Marie schlug es auf, zückte ihre Füllfeder und verfaßte den ersten Eintrag.

Genua, den 29. August 1939, schrieb sie. *Liebes Leben, heute bin ich dreizehn geworden. Außer Papa, der mich immer noch für ein Kind hält, haben alle kapiert, was das bedeutet. Am nettesten ist ein ehemaliger Kabinen-Steward, der sich im Hafen bestens auskennt. Dank ihm weiß ich, daß wir uns gegen Abend einschiffen werden, und zwar auf der Batavia. Sie wird uns via Marseille nach Afrika bringen. Ich fürchte mich vor diesem Kontinent, lieber wäre ich nach Amerika oder Argentinien emigriert, doch bin ich dem Schicksal und Papa nicht böse. Wir bleiben zusammen, das ist die Hauptsache.*

Papa kam kurz nach eins. Wie ich sehe, sagte er, an seiner Zigarre saugend, hast du bereits gepackt.

Das ist doch in deinem Sinn, oder nicht?

Wie kommst du darauf?

Ich denke, du hast mir das Köfferchen mit Absicht geschenkt.

Ja, gab er zu, da ist was dran.

Im Zwischendeck reisen Männer und Frauen getrennt, sagt mein Steward.

Wer?

Ach, einer der Kellner.

Kind, sagte er, Kind, ich weiß nicht, wie ich es dir erklären soll.

Papa, seit heute bin ich erwachsen. Mir macht es überhaupt nichts aus, im Zwischendeck zu reisen. Für die Erste Klasse, zumal *for the captain's dinner,* hätten wir sowieso eine andere Garderobe gebraucht, du einen Frack, ich ein Abendkleid. Und wenn wir dann im Busch sind, fuhr sie lächelnd fort, sitzen wir abends auf der Veranda und pfeifen uns einen *Sundowner* ein. Ein Schluck Gin, das weiß ich von den Tanten, ist die beste Medizin gegen das Schwarzwasserfieber. Gemeinsam werden wir es schaffen. Siehst du? Als Pianistin habe ich kurze Fingernägel. Ich bin durchaus geeignet, kräftig anzupacken. Wenn es dir recht ist, werde ich mich um die Plantage kümmern und die schwarzen Boys beaufsichtigen. Am Sonntagnachmittag suchen wir jeweils den Club auf. Es soll dort unten auch ein paar Weiße geben, französisch sprechende Belgier, aber keine Angst, ihre Anträge werde ich selbstverständlich ablehnen. Ich bleibe bei dir, liebster Papa. Ich lasse dich nie allein...

Plötzlich platzte die Tür auf, und es erschien, kreischend wie eine Opernsängerin, den linken Handrücken gegen die Stirn gepreßt, Serafina. Sie war am Rand ihrer Kräfte und hatte im Schlepptau zwei Hotelburschen, die das Gepäck zur Stazione maríttima schaffen sollten. Halt, schrie Serafina, das kleine Köfferchen nicht, das kann sie selber tragen, also packten die beiden nur das Ungetüm des Urgroßvaters und schleiften es, von Serafinas Verwünschungen verabschiedet, aus dem Zimmer. Ladri, rief sie den Trägern nach, faules Gesindel!, schmetterte dann die Tür zu und befahl Marie, eine Tasse Tee auszutrinken, Baldriantee.

Ich bin doch gar nicht unwohl, protestierte sie.

Willst du seekrank werden, du dummes Ding?

Serafina war naßgeschwitzt. Sie leide an einer schlimmen Migräne, klagte sie, habe gestern zuviel Prosecco erwischt, ah! oh! und diese Hektik, diese Aufregung, jedermann wolle sie betrügen! Lauter Diebe, auch die Gäste, ein Lumpenpack, aber Gottseidank, bald sei sie die Bande ja los. Trink das aus! Ja, so ist gut, so ist brav... Serafina drängte Marie gegen die Couch, drückte sie ins Kissen, legte eine Eau-de-Cologne-Kompresse auf ihre Stirn, und weg war sie, zeternd treppab davongerauscht.

Marie spürte auf einmal eine wohlige Müdigkeit. Gähnend schloß sie die Augen und fand es herrlich, daß sich Papa an ihre Seite setzte. Er nahm ihre Hand und sagte: Du bist der Segen meines Lebens, Marie, mein Glück und mein Stern. Du hast ein großes Talent, und glaub mir, das muß sich entfalten können. Verstehst du mich? Nein, das verlange ich nicht von dir. Dafür bist du noch zu jung. Aber behalte meine Worte im Gedächtnis. Vergiß nicht, was ich dir jetzt sage: Es wäre eine Sünde, eine schreckliche Sünde, würde ich dich in mein Schicksal hinabreißen.

Auf ihrer Stirn lag seine alte, etwas feuchte Hand. Und jetzt, meine liebe, meine schöne Marie, schlafe, schlaf ein...

*

Als sie erwachte, war es im Moderne vollkommen still geworden. Nur die Tauben gurrten, und irgendwo in der

Tiefe, im Gewimmel der Dächer Kamine Türme, bimmelte eine Glocke zur Vesper. Sie setzte sich ans Fenster, schlug das Tagebuch auf, und wieder wandte sich Marie, die heute dreizehn und sechzehn geworden war, an sich selbst. *Liebes Leben,* schrieb sie, *vorhin hat Papa meinen Namen gesagt: Marie! Marie hat er mich genannt. Sonst tut er das nur, wenn ich nach langer Krankheit gesund geworden bin. Aber diesmal war es keine Krankheit, diesmal –*

Plötzlich starrte sie auf ihre Hand, in der die Füllfeder steckte. Die Hand war schlank und schön, begabt für Tasten und begierig nach Zärtlichkeiten. Sie hatte bereits nach dem Leben gegriffen, hatte den Nacken des Stewards berührt und Serafinas runde Hüfte, konnte mit geziert abgespreiztem Finger eine Kaffeetasse halten oder hinter der Milchglasscheibe eine parfümierte Zigarette in elegantem Bogen zu den Lippen führen. Aber jetzt lag sie auf dem Buch, diese Hand, wie das abgebrochene Stück einer Statue. Papa hatte sich davongemacht. Er wollte sie in Europa zurücklassen, auf dem Kontinent der Klaviere, und mit dem uralten Koffer allein in die Tropen reisen, ins Innere der Fieberwälder.

Sie zog sich an, setzte den Topfhut auf und band ihn mit dem Autokopftuch fest. Über dem wachsbleichen Gesicht entrollte sie das feinmaschige Netzchen. Sie schlang die Federboa um den Hals, nahm Mamans Schirmchen, und als sie den neuen Lederkoffer ergriff, knickste im Spiegel eine reisefertige Miss: ruhig, kühl, gefaßt. Keine Panik, wirklich nicht. Die Miss hatte eine genaue Vorstellung, was ihr drohte und was dagegen zu tun sei. Ich werde Papas Plan durchkreuzen, sprach sie, und obwohl ich ein wenig verspätet bin, will ich es schaffen, noch vor dem Ablegen der Batavia durch den Zoll, die sanitarische Untersuchung und an Bord zu kommen.

Gehen wir?

Gehen wir!

Sie eilte treppab, kam aber nur bis zur Rezeption, wo sich leider eine Sperre aufgebaut hatte: Serafina.

Serafina ließ den roten Haarbusch lodern, fletschte die Goldenen und fragte hinterhältig, ob die junge Dame gut geruht habe.

Würden Sie mich bitte durchlassen, Signora?

Hör zu, erklärte die Hotelwirtin feierlich, in den letzten Tagen ist dein Vater bis zum Umfallen unterwegs gewesen, um alles für dich zu regeln. Solltest du eines Tages eine große Pianistin werden, hast du es ihm zu verdanken.

Er hat mich getäuscht. Er hat die ganze Zeit gewußt, daß er mich hier zurücklassen wird.

Komm, trinken wir einen Schluck! Dein Papa ist ein wahrer Gentleman, und glaub mir: schlauer als er hätte man deine Zukunft nicht einfädeln können.

O ja, er möchte mich in sein Schicksal nicht hinabreißen. Das Dumme ist nur –

Da! die Sirene! der Dampfer!

Aspetta!

Addío!

Ich will mit, mit hinab!, schrie Marie, stieß die Sperre beiseite und stürzte durch die Vorhangschnüre, die wie ein tropischer Regen über sie hinwegstrichen, ins Gassengewühl hinaus. Vor dem Portal einer Kirche lagerten Krüppel; die stanken noch schärfer als die Esel, riefen grölten lallten, und wie gebannt starrte Marie auf Arm- und Beinstümpfe, die ihr zitternd entgegengestreckt wurden. Das Erwachen der Toten fiel ihr ein, die Auferstehung aus den Gräbern. Was würde wohl mit all den abgeschnittenen Gliedern am Jüngsten Tag geschehen? Wird dereinst jedes Stück Leben wie ein Kinderballon zum Himmel auffahren? Werden Abertausende von amputierten Beinen den Schöpfergott umtanzen, werden ihn herausgerissene Zungen umflattern und Millionen von einzelnen Armen sich recken zum *Saluto romano?* Das Täschchen!

Sie hat ihr Täschchen vergessen!

Die Sirene. Zum zweiten Mal. Der Menschenstrom schwoll an; sie schob und schrie, kam aber kaum vom Fleck, wurde abgetrieben, gepufft, gequetscht, gestoßen und sogar – hoppela! – in den Hintern gekniffen. Nein, diese Italiener! Wie die lärmten, wie die feilschten! Und was für ein Vibrieren – in der Luft, in den Straminvorhängen, ja selbst in den Fischen, die auf den Ständen in träger Verzweiflung die Mäuler bewegten, um nach Eistropfen zu schnappen. Lieber Jesus, betete Marie, laß mich nicht zu spät kommen!

Sie fluchte, sie schluchzte, fiel hin und rannte weiter, denn ganze Kulikarawanen, riesige Ladungen auf den Rücken, und Schiffsagenten, die mit ihren Strohhüten letzte Klienten lotsten, mußten ebenfalls vor dem Einziehen der Fallreeps am Pier sein. *Avanti,* riefen die Agenten, tanzend wie Strudel im Strom, folgen Sie mir, Beeilung, gleich legt sie ab!

Die Miss kämpfte und drängelte, in dieser Gasse jedoch, die sich zwischen schwarzgrünen Wänden wie ein Gebirgsbach zum Hafen hinunterkrümmte, schien die Welt alles zu übertreiben: die Gerüche, den Lärm, die Lust, die Farben, die Früchte, Frauenbrüste und Männerschultern, Papageienschreie und Automobilgeknatter, das Elend und die Schönheit, weshalb es schwer war, schrecklich schwer, nicht unterzugehen, weiterzuschwimmen, durch Schnellen und Engen zu kommen. Hatte sie ein Hindernis umgangen, baute sich sofort das nächste auf, ein Karren oder ein Kinderwagen, worin ein Säugling plärrte, und du lieber Himmel, jetzt kam von unten eine Schar hochschwangerer Frauen daher, alle im neunten Monat, kurz vor dem Gebären, und wie erhaben, wie selbstsicher stießen sie den prallen Bug ihrer Fruchtbarkeit gegen diesen Strom, der sich zwischen Gemüseständen, aufgehängten Kälberhälften, hämmernden Schmieden, nähenden Schneidern, dösenden Trattorias, rasierenden Friseuren und hämisch grinsenden, ihre Zigarette rauchenden Schwarzhemden dem Hafen entgegenwälzte. Es dampfte aus Kellerfenstern, aus Blutlachen, aus Eselsrücken; an den aufglühenden Lampen hingen Moskitoschwärme, in Kesseln kochten Suppen, ein dampfendes Gebrodel, ein gräßlicher Lungensud, worin Schweinsaugen schaukelten, Kuhaugen glotzten, Flossen zuckten, überall blubberte und gärte es, quoll auf und wucherte und wuchs, die Häuserwände eiterten, Huren feixten, Brüste wie Melonen, auf die Simse gelegt, lachende Münder ohne Zähne, Gekeif Geschrei Gelächter, aber schon roch es brenzlig nach Rauch, schon wurden die quer über die Gasse gehängten Laken von der Seeluft bewegt, ich komme, Papa, ich schaffe es, Papa! Papa!! Papa!!!, und aber jetzt, nah und gewaltig: die Sirene, ein langgezogenes, tiefes, dröhnendes C, das die Öl- und Weinberge ob der Stadt zurückwarfen und wie ein Dach über die bebende Gasse schoben, über den Hafen und das Schiff.

Die Batavia!

Bereits sah Marie die weiße Bordwand mit Hunderten von Bullaugen leuchten, sah schwarzen Rauch aus den Kaminen steigen, und an der Reling sah sie in dichten Reihen die Passagiere stehen, winken und ihre Hüte schwenken, lauter kreisrunde Strohhüte, *Addío,* schrie die Menge, *Addío, Addío!*

Schon vor Stunden hatte die Spiegelmiss aufgehört zu weinen. Sie saß einfach nur da, auf einem schwarzen Poller, das Köfferchen neben sich, den Schirmstiel auf der Schulter, und während sie einem Fischkutter nachblickte, der tuckernd den Hafen verließ, um am Horizont seine Bordlichter unter die Sterne zu schmuggeln, wurde das Meer zu einer schwarzen Wand, hinter der die Batavia verschwunden war.

Mariae Heimsuchung

In der Ewigkeit geht die Zeit im Kreis, immer im Kreis, täglich im selben Kreis. Um fünf stehen sie auf, dann eilen sie in die Kirche, um acht in die Schule, und nachmittags um drei, wenn die schwere Glocke läutet, sinken alle in die Knie, um mit dem Heiland die Karfreitagsstunde zu durchleiden, den Opfertod am Kreuz. Sein Blut, haben die Juden geschrien, komme über uns und unsere Kinder. Die Nazis, wie man hörte, waren gerade dabei, dieses Wort zu erfüllen. Der Führer, pflegte die Mutter Oberin zu sagen, sei ein Werkzeug in den Händen des Herrn. Die Nonnen trugen ihre Tracht, die Töchter ein schwarzes Plisseekleid, und sämtliche Füße, alte, junge, dralle, knochige, steckten in den gleichen Sandalen, im Sommer barfuß, im Winter mit schwarzen Wollstrümpfen. Jahraus, jahrein herrschte im Innern des Klosters eine bittere Kälte, und so bot dieser Tag, der sich wieder und wieder wiederholte, von der Matutin bis zur Komplet, vom Morgen- bis zum Abendgebet, außer dem immerwährenden Winter keine Jahreszeiten. Hier konnte man sich ebensogut an die Vergangenheit wie an die Zukunft erinnern, denn morgen kam der gestrige Tag wieder, stets derselbe, von der Matutin bis zur Komplet, vom Morgen- zum Abendgebet, *ora et labora,* bete und arbeite, gib dich weg und verliere dich, so steht es geschrieben: Wer sein Leben erhalten will, der wird es verlieren, wer es aber verliert, der wird es erhalten im Leib der Gemeinschaft. Einmal im Monat wurde man zur Mutter

Oberin zitiert, vom Kopf bis zu den Sandalen gemustert und diverser Sünden beschuldigt: Sie haben während der Messe geschwätzt; Sie sind im Taubenschlag gewesen; Sie haben das Wort Menstruation benutzt. Wie heißt es korrekt, Katz?

Weibliche Erniedrigung, *ma Mère.*

Gelobt sei Jesus Christus.

Von Ewigkeit zu Ewigkeit, Amen.

Die Mutter Oberin war gebildet, streng, klug. Die Lippen ein Strich, die Stirn aus Marmor, die Nase scharf. Von Kindsbeinen an ging sie am Stock, als wäre sie schon immer alt gewesen, ein dreifüßiges Wesen, dem alles Flüssige verhaßt war: das Blut, die Tinte, die Zeit. Sie erkannte an den Nackenhaaren, was ihre Töchter phantasierten (im Bereich des sechsten Gebots), und wehe den Wangen, die vor dieser Frau erröteten! Da glühe die Sünde, dachte die Mutter Oberin, da zeige sich der Abglanz der Hölle – und wo immer er auftrat, der bockshörnige Satanas, wurde er zur Schnecke gemacht.

Die Gänge sahen alle gleich aus, doch stand auf der unteren Etage eine Herzjesu-Statue, auf der mittleren der Heilige von Padua und auf der oberen, an der Abzweigung zur Präfektur, ein schwarzes Kruzifix, so daß sich die Töchter mit der Zeit zu orientieren lernten und heimisch wurden im Labyrinth. Einmal in der Woche, am Donnerstag, durften sie einen Spaziergang machen, doch waren sie schon nach wenigen Wochen derart an den Winter im Innern des uralten Gebäudes gewöhnt, daß sie sich im Freien, auf den grellbunten Alpwiesen, unwohl fühlten. Vor dem nackten Oberkörper eines mähenden Bauern erschraken sie. Die Flakgeschütze, bei denen Soldaten lagen, wurden umgangen, und alle atmeten auf, wenn sie durch das Pfortenportal in das nach Kalk, Weihrauch und Kohlsuppe riechende Pensionat zurückkehren durften. Den unteren Klassen wurden Vokabeln eingepaukt, während die oberen Vergils Aeneis oder die Metamorphosen des Ovid übersetzten. Im Turnunterricht lernten sie wie Damen zu gehen, zu knicksen, zu walzern. Im Rhetorikkurs übten sie sich im Konversieren, abwechselnd in deutsch, französisch oder englisch. Auf dem Klosett sollten sie nicht länger verweilen als drei Minuten; das Papier wurde aus Zeitungen ausgeschnitten, wobei die Novizinnen streng darauf achteten, daß die Blätter keine Frivolitäten enthielten, weder Reklamen für Unterwäsche noch Soldatenwitze. Auch im Speisesaal herrschten Ordnung, Disziplin, Silentium. An jedem Tisch acht Töchter, oben die älteren, unten die jüngeren. Die Töpfe wurden von oben nach unten gereicht, und langten sie bei den letzten beiden an, enthielten sie in der Regel nur noch wenig. Aber alle, auch die letzten, griffen brav zu den Löffeln und gaben dem dreifüßigen Wesen, das von einem Thron aus die Speisung überwachte, durch dankbare Mienen zu verstehen, wie gut das Fleischragout schmecke. In der Ecke befand sich das Pult. Dort stand die Gubendorff, der Liebling der Mutter Oberin, und bestritt mit tremolierender Stimme die Tischlesung, an den geraden Tagen die frommen Gedanken des Thomas a Kempis, an den ungeraden eine Szene aus Racines Tragödien.

Die Gubendorff hatte schwere Brüste, breite Hüften, wanderstramme Waden und honigschwere, zum Rundzopf hochgesteckte Haare; ihr Gesicht war golden überhaucht, wie ein Heiligenbild, und selbst die Mutter Oberin, die solche Wörter gewöhnlich mied, bezeichnete die Formen der Gubendorff als schwellend, deren Lippen als sinnlich. Die Klasse erkannte in ihr die Zentralfigur, und alle rechneten damit, daß die Gubendorff als erste heiraten würde, vermutlich einen deutschen Fliegerhelden. Auch die Mutter Oberin war überzeugt, daß der Gubendorff eine große Zukunft bevorstünde. Hatte die Tischleserin besonders schön vorgetragen, bekam sie ein Täfelchen Schokolade auf die Zunge gelegt, und wurde im Innenhof ein Ballspiel veranstaltet, stand die Dreifüßige im Fenster der Präfektur, sah auf das Spielfeld herab und gluckste vor Vergnügen, wenn ihrem Liebling ein Korbschuß gelang: *Allez, Gübendörff, vous êtes merveilleuse!*

Manchmal schmetterte die Zentralfigur einen Schlager aus den Zwanziger Jahren, *Ein Freund, ein guter Freund,* oder *Mein kleiner grüner Kaktus,* von der Katz auf dem Klavier begleitet. Auch verabredeten sie sich hie und da zum Vierhändigspielen, wobei es passieren konnte, daß sich ihre Hüften im Eifer schneller Takte berührten.

Nach den Mahlzeiten ergoß sich das gesättigte Pensionat wie eine Brandung in den Innenhof, wo sie mittags und abends eine Stunde spazieren durften, zu dreien und vieren untergehakt, Lachen und Reden erlaubt. Eine blieb dann meist allein, hockte auf einem Mäuerchen, las in einem Reclamheft und mußte zusehen, wie die Gubendorff mit ihrem Hofstaat hochnäsig an ihr vorüberwandelte. Schlimm? Nein nein, wenn man stets denselben Tag wiederholt und gemeinsam mit allen anderen die Gebete spricht, wenn man das gleiche Ragout ißt und den gleichen Rock trägt wie die anderen, die gleichen Kniestrümpfe, die gleichen Sandalen sowie die gleiche Unterwäsche aus kratzender Wolle, beginnt man so ganz allmählich auch mit den anderen zu fühlen, mit den anderen zu träumen, mit den anderen zu denken, und alles, was davon abweicht, als störend zu empfinden.

Als störend empfand es die Gemeinschaft, daß hinter der Katz, wie es die Mutter Oberin einmal formuliert hatte, ein *Aber* stand.

Zwar getauft, aber...

Zwar katholisch, aber...

Zwar eine gute Pianistin, aber von der Orgel müssen wir sie fernhalten, dazu fehlt ihr die entscheidende Voraussetzung: das heilige Feuer.

Daran mochte etwas Wahres sein, dachte die Katz und fand es durchaus richtig, daß man sie auf dem Mäuerchen sitzen ließ.

An einem Novemberabend, da fetter Nebel den Innenhof füllte, ließ die Gubendorff bei ihr anhalten. Ich bin gerade dabei, den Damen zu erzählen, wie ich mir meine Hochzeit vorstelle. Willst du auf eine Runde mitkommen, Katz?

Die Angesprochene senkte die Augen, dann schüttelte sie schwach den Kopf.

Eines muß man ihr lassen, bemerkte die Königin zu ihrem Hofstaat, Stil hat sie.

*

Im zweiten Klosterwinter erkrankte die Katz an der Grippe. Man verlegte sie ins Krankenzimmer, Kazett genannt, und offensichtlich gab es hier keine andere Medizin als ein Abführpulver. Sie wurde schwächer von Woche zu Woche, magerte bis auf die Rippen ab und hüllte sich gottergeben in ihr Fieber ein.

Eines Morgens entdeckte sie, daß ein weiteres Bett belegt war. Eine junge Nonne lag in den hohen Kissen. Ihr Gesicht war wächsern; sie trug ihre Haube und erzählte mit glockenheller Stimme, daß sie zu den Novenen und Messen die Orgel bediene. An den Vormittagen kniete sie unter dem schwarzen Kruzifix, das zwischen den Fenstern aus der Wand hing, oder sie setzte sich zur Katz auf den Bettrand, um ihr den Schweiß von der Stirn zu tupfen. War sie gar nicht krank, die Orgelnonne? O doch, aber erst am Abend, zur Zeit der Komplet, wenn drüben in der Kirche um eine gute Nacht gesungen wurde, frei von den Nachstellungen des Bösen, erlitt sie ihren Fieberanfall, riß über den Brüsten das blütenweiße Hemd auf und sprach: Herr Jesus Christ, der du mein Bräutigam bist, nimm mich mir und gib mich ganz zu eigen dir!

Beiden wurde zweimal am Tag das weiße Abführpulver verabreicht, und bald waren sie zu schwach, um ihr Bett zu verlassen. Sie schliefen und dösten, dämmerten und phantasierten, und tönte aus der Dunkelheit der vielstimmige Gesang herüber, rief die Orgelnonne verzückt, nun sei es soweit, nun werde sie eingehen in die Seligkeit des Herrn.

Haben Sie keine Angst?

Nein, meine Liebe, drüben werde ich erwartet.

Da begriff die Katz, daß sie handeln mußte. Aus ihrer Bibel trennte sie sorgfältig eine leere Seite heraus und schrieb mit dem Bleistiftstummel, der an der Fiebertabelle hing, *Gubendorff, hilf!* auf das dünne Papier. Die Aktion raubte ihr die letzten Kräfte, und fast wäre sie vor dem Bett ohnmächtig zu Boden gesunken. Aber sie schaffte es, aus der Bibelseite einen Papierflieger zu falten, den Verdunkelungsvorhang zu heben und den Notruf hinabsegeln zu lassen in den verschneiten Innenhof. Nun konnte sie nur noch warten. Warten und beten und hoffen. Halten Sie durch, rief sie der Novizin zu, halten Sie durch!

Im Lauf des nächsten Tages bekam die sterbende Orgelnonne einen durchsichtigen Teint und wurde engelhaft schön. Kein Zweifel, heute abend würde der Himmel sein Portal öffnen und der Bräutigam seine Braut empfangen, um sie auf den starken, am Kreuz erprobten Armen in den Tabernakel des Universums zu tragen. Wieder setzte drüben der Gesang ein, die Bitte um eine gute Nacht, frei von den Nachstellungen des Bösen. Dann war es soweit. Schritte näherten sich, die Tür ging auf, Licht flutete herein, und mit einem Schrei stürzte die Gubendorff an ihr Bett. Es geht nicht um mich, flüsterte die Katz. Es geht um die schöne Orgelnonne...

Um welche Orgelnonne, fragte die Gubendorff, und

erst, als die Kranke mit letzter Kraft den Kopf aus den Kissen hob, konnte sie sehen, daß ihr ausgestreckter Arm ins Leere zeigte. Bis eben war sie noch hier, brachte sie tonlos hervor. Dort drüben, in jenem Bett...

Mitten in der Nacht tauchte ein Arzt auf, dessen Regiment in der Nähe stationiert war. Er ordnete die sofortige Absetzung des Abführpulvers an, träufelte ihr Zuckerwasser ein, dann Schleimsuppe, ließ Biscuits und Schokolade vorbeibringen, und schon nach wenigen Tagen konnte die Königin beim Hofgang beobachten, daß hoch oben, in einem der vergitterten Fenster, eine Gestalt stand, sehr weiß, sehr schlank, doch kräftig genug, um ein wenig zu winken.

*

Auch im Dachstock von Mariae Heimsuchung, einem von Fledermäusen und Gespenstern bewohnten Reich, herrschte nach einem kurzen, brütend heißen Sommer der monatelange Winter. Es war *strictissime* verboten, in dieses Gefilde einzudringen, hier befand sich der Taubenschlag, und nach einem Gesetz, das eine Generation an die andere weitergab, war dies der Ort der Lust. Nah klackte die Turmuhr, durch die Flugluke jammerte der Wind, Schnee rieselte herein, die Kerze blakte, und schlug es Mitternacht, ging ein Beben durch die Planken, als wäre der Jüngste Tag angebrochen. Die beiden Töchter hatten das Haar geöffnet und saßen einander auf dem grauweiß bekleckten Bretterboden gegenüber – mit leicht gespreizten Beinen. Um die Angst vor der Mutter

Oberin zu verscheuchen, leierten sie mit Flüsterstimmen Deklinationen herunter: *oramus orate orant, cantamus cantate cantant,* dann schob die Gubendorff einen Fuß unter das Nachthemd der Katz, während die Katz mit ihrem Fuß zwischen die Oberschenkel der Gubendorff glitt. Sie nannten es zehenklavierspielen. Jede berührte die Scham der andern, rieb ein bißchen, knetete, kitzelte... Waren sie Freundinnen geworden? Nicht unbedingt, dafür waren sie zu verschieden. Die Blonde gab als Königin den Ton an, während sich die Schwarze mit der Rolle einer Küchenmagd begnügen mußte. Beim Hofgang achteten sie auf Distanz; im Klassenraum standen sie nie zusammen, und dennoch waren sie auf geheimnisvolle Weise miteinander verbunden. Die Gubendorff hatte der Katz das Leben gerettet.

Ihre Herzen pochten schneller, die Füßchen rieben heftiger, *Salve Regina, Mater misericordiae,* wimmerten sie, gegrüßet seist du, Königin, Mutter der Barmherzigkeit!

Wenn ich erwachsen bin, stöhnte die Gubendorff, möchte ich einen Frack tragen!

Einen Frack!

Und im Auge ein Monokel!

Und ich, flüsterte die Katz erregt, ich möchte als Frau ungefähr das sein, was Genua unter den Städten ist!

*

Amen, Amen. Beten und lernen, lernen und beten. Wer sein Leben erhalten will, der wird es verlieren. Wer es aber verliert, der wird es erhalten im Leib der Gemeinschaft.

Und es wiederholte sich der Tag, der ewige, es wiederholte sich der Spaziergang, am Donnerstag, das Vierhändigspielen, am Sonntag, und der heimliche Ausflug in den Taubenschlag, bei Vollmond. Einmal in der Woche kam Post, und da niemand erfahren sollte, wo die Katz versteckt war, erhielt sie nie einen Brief, nie ein Paket. Aber hin und wieder, in der Regel vor den Hohen Festen, zu Weihnachten, Ostern, Pfingsten oder an Mariae Himmelfahrt, kam der Bruder persönlich vorbei und erbat von der Ehrwürdigen Mutter Oberin, der er den Ring küßte, die Erlaubnis, seine Schwester sprechen zu dürfen.

Dann saßen die beiden Geschwister im Besuchszimmer an einem wachstuchbezogenen Tisch, von der Kirche wehten Orgeltöne herüber, und eine Fliege, vermutlich stets dieselbe, unterstrich mit ihrem Gesurr das hilflose Schweigen.

Es war ein trüber Nachmittag im Herbst; Schnee lag in der Luft, und im Kloster wurde es noch kälter, als es ohnehin schon war. Der Bruder fröstelte, die Katz jedoch hatte sich an den Polarwinter von Mariae Heimsuchung längst gewöhnt. Weder in den weißgekalkten Korridoren noch im Weltraum des nächtlichen Speichers war ihr jemals kalt. Was draußen geschah, interessierte sie nicht mehr. Die Gesichter begannen zu verblassen, die Menschen wurden zu Schatten. Wie mochten wohl die Tanten aussehen? Die hatten sie in einem Auto von Genua hierhergebracht, aber das lag nun so weit zurück, eine halbe Ewigkeit, daß die Gesichter der drei Missionarinnen zu leeren Ovalen geworden waren.

Natürlich war ihr aufgefallen, daß der Bruder diesmal nicht zu einem Kirchenfest erschienen war, sondern an einem gewöhnlichen Oktobertag. Möglicherweise hatte er ihr etwas Wichtiges mitzuteilen, aber in diesem Fall mußte er äußerst vorsichtig sein. Hinter einer Klappe hockte die Pfortenschwester und hielt stenographisch fest, was im Besuchszimmer gesprochen wurde. Etwa eine Viertelstunde vor Schluß ergriff der Bruder die Initiative, und rasch hakten sie die Themen ab, mit denen die Protokollantin befriedigt werden mußte: Papst Pacelli, die Nibelungen, das Wetter, die schulischen Leistungen, Fortschritte in der Frömmigkeit und dergleichen mehr, sie lächelten einander an oder verfolgten die Fliege, die am Heiland vorbeitaumelte. Er wurde einmal in der Woche poliert und roch ähnlich wie eine Lungenkranke, der mit scharfen Aufgüssen das Atmen erleichtert wurde. Und sonst?

Alles in Ordnung, erwiderte der Bruder. Es freut mich, daß die Ehrwürdige mit deinen Leistungen zufrieden ist. Eine gewisse Gubendorff, meinte sie, habe einen guten Einfluß auf dich.

Die Gubendorff wird als erste heiraten, darin sind wir uns alle einig. Sollten uns die Nibelungen heim ins Reich holen, sieht sie sich als Gattin eines jungen, aufstrebenden Gauleiters.

Ah, machte der Bruder, so.

Oder eines Fliegerhelden, aber das müßte einer sein, der mehrere Abschüsse vorzuweisen hätte.

Und wieder das Schweigen, das Wimmern der Orgel,

das Sirren der Fliege. Draußen, sagte schließlich der Bruder, leben wir jetzt in einer Markenwirtschaft. Es wird immer schwieriger, an Fleisch oder Butter heranzukommen. Aber du brauchst dir um mich keine Sorgen zu machen.

Du kannst ebenfalls beruhigt sein, Bruderherz. Ich habe mit dem Stamm der Hereros nichts zu tun.

Was meinst du damit?

Jeder Tisch hat seinen Herero. Das war jenes Volk, das die Nibelungen in Südwest-Afrika ausgehungert haben. Hast du das vergessen, Bruderherz?

Ich verstehe, sagte er mit einem verlegenen Grinsen, du hast meine Briefe an Maman gelesen.

Ich bin zufällig auf sie gestoßen.

Ich wußte gar nicht, daß sie sie behalten hat.

Das Bündel war mit einem Seidenband umwickelt.

Der Bruder konnte es kaum glauben. Maman, erklärte er, sei äußerst streng mit ihm gewesen.

Aber auf den Alpwiesen, auf euren Spaziergängen –

Als Maman im Sanatorium war? Er schüttelte traurig den Kopf. Sie hat sich stundenlang frisiert, und wollten wir endlich losgehen, war es bereits zu spät.

Die Tuberkulosekranken haben euch für ein Paar gehalten.

Woher weißt du das?

Von ihr selbst.

Dann hat sie ziemlich übertrieben, unsere Maman.

Die Fliege knallte gegen die Scheibe des vergitterten Fensters, und dann war es im Besuchszimmer so still, daß die Klappe wie ein Mund zu atmen schien.

Stimmt, rief der Burder plötzlich, einmal ist sie mit dem Schminken und Frisieren rechtzeitig fertig geworden – da sind wir miteinander über die Wiesen spaziert.

Zu einem Kirchlein?

Ja, Marie.

Am ersten Donnerstag nach dem Rosenkranz-Sonntag hat dein Trimester begonnen, und kurz danach ist auch Maman abgereist.

Nach Hause gereist, wolltest du sagen.

Ja, nach Hause. Zu Papa.

Und der Bruder, tonlos, nur mit den Lippen: *Er... ist... wieder... da.*

Da wußte die Katz, was sie zu tun hatte.

*

Das Portal fiel krachend zu, der Donner verhallte, und als sie ihre Finger ins Messingbecken tunkte, zerbrach mit einem leisen, fast zarten Klirren das hauchdünn überfrorene Weihwasser. Die eisigen Fingerkuppen berührten die Stirn und die Lippen, dann huschte sie nach vorn, kniete sich in eine Bank, faltete die Hände.

Sie hatte etwas Ungeheuerliches gewagt. In einer Zeitschrift, die im Studiensaal auflag, war sie letzthin auf einen Artikel gestoßen, dessen Verfasser, ein Student, in glühenden Worten die Zukunft beschwor. Ein Plädoyer für die Zukunft – das schien ihr das richtige Stichwort zu sein, um ihre Situation zu verändern. Sie wollte heim. Zu Papa wollte sie. Das setzte allerdings voraus, daß man sie im hohen Bogen aus der strengen Anstalt entfernte, meinetwegen mit Schimpf und Schande. Also hatte sie dem Studenten ein *Billet* geschrieben, einen heißen Dank für seine Worte, und eine Küchennonne, kaum älter als sie, hatte das Kuvert, in dem auch eine Photographie steckte, mit dem Schweinefutter zu einem Bauern geschmuggelt, der es an die Post weitergeben sollte.

Aus der Nacht lösten sich spitzgieblige Fenster; daran kratzte mit Vogelfüßen der Regen, und schon begannen die rinnenden Tropfen matt zu glitzern. An den Seitenwänden klebten finstere Gehäuse: die Beichtstühle. In schwindelerregender Höhe hingen Fledermäuse, im Flug erstarrt: die Engel. Der Mittelgang wurde zu einer fahlen Straße aus Staub, überall traten Schatten hervor, Flügel und Marmorbeine, und trotz der Frostluft roch es nach verblühten Blumen, feuchtem Kalk, flüssigem Wachs.

Irgendwann ein Gebimmel, oben im Turm.

Irgendwann das Schrillen der Glocke, drüben im Pensionat.

Schon begann in den gotischen Fenstern der Morgen zu schimmern, und am Altar brannten die Kerzen gelbweiße Kleckse in die Dämmernis – da geschahs! In der Apsis flammte eine Rosette auf und legte über den eisigen Chorboden einen rötlichen Flaum. Auf den tausendmal übermalten Bänken lag narbiger Glanz; Engelsflügel, Marmorbeine und ein goldener Löwe, der seine Pfote auf das Evangelium hielt, wurden lebendig, Gold leuchtete auf, Perlen blinkten, dann stürzten Flüsse voller Sonne durch die Glasmalereien, grünblaue und rotgelbe Wellen, aber das war nur der Vorschein, nur das Präludium, denn jetzt, da die Nacht den Tag berührte, trat in einem Gewitterkranz aus Blattgold mit dem Knaben, der Krone und der undurchdringlichen Maske ihres Lächelns die Hohe Frau hervor, ihre Namenspatronin, die Madonna.

Wie heißt er?

Meier.

Meier? Was für ein kommuner Name!

Findest du?

Ja. Schrecklich. Wie alt?

Student der Jurisprudenz.

Puh! Ein Greis! Ein Methusalem! Schäm dich, mein Täubchen! Wenn es schon sein muß, hättest du wenigstens einen Leutnant verdient.

Neben ihr kniete die Gubendorff. Die Bankreihen füllten sich. Bleiche Novizinnen bildeten die hinterste Reihe, stellten sich auf die Knieleiste und reckten die Hälse, um das schwül nach Schlaf dunstende Mädchen*carrée* zu überwachen. Dann ging das Portal noch einmal auf, im Durchzug zuckten die Kerzen, es blitzte im Gold, und mit ihrem Stock kam die Mutter Oberin durch den Mittelgang nach vorn gepocht. Die Orgel setzte ein, und jede Mädchenreihe, an der die Dreifüßige vorüberkroch, erhöhte die Lautstärke. Am lautesten respondierte die Gubendorff.

Du elfenbeinerner Turm!

Erhöre uns!

Du Stern des Meeres!

Erhöre uns!

Du Gefäß der Gnaden!

Erhöre uns!

Et in hora mortis –

und in der Stunde unseres Todes, Maria Mutter Gottes, führe uns hinüber, Amen.

*

Amen. Gewiß, der Tag wiederholte sich auch jetzt, man lernte und betete, man löffelte die Suppe oder verschlang das Ragout. Während der Mahlzeiten bestritt die Gubendorff mit getragener Stimme die Lesung, an den geraden Tagen eine Szene aus Racines Tragödien, an den ungeraden einen Abschnitt aus den frommen Gedanken des Thomas a Kempis. Danach drehten sie im Hof die Runden, zu dreien und vieren untergehakt, schlüpften zur gewohnten Zeit ins Bett, legten gehorsam die Hände auf die Decke und beantworteten das Gelobt-sei-Jesus-Christus mit einem kräftigen: von Ewigkeit zu Ewigkeit, Amen! Aber wie ein Libellenflügel, der das Wasser berührt, einen ganzen Teichspiegel erschüttern kann, war die ewige Ordnung auf einmal gestört. Der Gemeinschaftskörper hielt den Atem an. Es wurde nur noch geflüstert, nicht mehr gelacht, und mit der Katz wollte keine mehr gesehen werden. Kam sie an der Herzjesu-Statue vorbei, wandte sich das Marmorhaupt ab; der Heilige von Padua sah vorwurfsvoll an ihr vorbei, und die Engel, die über dem Madonnenaltar aus den Pfeilern hingen, bliesen mit Gipsposaunen zum Jüngsten Gericht. Katz, du hast die Ewige Ordnung verletzt, du bist eine schlimme Sünderin vor dem Herrn!

An einem Freitag, da alles in die Kirche strebte, wurde sie von zwei Novizinnen aus der Reihe gezerrt und im Eilschritt in die Präfektur gebracht.

Wer ist Ihre Namenspatronin, Katz?

Die heilige Jungfrau Maria.

Ihnen ist das Sakrament der Taufe zuteil geworden, sprach die Mutter Oberin in die Leere des dämmrigen Raumes, dann durften Sie den Leib des Herrn empfangen, und was haben wir anläßlich der Firmung geschworen, Katz?

Die Wände der Präfektur bestanden aus schwarz gebeizten Schränken. Sie enthielten die Bettstatt, das Lavabo, das Klosett, die Uhr, und die Dreifüßige, die alles Flüssige wegschloß, wiederholte mit lauter Stimme, fast verzweifelt: Was wir geschworen haben!

Daß wir widersagen.

Wem widersagen?

Dem Satanas.

Was wissen wir über den Satanas?

Daß er herumrennet wie ein brüllender Löwe und suchet, wen er verschlinge.

Seit wann sind Sie bei uns, Katz?

Seit Anfang des Krieges.

Empfanden Sie die drei Jahre als lang?

Sie vergingen im Nu. Wie ein einziger Tag.

Die eingesargte Uhr ließ ihr Ticken hören; irgendwo in den Fluren fiel hallend eine Tür zu, und drüben in der Kirche setzte vielstimmig der Gesang ein, *O Haupt voll Blut und Wunden.*

Wir wollen es kurz machen, Katz. Uns liegt ein Antwortschreiben eines gewissen Meier vor. Es beweist, daß Sie sich diesem Manne dargeboten haben wie eine… wie eine schamlos schmutzige… Sie kennen das Wort; für uns existiert es nicht. Haben Sie mich verstanden, Katz?

Ja, *ma Mère.*

Was Sie getan haben, haben Sie dem Heiland angetan. Und Ihrem Herrn Bruder, dem Priester. Er wurde über den Vorfall in Kenntnis gesetzt. Monsignore kann Sie nicht abholen, und weiß Gott, wir können ihn verstehen – mit so einer möchte man nichts zu tun haben. Sie müssen allein nach Hause fahren. Das Geld, genau abgezählt, erhalten Sie an der Pforte. Auch Ihr privates Kostüm wird Ihnen beim Austritt zurückgegeben. Noch Fragen?

Sie sank auf die Knie. *Ma Mère,* sprach sie, verzeihen Sie mir!

Sind Sie verrückt geworden? Stehen Sie auf!

Ma Mère, ich habe Ihren Tadel verdient! Bestrafen Sie mich! Aber seien Sie barmherzig! Schenken Sie mir das Leben – das Weiterleben im Leib der Gemeinschaft!

Was tun Sie da, Sie überspannte Gans!

Ihre Füßchen küssen.

Sind Sie noch bei Trost!

Ehrwürdigste Mutter, ich habe gesündigt. Aber schauen Sie, so hab ich erfahren, wie gern ich in Mariae Heimsuchung bin. Hier ist meine Heimat. Hier ist das Paradies. Darf ich bleiben?

*

Ein Krachen, dann ein Klirren, ein Knacken, die Pforte von Mariae Heimsuchung war zu. Verschlossen. Verriegelt.

In der Stille des Vormittags waren nur ein paar Reisigbesen zu hören: Novizinnen, die den Platz vor der Kirche sauberkratzten. Jetzt standen die Besen stramm, und in den Fenstern der Sandsteinfassade fand sich das gesamte Pensionat ein, um den Abgang der Geschaßten zu verfolgen. Alle wollten zuschauen, wie die kleine, kecke Katz mit ihrem Köfferchen und der Unterarmtasche auf dem dornigen Weg in die Freiheit ins Stolpern kam.

Da klingelte es.

Ein Velo tauchte auf.

Der in den Fenstern versammelte Leib der Gemeinschaft beugte sich vor. Was spielte sich dort unten ab?

Mit flatterndem Regenmantel kam ein junger Mann angefahren. Auf der Brust trug er das Band seiner Verbindung und schräg am Kopf eine Tellermütze. Erregung erfaßte Marie, flammte ihr in den Kopf, die Wangen, die Ohren – mein Gott, ich liebe ihn! Das ist der Mann meines Lebens! Erschrocken blieb sie stehen. Eine Bremse quietschte, Hacken knallten, und der junge Mann meldete so laut, daß es die gesamte Fassade hören konnte: Meier Maximilian, Student der Jurisprudenz!

Maximilian Meier, korrigierte sie ihn lächelnd, wir sind nicht beim Militär.

Verzeihung!

Marie Katz.

Bin ich pünktlich?

Auf die Sekunde. Würden Sie so nett sein, mir das Gepäck abzunehmen?

Er gehorchte, und sie zeigte der Fassade ihr stolzes Lächeln. Da wurden die Fenster knallend geschlossen, und eilig setzten die Reisigbesen ihr Kratzen fort.

Ob sie ihm gefiel? Wenigstens ein bißchen? Im August war sie sechzehn geworden, aber im Sommerkostüm, das sie heute früh zurückerhalten hatte, konnte sie sich gut und gern als Zwanzigjährige ausgeben, als *Garçonne* mit Art-déco-Flair. Sie trug das Topfhütchen, dessen hochgeklappte Krempe die Stirn erhöhte, und Lavendels rote Lackschühlein. Furchtbar! Die waren ihr viel zu eng geworden, jeder Schritt schmerzte, und sie hätte sich nicht gewundert, wenn etwas Blut aus den Schuhen gesickert wäre. Auch dem grün schillernden Fähnchen, worin sie sich vor Urzeiten im Speisesaal des Moderne präsentiert hatte, war sie natürlich längst entwachsen, aber zum Glück konnte sie das mit Mamans weißer, locker um die Schulter gelegten Federboa verbergen. Das Pensionat, die Kirche, die Türme entfernten sich. Sie mußte ein bißchen Konversation machen und endlich herausbringen, wer Meier in Marsch gesetzt hatte. Darf ich fragen, wer Sie informiert hat?

Ihr Herr Bruder. Er ist leider verhindert.

Hat er Sie antelephoniert?

Per Telegramm, sagte Meier. Monsignore hat an mein Ehrgefühl appelliert. Bitte, hier bin ich.

Lang, schlank und stumm schritt er aus; seine Rechte führte lässig den Lenker, und den Blick hielt er stramm auf die umliegenden, bereits verschneiten Gipfel gerichtet. Mein Kommen, brachte er schließlich über die Lippen, geht nicht so sehr auf das Telegramm zurück.

Sondern?

Auf die Photographie, sagte er, bis zu den Ohren errötend.

Ach ja, tat sie überrascht, stimmt, ich habe dem *Billet* ein Bildchen beigelegt. Und? Was halten Sie vom Original? Sind Sie jetzt enttäuscht?

Nein, sagte er, nicht enttäuscht. Und Sie?

Ich? Weiß nicht, sagte sie.

Es war die purlautere Wahrheit. Sie wußte nicht, was sie von Meier halten sollte. Eigentlich machte er einen passablen Eindruck. Kragenhemd, Krawatte, Wollweste. Das Blondhaar nach hinten gestrichen, Hornbrille mit runden Gläsern und ein sympathisches Raubtiergrinsen. Allerdings hatte er die Hosenstöße seiner langen dünnen Beine mit schrecklichen Fahrradklammern um die Waden geschmiegt, und sein Regenmantel war viel zu kurz, vor allem die Ärmel – vermutlich von einem Verbindungsbruder ausgeborgt! Woran mochte er denken? Bereute er, sie abgeholt zu haben?

Bin vierundzwanzig, sagte er schließlich. Ohne Militärdienst wäre ich längst promoviert.

Vierundzwanzig! Mein Gott, dann war er acht Jahre älter als sie, acht volle Jahre! Die Gubendorff hatte recht: Ein Methusalem war dieser Meier, mit Fahrradklammern! Sie schlang die Boa etwas enger um den Hals. Die Begeisterung flackerte ab, und seine Zähne fand sie auf einmal zu lang, zu gelblich. Lieber nicht hinschauen, sonst wurden sie noch länger. Wieder schwiegen sie. Hier draußen war es wärmer als drinnen, doch ging der Wind, Wolken zogen vorüber, und die Miss im Genueser Sommerkostüm begann zu frösteln. Fiel ihm denn gar nichts ein? Doch, jetzt setzte er zu einer Mitteilung an. Bei Verbindungsanlässen, sagte Meier, gelte ich als zündender Rhetoriker.

Ah ja, wirklich?

Er hob das Kinn, fiel in Erstarrung und ragte nun wie sein eigenes Denkmal aus dem Platz. Du lieber Himmel, das fing ja gut an! Offenbar hatte er für sein Geständnis, respektive für seine rhetorische Begabung ein Lob erwartet, und da es ausblieb, zog er die Mundwinkel steil nach unten.

Aufsteigen, befahl er. Das Köfferchen nehmen Sie auf den Schoß. Ihr Täschchen steck' ich mir in die Hose. Sehen Sie? So.

Sie zog den Rock hoch und kletterte auf den Gepäckträger.

Bereit, Fräulein Katz?

Bereit, Herr Max.

Und schon ging es in wilder Schußfahrt durch enge Kurven bergab, er lachte, sie schrie, aber glücklich, wie berauscht, den Mund voller Schneeluft und eng an seinen Rücken geschmiegt, an diesen prächtigen Meier, den sie unten im Tal gleich heiraten würde.

*

Eine namenlose Station. Nirgendwo ein Buchstabe, das Schild abgehängt, die Fahrplankästen leer. Die Birnen in den Perronlampen blau bemalt, wie erstarrte Tintentropfen. Draußen, im vernebelten Gewirr der Weichen, ein verschwommenes Signallicht. Auf einer Bank vor dem Bahnhofsgebäude schliefen Frauen, alle mit Kopftüchern, über der Stirn zu Eselsohren verknotet, und mit einem leisen Schrecken begriff Marie, daß die Mode während ihrer drei Klosterjahre radikal gewechselt hatte. Als *Garçonne* im grünschillernden Seidenfähnchen war sie hoffnungslos aus der Zeit gefallen. Die Kleider waren dicker, die Menschen dünner geworden. Auf der andern Seite des Platzes einige Maultiere, schwere Ladungen auf den Rücken, Kartoffelsäcke, Ledertaschen, Munition und schwarze Rohre. Auch das nahe Dorf war ohne Namen, ohne Tafel, und der Wegweiser an der Paßstraße bestand aus einer Stange, die sinnlos zum Himmel zeigte. Wissen Sie, was Sie beim Einschlafen denken werden?

Meier glotzte. Offenbar gehörte er nicht zu den Menschen, die sich beim Einschlafen Gedanken machen. In der Regel, meinte er nach längerem Nachdenken, bin ich sofort weg. Will man etwas erreichen, muß man schlafen können.

Ah ja, wirklich?

Das lehrt die Geschichte. Große Gestalten waren in der Regel prima Schläfer.

Heute nacht werden Sie denken, ich sei schrecklich hilflos gewesen.

Waren Sie lange im Kloster?

Drei Jahre.

Soll ziemlich hart sein, so ein Leben.

Ach, es geht schon. Mit der Zeit gewöhnt man sich daran. Und zum Schluß –

Ja?

Ich fürchte, das kann ich Ihnen nicht erklären.

Mit Köfferchen und Unterarmtasche stand sie vor dem Stationsgebäude; in den viel zu engen Lackschuhen preßte es ihre Zehen wie in einem Schraubstock zusammen, und der zündende Rhetoriker schwieg.

Ihr Zug, brachte er schließlich hervor, fährt um 11 Uhr 26.

Erst in einer Stunde, das war ja furchtbar! Sie konnte nur hoffen, daß er feinfühlig genug war, um sich möglichst bald aus dem Staub zu machen, und sagte lächelnd: Bei der Talfahrt ist mir klargeworden, was Sie für mich geleistet haben. Sehr anständig von Ihnen. Wie wärs mit einem Abschiedstrunk?

Fehlanzeige.

Blank?

Total.

Nein, so trostlos durfte es nicht enden. Geschwind zog sie das gelbe Papiertütchen hervor, das abgezählte Geld für die Heimreise, schwang es wie ein Glöcklein und sagte: Wenn ich eine Station früher aussteige, reichts für ein Bier.

Einverstanden, aber dann muß ich los, ich habe noch einen weiten Weg vor mir.

Am Garderobenständer des menschenleeren Bahnhofsbüffets hingen Zeitungen, deren Holzgriffe vom Angstschweiß geschwärzt waren; die Serviertochter wurde von einem Schäferhund begleitet und schien nichts dagegen zu haben, daß Meier sein Velo hereingenommen hatte und neben der Tür an die Wand lehnte. Wenn die Nazis einmarschieren, erklärte er, muß es ruckzuck gehen. Sämtliche Brunnen werden vergiftet, sämtliche Brücken gesprengt. Ortsschilder und Wegweiser haben wir bereits demontiert. Jaja, Fräulein Katz, wir werden uns zäh verteidigen!

Im ganzen Land gab es keinen Namen mehr, aber sie war eine Katz! Du lieber Himmel, in den drei Jahren, die sie in der Ewigkeit verbracht hatte, hatte sich nicht nur die Mode verändert: *alles* war anders geworden, kälter, dumpfer, grauer. Nirgendwo eine Schrift, nirgendwo ein Licht. Ein verstummtes Schattenland, rundum von den Achsenmächten eingeschlossen. Flüsternd bestellte sie ein Glas Bier und zwei Spiegeleier, worauf Meier zu bedenken gab, das seien drei Stationen.

Irgendwann donnerte ein Munitionstransport durch die Station, und nachdem das Brausen im Tal draußen verklungen war, sagte sie: Eigentlich seltsam, daß ich gerade mit Ihnen zusammensitze.

Er sah sie mißtrauisch an.

Sie verweigerte ein Lächeln.

Da setzte er ein Grinsen auf. Vermutlich, sagte er leise, spielen Sie auf die Tendenz der Zeitschrift an.

Ziemlich ekelhaft, sowas. *Degoûtant!* Vielleicht sollten Sie wissen, daß ich jüdische Wurzeln habe. Schockiert?

Bin kein Antisemit, sagte er verlegen. Und ich hoffe sehr, daß das zwischen den Zeilen zu lesen war. Das Denken meines Schriftführers, das können Sie mir glauben, teile ich in keiner Weise. Allerdings ist Dr. Fox der einzige, der mein Zeug veröffentlicht. Zimperlichkeiten kann ich mir in diesem Punkt nicht leisten. Brauche das Geld. Will nach oben, raus aus dem Dreck. Her mit den Eiern!, befahl er der Serviertochter, klopfte dem Schäferhund den Hals, stieß ein Lachen aus und begann gierig zu essen. Halb fasziniert, halb befremdet sah sie zu, wie er die Bissen verschlang. Wenn er den Humpen anstützte, hüpfte sein Adamsapfel. Ah, tut das gut! Darf man fragen, was er macht, der Herr Papa?

Vorsicht, flüsterte sie und deutete mit den Augen auf einen Herrn, der eben das Büffet betreten hatte und nun am Überlegen war, welchen Platz er besetzen könnte. Das sei ein Vertreter, meinte Meier grinsend, vermutlich für Saucenwürfel.

Für Saucenwürfel?

Ja. In diesem Gewerbe kenne er sich aus. Auch er, Meier, habe eine Zeitlang Türklinken geputzt, mit Herders Konversations-Lexikon, eine Mordsarbeit, das könne sie ihm glauben, entweder funke es sofort, Kontakt in zehn Sekunden, oder das Geschäft sei geplatzt. So habe er übrigens Fox kennengelernt, seinen Schriftführer. An der Tür. Beim Versuch, ihm den Herder anzudrehen.

Kontakt in zehn Sekunden?

Genau. Wieder grinste Meier und erklärte dann, auf einmal erstaunlich eloquent, die Französische Revolution habe der Menschheit zwei wichtige Errungenschaften hinterlassen, a) die Bratensauce in Würfelform, b) die Liebesheirat.

Die Liebesheirat?

Ja, die Liebesheirat. Der Bürger habe es gern kompakt, fuhr er fort, den Teller mit der Brotrinde ausreibend, deshalb ziehe er Unvereinbares zusammen, das Flüssige/das Feste, die Sauce/den Würfel, die Liebe/die Ehe. In früheren Zeiten sei das bekanntlich anders abgelaufen. Da hätte man Liebe und Ehe schön auseinandergehalten. So habe der Adel hauptsächlich aus politischen Gründen geheiratet. Um zwischen verfeindeten Geschlechtern Frieden zu stiften, um Länder zusammenzulegen, um die Macht zu sichern. Nach demselben Prinzip habe auch der Bauer gehandelt. Der habe weniger die Frau, vielmehr deren Mitgift genommen, die Alpweiden, die Äcker, das Vieh.

Und die Liebe?

Die, antwortete Meier, den letzten Bissen genüßlich zerkauend, habe man in jenen vorbürgerlichen Zeiten für den Himmel reserviert. Oder für einen Liebhaber. Kurzum, erst seit wenigen Generationen sei man der Meinung, Liebe und Ehe seien ein und dasselbe. Infolgedessen sei es brüchig, dieses Band. Er, Meier, mache sich da keine Illusionen. Und bei allem Respekt für die bürgerliche Ehe: Liebe sei etwas Abstraktes, etwas Absolutes. Wie Gott oder das Wahre Gute Schöne. Etwas Unendliches. Aber Unendlichkeit, liebes Fräulein Katz, da bin ich mit Dr. Fox einer Meinung, läßt sich hienieden nicht anwenden. Auf Erden ist der Himmel nicht zu haben.

Nur die Bratensauce in Würfelform.

Ja, sagte er, nur die Bratensauce in Würfelform.

Als der Zug einfuhr, schaffte es Meier, für sie eine Fahrkarte herauszuschlagen, mit der sie bis nach Hause kam, ins Städtchen. Sie sei Rotkreuzschwester, hatte er dem Schalterbeamten erklärt, werde noch heute zum Dienst erwartet.

Im Waggon riß Marie das Fenster auf und lehnte sich so weit als möglich hinaus. Die letzten Türen wurden zugeklappt, der Kondukteur sprang auf, ein Pfiff ertönte, eine Kelle wurde geschwenkt, und Meier, an das Fahrrad geklammert, seinen wertvollsten Besitz, mit dem er den Krieg gewinnen wollte, spurtete unter ihrem Fenster über den Perron, von Säule zu Säule, schneller und schneller. Wollte sie ihn wiedersehen? Sollte sie ihn einladen? Sie überlegte, er rannte, sie winkte, er rief, doch das Schellern wurde laut, Geratter, Gehämmer, Klirren Stampfen Donnern, der Perron sauste weg, das Fahrrad fiel hin, und schon verkroch sich die kleine Station mit dem langen blonden Jüngling, der seine Tellermütze wie eine Zielscheibe ans Herz drückte, zwischen hoch aufragenden Wänden in den hintersten, bläulichgrauen, flockenverhüllten Talwinkel, sie fuhr.

Fuhr und fuhr, und als der Zug das Tal verließ, hatte sich ihre Erregung gelegt. Max Meier, der Mitarbeiter des nazifreundlichen Dr. Fox, kam für eine Judentochter nicht in Frage.

Marie besuchte das städtische Gymnasium, und die Abende verbrachte sie wie früher am Klavier, gemeinsam mit Papa.

Sie scheute sich, den alten Herrn nach seinen Abenteuern zu fragen, und er vermied es, die Tochter auf ihre Erfahrungen im Pensionat anzusprechen. Sie konzentrierten sich auf die Musik, auf technische Anweisungen, auf Fingersätze, auf Taktwechsel. Es war ihr lieber so, seine Diskretion kam ihr entgegen, denn auch Marie zog es vor, ihre Vergangenheit für sich zu behalten.

An einem Adventsmorgen, da sie zur Rorate-Messe eilte, nickte ihr eine Passantin freundlich zu. Marie war so perplex, daß sie grußlos weiterhastete, aber schon in der Messe merkte sie, daß die Freundlichkeit der Passantin kein Zufall war. Die andern Frauen grüßten sie wie eine alte Bekannte. Ja, auf einmal nahm das Tabakspucken ab, das Gassenpflaster hinter ihren Schritten blieb sauber, und trat aus seinem Gewölbe mit prallem, blutbesprenkeltem Wanst der Metzger hervor, blickten seine Äuglein interessiert zum Himmel auf, wo immer häufiger das Brummen der alliierten Bomber zu hören war.

Eines Abends wurde sie von Papa auf die Terrasse gebeten. Der alte Herr stellte sich an die Brüstung, sie auch, und lange sahen sie stumm auf einen Nebel hinaus, der wie ein Teppich über den See wallte. Da sich das Land noch immer verdunkeln mußte, war nirgendwo ein Licht zu sehen, kein Fenster leuchtete, keine Laterne, kein Autoscheinwerfer. Kalt brach die Nacht herein, und auf einmal sagte Papa, seine Hand auf ihren Unterarm legend: Schau, auch die Sterne sind den Gesetzen der Harmonie unterworfen.

Hatte er *Harmonie* gesagt?!

Genua fiel ihr ein, wo sie mit dem Seidenschirmchen auf einem Poller gesessen und hinausgestarrt hatte auf die Meereswand, hinter der die Batavia verschwunden war. Sie erinnerte sich an Katzen, die über den leeren, mondbleichen Kai gehuscht waren, an einen Fischer, der inmitten seiner Netze erstarrt war, an einen mobilen Barbier, der unter einer Gaslaterne auf Kunden gewartet hatte, und an einen langsam davontuckernden Kutter. Nie würde sie vergessen, was sie damals empfunden hatte: Die Unendlichkeit eines Universums, worin sie ganz allein war, ohne Vater, ohne Mutter, eine tränenlose Waise. Und plötzlich glaubte sie zu verstehen, was Papa meinte. Nicht mit dem Verstand, mit der Seele erfaßte sie es. Sie spürte, daß nichts ohne Sinn war, weder damals im Hafen noch hier auf der Terrasse. Zwischen ihr und dem Schleier der Milchstraßen mußte es einen Zusammenhang geben, eine Harmonie, die alles durchdrang und alles bestimmte, ihr Leid, den Himmel, die Welt und ihr Glück. An unsichtbaren Notenlinien hingen im Dunkel die Sterne.

Das Zauberwort hatte ihre Herzen entkrampft, ihre Zungen gelöst. Sie packte seine alte, nach Tabak riechende Hand und badete sie in Tränen. Er schalt sie eine hysterische Person, doch schalt er sie lachend, und endlich wagte sie es, ihn zu fragen, ob er tatsächlich nach Afrika gefahren sei.

Lassen wir die alten Geschichten, meine Siebenschöne!

Nein, Papa. Es interessiert mich. Du hast mich in Genua verlassen!

Dummes Zeug! Ich wußte, daß die Tanten an Bord der Batavia waren – das hatten sie per Telegramm angekündigt. Ihr Orden hatte sie nach Hause befohlen, um sie während des Krieges in einem Lazarett einzusetzen. *Il faut profiter de l'occasion,* man soll die Gelegenheit nutzen...

Die Tanten hätten mich ums Haar verpaßt.

Ja, gab er grinsend zu. Aber ihr habt euch gefunden.

Seit jenem Abend gingen sie nach der Klavierstunde meist für eine Weile hinaus, in den Park oder auf die Terrasse, betrachteten die Knospen, zerrieben eine Handvoll Tannennadeln und steckten die Nasen zusammen, um deren Geruchsbouquet einzuatmen.

*

Meier! Am heiligen Sonntag! Im März 1944. Furchtbar! Mein Gott, wie furchtbar! Seit einer geschlagenen Viertelstunde stand er nun am Fenster, die Hände auf dem Rücken, sah in die Föhnhelle hinaus und verströmte die satte Sicherheit eines Korporals, der sich auf Grenzwache durch allerlei Heldentaten ausgezeichnet hat. Ach, und was kroch da unterm Tisch hervor? Luise wars. Ich hab den Wollknäuel gesucht, sagte sie, laßt euch nicht stören! Papa hatte sich ebenfalls zurückgezogen, gleich nach einer knappen Begrüßung. Föhn, hatte er gestöhnt, scheußliches Wetter, und war fluchtartig davongestapft.

Als die Uhr erneut zu rasseln begann, hielt es Marie nicht mehr aus. Sofern ich mich richtig erinnere, sagte sie schnippisch, haben Sie im Bahnhofsbüffet die Absicht geäußert, die Kriegszeit zu nutzen.

Ist geschehen.

Ah ja, wirklich?

Unteroffizier.

Immerhin.

Demnächst Leutnant.

Gratuliere.

Danke.

Schweigen.

Schreiben Sie noch?

Nicht mehr für Dr. Fox.

Ich verstehe.

Seine Haltung war nie die meine.

Tja, so ändern sich die Zeiten. Wir spüren es ebenfalls. Seit Stalingrad meldet sich der eine oder andere zurück.

Aha.

Ehemalige Kundinnen und Lieferanten. Leute, von denen wir lange nichts gehört haben. Im Städtchen werde ich neuerdings gegrüßt. Sogar der Metzger grüßt mich. Er präsidiert die Partei der Katholischen.

Wie alt?

Keine Ahnung. Um die fünfzig, denke ich. Sie stellen Fragen, Herr Korporal!

Der Wind nahm zu, erste Wellen klatschten hoch.

Und selber, Fräulein Katz? Wie ist es Ihnen in all den Monaten ergangen?

Ich besuche das städtische Gymnasium. Und jede freie Minute verbringe ich nebenan, im Atelier.

Sie malen?

Ich spiele. Mein Leben gehört dem Klavier.

Der Tonkunst, bemerkte Meier.

Ja, der Tonkunst..! Sie sprang auf, trat ebenfalls an ein Fenster, preßte die heiße Stirn gegen die Scheibe. Mußte er die ganze Zeit stehen? Das war ja nicht zum Aushalten! Sie haßte den Föhn. Er hob die Distanzen auf. Bald würden die Scheiben zittern, die Bäume ächzen, die Wellen klatschen. Bald würde einem Hören und Sehen vergehen, das Gebirge kam näher, die Dinge erwachten, das Büffet zeigte seine Löwenfüße und ließ die Gläser gegeneinanderklirren; die Türen knallten, die Fensterläden klapperten. Fern heulten Sirenen, die Glokken läuteten Sturm. Hat er denn kein Gespür für die Lage? Bleibt monatelang verschollen, schickt nur zu Neujahr eine Karte, dann schrillt plötzlich die Klingel, Kontakt in zehn Sekunden, und schon bittet ihn Luise, diese dumme Kuh, in den Salon. Man müßte sofort das Feuer löschen. Tanzt ein Funke aus dem Kamin, brennt das Dach. Typisch. Jetzt, da man die Alte gebraucht hätte, war sie weg. Wie Papa. Der war auch immer weg, wenn man ihn brauchte. Sie war allein mit diesem Mann, der sich endlich gesetzt hatte, natürlich auf das Kanapee, und wie selbstgefällig demonstrierte er die Länge seiner auf der Rückenlehne ausgebreiteten Arme, die Geduld seiner Pranken, die Spannweite seiner Person! Ein hochgerutschtes Hosenbein zeigte ein Stück Unterschenkel. Der Himmel wurde orange, das Gebirge violett, im Park schwankten die Wipfel, rauschten die Kronen, fliegende Mähnen galoppierten auf das Ufer zu, attackierten die Fassade, es gischtete und schäumte, Meier jedoch, der unangemeldete Besucher, behauptete seelenruhig seinen Platz. Ehemaliger Klinkenputzer. Mitarbeiter einer nibelungenfreundlichen Zeitschrift. Genau der richtige – für die Gubendorff. Die stand auf Offiziere, sie nicht. Der Herr war mit falschen Erwartungen gekommen. An Offiziersbällen hatte sie kein Interesse. Sie fühlte sich berufen. Sie weihte ihre Glut der Musik. Du, sagte sie, Max –

Ja, sagte er, ich dich auch.

*

Der Madonnenschleier, die fromme Frisur, die züchtige Bluse – weg damit! Innerlich hatte sie sich von diesem Kostüm längst gelöst, es war die pure Äußerlichkeit, aber auch die mußte jetzt abgestreift werden: Korporal, demnächst Leutnant, so einer war Besseres gewöhnt. Fragte sich nur, was sie statt dessen anziehen konnte. Ratlos stand sie vor dem Spiegel. Sie bräuchte dringend eine neue Garderobe. Dringend! Ob sie es wagen durfte, Papa um Geld anzubetteln? Lieber nicht. Über Meiers Besuch verlor er kein Wort, die Geschäftspartner jedoch, die ehemaligen, die sich *peu à peu* zurückmeldeten und ihn dazu bringen wollten, den Betrieb wieder aufzunehmen, waren neuerdings sein Lieblingsthema. Zum Gähnen! Stets dieselbe Leier! Das ist der Mensch, sagte Papa, das ist der Mensch...

Mensch Meier, dachte er wohl, aber ausgesprochen wurde es nie.

Am Sonntag kam er wieder. Er hatte sich schriftlich angemeldet, mit genauer Ankunftszeit, 13 Uhr 29, so konnte sie ihn am Bahnhof abholen: in Mamans Pelzmantel. Raffiniert, nicht wahr? Die altjüngferliche Bluse bekam er nicht zu sehen, und als sie am See saßen, unterband sie seine Zärtlichkeiten. Zum einen sollte er sie als anständiges, wohlerzogenes Mädchen kennenlernen, und zum andern wollte sie verhindern, daß der Herr Offiziersaspirant durch ihre Wollstrümpfe und den vorsintflutlichen Hüftgürtel degoutiert wurde. Es gelang. Er bat förmlich um Entschuldigung, setzte sich gerade, hob das Kinn und rapportierte, indem er die Arme vor der Brust verschränkte, seine Arbeit im Feld. Sie verstand kein Wort, doch fand sie es herrlich, neben diesem Mann zu sitzen und hinauszuträumen in den sanft durchsonnten Nebel. Bereits um drei ging sein Zug. Eigentlich seltsam, sagte er beim Einsteigen, du bist die erste, die mich Max nennt.

Stört es dich?

Nein. Es gefällt mir. Max Meier!

Ein Name, den man sich merken muß, rief sie zu ihm hinauf.

Ja. Wir passen gut zusammen.

Max und Marie.

Marie und Max. Warum kicherst du?

Weil ich glücklich bin.

Wie im Traum wandelte sie durch die Woche, radelte ins Gymnasium, tanzte durch den Park, und bevor sie schlafen ging, huschte sie in die Küche, um an Luises alten Wangen zu weinen. Vor Glück! Vor Entsetzen! Mein Gott, was machte sie, wenn am nächsten Sonntag der Frühling explodierte? Ihr wurde übel. Tatsächlich, schon sah sie Frauen in luftigen Kleidern, der Nebel wich, es wurde wärmer, und sie, die Tochter des Ateliers, hatte nur den abgeschabten Pelzmantel, um ihre Armut zu verbergen.

Eines Abends drang sie mit Luise in Mamans Ankleidekammer ein, und was haben sie da nicht alles aus Schränken, Kommoden und Truhen hervorgewühlt! Schatullen voller Kämme und Spangen; Kästchen mit Haarlocken; Flacons aus Kristall; Frisierjacken mit Bändeln; Unterröcke mit mehreren Volants, Mundtücher, Badetücher und hinter einigen Hutschachteln, in denen Luise gehamsterte Vorräte versteckte, das Reitkostüm aus Mamans vorkatholischen Zeiten. Sehr hübsch, gewiß, nur war es leider nicht möglich, den Offiziersaspiranten als Amazone zu empfangen, und so entschied sich Marie, von Luise klug beraten, nach diversen Anproben für ein Ensemble aus grauem Rock und marineblauem Kaschmirpullover. Als Schmuck wählte sie eine Perlenkette, wozu sie das Gesicht und den Hals crèmefarben schminkte. In diesem Aufzug, meinte der Spiegel, gleichst du einer Engländerin aus der gehobenen Mittelschicht. Ach, du Schreck! *Yes, my dear,* paßt zwar nicht zu deinem Typ, *but perfectly* zum Kriegsgeschehen.

Sonntag! Ankunft 10 Uhr 07, Meier sprang als erster aus dem Zug. Marie! Er nahm ihre Hand und küßte sie.

Halt, rief sie lachend. Ein Handkuß wird nur angedeutet. Deine Lippen dürfen meine Haut nicht berühren.

Donnerwetter! Woher weißt du das?

Aus den Romanen. Maman hat mir eine ganze Bibliothek hinterlassen, übrigens mit einer Kennzeichnung gewisser Stellen! Und nun erzählte Marie von Mamans Erstickungsanfällen, von den Briefen aus dem Sanatorium, dann kam sie auf die Nachtigall zu sprechen, die entflatterte Grandmaman, und während sie Max durch einen Hintereingang in den Park führte, deutete sie an, wer all die Pracht geschaffen habe.

Dieser Seidenkatz, sagte Max, das war noch ein Mann!

Beide verstummten, und der Korporal, als habe er den toten *Créateur* vor sich, nahm die Mütze ab. Sie traten auf die Uferwiese hinaus und standen vor dem Atelier. Der gemauerte Kamin trug ein Storchennest, das an die Dornenkrone des Gekreuzigten erinnerte, und an der Tür hing ein Schild: *Geschlossen!* Tja, mein Lieber, so verblüht die Schönheit der Welt.

Für Marie löste sich die Woche auf, nun gab es nur noch den Sonntag, den Maxtag, die Küsse, die Schwüre, ihre Gänge über Land. Stets holte sie ihn am Bahnhof ab, entweder als Britin kostümiert oder in einer jettbesetzten, hochgeschlossenen Bluse, mit Norastiefelchen und einem Hut, der ihr Gesicht verschleierte. Er schob sich die Mütze auf den Hinterkopf und hängte sich das Jackett am Fingerhaken über den Rücken. Seine Verstocktheit hatte er verloren. Sie lernte ihn als fröhlichen Plauderer kennen, aber zuhören konnte er auch, am besten, wenn sie vom Metzger berichtete, dem Präsidenten der städtischen Partei, der von seiner Frau betrogen wurde.

Ist das wahr?

Mit einem Gesellen. In der Kühlhalle. Zwischen aufgehängten Schweinehälften.

Donnerwetter, entfuhr es Max, das sind ja hochinteressante Nachrichten.

Sie lachten, sie schäkerten, und für Marie war es phantastisch, die ganze Katzengeschichte vor ihm auszubreiten. Dabei machte sie eine Entdeckung: Ihre Biographien wimmelten von gemeinsamen Motiven. Sie hatte früh ihre Mutter verloren, er den Vater. Er hatte sämtliche Examina mit Auszeichnung bestanden, sie war in den meisten Fächern die Beste. Sie wußte von Papa, wie hart es ist, den Musterkoffer über Land zu schleppen, und Meier, der sich sein Studium selber verdient hatte, war mit Herders Konversationslexikon von Tür zu Tür gezogen, von Abweisung zu Abweisung. Er interessierte sich für die Politik, sie hatte mit einem Leserbrief auf seinen Artikel reagiert. Sie träumte seit Kindertagen von einem Bahnhofsbüffet, worin die Liebe erwacht, und in einem Bahnhofsbüffet, o du schönster Mann, ist unsere Liebe erwacht – wie bei

Seidenkatz und seiner Nachtigall. Zufall? Nein, so chaotisch das Leben dahersprudeln mag, bei tieferer Betrachtung zieht es so geordnet dahin wie eine Schubert-Sonate. Sie waren füreinander bestimmt.

An einem Sonntag im Mai blieb sie plötzlich stehen, besah sich das Desaster. Die Strümpfe, die Schuhe, alles verdreckt! Sie wußte ja, daß sie stets über Land stapften, über regenweiche Wege, doch ging sie davon aus, Raum und Zeit hätten sich ihrer Erscheinung anzupassen – nicht etwa umgekehrt. Wurden die Wege matschiger, die Wasserlachen größer, die Furchen tiefer, war das für sie kein Grund, in Wanderschuhen zu einer Kleinbürgerin zu werden. *On a du style, mon cher Meier.* Etwa zwanzig Schritte zurück sah er in den Sucher seiner Kamera. Drück ab, Max, rief sie lachend, dann hast du mich – mitsamt dem Himmel!

Dann geschah etwas Schreckliches. Meiers Einheit wurde ins Gebirge verlegt, und zwar für mehrere Wochen. Den letzten gemeinsamen Nachmittag verbrachten sie im Kino, und Marie ließ es zu, daß er seine Hand auf ihr Knie legte. Als sich das Paar auf der Leinwand küßte, spürte sie einen tiefen Schmerz – wie damals, im Hafen von Genua. Du, Max –

Ja, Marie, ich dich auch.

Nach der Vorstellung schlenderten sie zum Bahnhof, wortkarger als sonst, beide bleich. Ein Leben ohne ihre Sonntage konnten sie sich nicht mehr vorstellen. Als der Kondukteur die Waggontüren zuschlug, griff Max, bereits auf dem Trittbrett, in seine Kartentasche, zog eine

Tafel Schokolade hervor, warf sie ihr zu und schrie: Marie! Marie! Ich liebe dich! Sei mir treu! Du!

Am Schluß des Zuges entfernte sich ein blutendes Herz, die Schlußlaterne, von ihren Tränen zerfranst. Wehmütig schlenderte sie durch die verdunkelten Straßen und flehte zu Gott, er möge sie die maxlose Zeit überstehen lassen. Nach Kohlsuppe rochs, wie in den Korridoren von Mariae Heimsuchung. Nur durch die gotischen Fenster der Stadtkirche schimmerte etwas Licht: das Ewige. Kaum Passanten, kaum Farben. Sommer? O nein, für sie war es Winter geworden, ihr Herz ging mit Max ins Gebirge. Verheult rettete sie sich in die Küche, zu Luise. Die ging auf ihren Schmerz nicht ein, sondern schlug ihr vor, ein Stückchen von der Schokolade zu kosten.

Glaubst du wirklich, daß er der Richtige ist?

Ja, sagte Luise, den nehmen wir!

Und gierig stopften sie die gesamte Tafel in sich hinein, pickten jeden Krümel auf und schleckten sich gegenseitig die Finger ab. Fast täglich kam nun ein Brief, oft nur ein paar Zeilen, in einer Manöverpause hingeworfen, und in lauen Nächten saß Marie am offenen Fenster und sah zu den Alpen hinüber. Liebster, sprach sie, als du im Bahnhofsbüffet gesagt hast, hienieden sei das Absolute nicht zu haben, hast du dich getäuscht. Zwischen Himmel und Erde gibt es eine Verbindung: die Musik und die Liebe. Da wird das Unendliche endlich. Du bist mein Leben und meine Ewigkeit! Steig herab, nimm mich in den Arm, küß mich in den Schlaf! Nimm mich mir und gib mich ganz zu eigen dir, Amen, Bussi, ewig Deine Marie.

Eines Nachts ging plötzlich die Tür auf, Luise wars, im Morgenmantel. Sie trat ebenfalls ans Fenster, beugte sich ein wenig hinaus und zeigte stumm nach oben, auf das dumpfe Herandröhnen eines Bombergeschwaders. Sollten wir Glück haben, flüsterte Luise, stürzt in den nächsten Nächten einer ab. Dann schweben sie am Fallschirm herunter. Reine Seide, Mariechen! Daraus könnte ich allerlei für dich schneidern.

Auch ein Hochzeitskleid?

Ja, sagte Luise träumerisch, auch ein Hochzeitskleid.

*

Schwarz wie die Nacht näherte sich eine Gewitterfront, schon klatschten erste Tropfen herab, und am Schirm von Maries Begleiter riß der Wind. Er war der beste Mathematiker ihrer Klasse und hatte sich anerboten, ihr ein bißchen Nachhilfe zu geben. Aber der Matheprimus war an Maries Problemen mit Gleichungen nur oberflächlich interessiert. Während sie in der Ulmenallee ihre Schritte beschleunigten, nannte er sie *meine Garbo,* und sie sagte schnippisch: Sag mir lieber, wie man dieses verdammte X mit einer Wurzel aus Pi...

Verschwinde! schnarrte Meier.

Der Primus war derart perplex, daß er umgehend gehorchte. Am Schirm zerrend, den der Wind umgestülpt hatte, eilte er davon.

Stille trat ein. Nicht über dem Land. Da fuhren Blitze

aus dem Dunkel, die Donner krachten, der Regen prasselte los, der Sturm fuhr in den Park, peitschte Blätter von den Ästen, ließ es rauschen und splittern, aber trotzdem war es still, so still, daß sie ihr Herz schlagen hörte.

Wer war das?

Ein Klassenkamerad. Er hat mich nach Hause begleitet. Wir wollten uns gemeinsam auf eine Prüfung vorbereiten.

Mitten in der Ulmenallee standen sie einander gegenüber: die Gymnasiastin und der frisch brevetierte Leutnant. Er trug Lederhandschuhe, die Stiefel glänzten, der Mantel war auf Taille geschnitten, sein Kinn bewegte sich zackig, und statt irgend etwas zu sagen, ließ er die Elemente für sich sprechen.

Hoffentlich hast du im Gebüsch nicht zu lange auf mich warten müssen, sagte sie.

Nein, sagte er, nicht zu lange.

Er nahm ihre Hand, deutete einen Kuß an. Gut so?

Perfekt.

Das Gewitter rauschte ab, in den Bäumen begannen die Vögel zu singen, überall tropfte und funkelte es, Sonne blitzte durch die Wipfel, und das schwarz vermoderte Laub, von Licht- und Schattenkringeln gemustert, legte sich wie ein Teppich vor ihnen aus. Als sich Marie nach einer Gardenie bückte, spürte sie, daß Max verstohlen auf ihren Hintern sah. Unser Park, sagte sie, nach seiner Hand greifend, damit er sie hochziehe, steckt voller Magie, er kann die Menschen verzaubern. Er ließ ihre Hand nicht mehr los. Die Stille wurde tief, ihr Schweigen auch. Sie wußten: Das ist unsere Verlobung, jetzt sind wir einander versprochen: bis daß der Tod uns scheidet. Weiter hinten, irgendwo in der Farnwildnis, lag das Grab des Urgroßvaters; hier, im Pavillon, hatte der alte Seidenkatz seine Schwiegertochter mit der Nachtigall verwechselt; auf dem Stein neben dem Teich hatte das Mariechen gesessen, und schon bald würde unter den tief hängenden Ästen ihr erstes Kind spielen, vielleicht ein kleiner blonder Max. Aus der Tiefe der Vergangenheit stand eine Säule hoch hinauf in die Zukunft: Max und Marie, in der Liebe vereint, versteint, versternt. Ein Stück Himmel auf Erden. Ihre Zungen ein einziges Fleisch. Würden sie auseinandergerissen, müßten sie verbluten. Papa!

Sie schrie auf.

Max fuhr zusammen.

Der alte Katz tastete mit ausgestreckter Hand nach seiner Tochter. Du, stammelte er, du!

Hastig knöpfte sie die Bluse zu, fuhr sich mit der Linken durchs Haar. Wieder schien die Sonne, aber bei jedem Windhauch pladderte rings um den Pavillon ein Regen nieder, der nur aus den Bäumen kam, ein glitzerndes Getröpfel, und schloß sie wie in einem Vogelbauer ein.

Papa wandte sich an Meier: Lieben Sie sie?

Jawoll!

Katz.

Herr Katz, korrigierte sich Meier, Verzeihung.

Papa nahm einen rostigen Gartenstuhl und setzte sich,

um die alte Ordnung der Dinge wiederherzustellen, in die Mitte des Pavillons. Er stülpte seinen Zwicker auf die Nase und fragte: Kennen Sie den großen Fadejew, Herr Leutnant?

Fadejew? Leider nicht, nein.

Im Lexikon, erklärte Papa mit einem verschmitzten Lächeln, im Lexikon fülle dieser Fadejew, Fjodor Danilowitsch, eine halbe Spalte. Geboren in St. Petersburg. Die Mutter eine berühmte Schauspielerin. Anno 18 emigriert. Der samtene Anschlag weltberühmt. Triumphe in London, Paris und Kairo. Direktor des Konservatoriums unserer Hauptstadt. Ein begnadeter Lehrer. Ein Genie! Und ein Herr der alten Schule, ebenso gebildet wie bescheiden. Nur das Todesdatum fehle noch.

Im Lexikon, entfuhr es Meier.

Ja, Herr Leutnant, im Lexikon.

Du lieber Himmel, wußte Papa, daß Meier als Vertreter gereist war? Hatte er Erkundigungen eingezogen? Sie fuhr zusammen. Das bedeutete nichts Gutes. Meiers Artikel waren in der Zeitschrift des Dr. Fox erschienen, eines landesbekannten Judenhetzers, und hatte Papa dies herausbekommen, würde es Ärger geben.

Fadejew, fuhr er nun fort, habe ihn kürzlich zu einer Audienz empfangen. In der Hauptstadt. Im Konservatorium. Seine Knie, er gebe es zu, hätten gezittert, doch hebe man nach dem Betreten der heiligen Halle den Blick, stelle man zu seiner Verblüffung fest, daß Fjodor Danilowitsch in einer viel zu engen Weste hinter einem hoffnungslos überhäuften Schreibtisch hocke und ein honigbeschmiertes Hörnchen in sein Teeglas tunke. Ein typischer Russe. Gastfreundlich, herzlich, eine Seele von Mensch. Eine laute Seele. Sofort habe er ihm, dem Bittsteller, mit dröhnender Stimme ein Glas Wodka angeboten. Erst hätten sie auf Mütterchen Rußland angestoßen, dann auf die Großen der Musik, schließlich auf das baldige Ende des Führers. Sie hätten eine halbe Karaffe Wodka weggeprostet, ein sehr gutes Wässerchen, und das habe ihm, Katz, sein Vorhaben natürlich erleichtert. Ob der Herr Leutnant ahne, worum es ihm gegangen sei? Richtig, um seine Tochter sei es ihm gegangen. Er habe den großen Fjodor Danilowitsch gebeten, deren Talent zur Kenntnis zu nehmen und huldvoll, aber auch kritisch zu erwägen, ob eine weitere Entfaltung im Bereich des Möglichen liege. Vergessen wir nicht, rief Papa, daß die Hände dieses Mannes einzigartig sind. Und was geschah? Sie werden es kaum für möglich halten, mein lieber junger Freund, sofort begann die weltberühmte Rechte des großen Fadejew ein Anmeldeformular für das offizielle Vorspielen am Konservatorium zu suchen. Ich sage: begann. Er begann also zu suchen, doch statt des Formulars zog er aus den Papierschichten seines Pultes allerlei andere Dinge hervor, etwa einen Wurstzipfel, eine vor Jahren ihm zugesandte Ansichtskarte von Leo Slezak sowie eine Partitur von Mahler, von diesem signiert. Mahler, wiederholte Papa, Gustav Mahler, und wißt ihr, meine Lieben, was das Tollste war? Nun haben wir uns so intensiv über den Auferstehungsjubel der Orgel am Schluß von Mahlers zweiter Symphonie unterhalten, daß Fjodor

Danilowitsch völlig vergaß, einen Sitzungstermin mit der Lehrerschaft seines Konservatoriums wahrzunehmen. Also ging plötzlich die Tür auf und seine Sekretärin, übrigens eine flachbrüstige, sehr resolute Person, führte die Herren herein. Lauter Beethovens! Jaja, die Herren Konservatoriumslehrer gleichen samt und sonders Beethoven. Titanenhäupter mit Löwenmähnen, im offenen Schillerkragen ein Foulard, und wenn wir Glück haben, meine Liebe, werden sie so taub sein wie ihr großes Vorbild und bei der Aufnahmeprüfung deine schlimmsten Fehler überhören.

Marie schlug ihre Hände vors Gesicht und sagte leise: O Gott.

Papa betrachtete seine Fingernägel. Dann fixierte er Meier und sagte: Wenn Sie meine Tochter wirklich lieben, treten Sie von Ihren Absichten zurück, Herr Leutnant. Fällt schwer, ich weiß. Hab es selber durchlitten. In Genua, unmittelbar vor dem Krieg. War die einzige Möglichkeit, das Mädchen auf die sichere Seite zu bringen. Ein Stich ins Herz, von eigener Hand. Aus Liebe, verstehen Sie? Aus Liebe!

Vater, wir haben uns soeben verlobt.

Ja, sagte Meier, vor vier Minuten dreißig Sekunden.

Ihr seid jung. Ihr könnt nicht wissen, daß die Liebe unter Umständen ihren eigenen Tod verlangt. So! Und jetzt marsch ins Haus! Du bist ja bis auf die Haut durchnäßt. Meine Tochter, wandte er sich wieder an Meier, darf sich nicht erkälten, unter keinen Umständen! Nicht jetzt, so kurz vor dem Ziel. Sie wird sich Fjodor Danilowitsch und den Beethovens mit Schubert präsentieren, mit Schuberts a-Moll-Sonate, Deutschverzeichnis 784. Verdammt kniffliges Ding, vor allem das Andante! Aber meine Tochter kann es schaffen. Sie hat das Zeug dazu. Eines Tages, sagte er pathetisch, füllt Marie die Konzertsäle.

Marie ... er hat Marie gesagt ... wie in Genua ... als er mich verlassen hat ...

Sie glaubte in Ohnmacht zu sinken, doch setzte sie ihr schönstes Lächeln auf, das huldvoll ironische Lächeln der Madonna von Mariae Heimsuchung, und sagte: Wir sehen uns im Atelier. Wie üblich um sechs. Sei lieb, ja? Geh schon vor!

Ich danke dir, mein Kind.

Schweigend sahen sie zu, wie der Alte zwischen den Stämmen davonschlurfte. Dann versuchte Max, wie vorhin ihre Hand zu nehmen, aber Marie entzog sie ihm. Tut mir leid, sagte sie, ich hatte von Papas Audienz bei Fadejew keine Ahnung. Und stell dir vor, ich weiß bis heute nicht, ob er damals auf der Batavia war. Sie lachte. Etwas zu schrill lachte sie. Weißt du, warum er mich nach Genua geschleppt hat? Damit mich die heimkehrenden Tanten übernehmen und ins Pensionat schaffen konnten!

Ziemlich raffiniert, der alte Herr.

Man hat ja nicht gewußt, wie sich die Lage entwickeln würde. Aber dann kam Rußland, und schon beim Einmarsch wird er geahnt haben, daß sich die Nibelungen verrennen würden. Eines Tages ließ er mir durch meinen

Bruder ausrichten, er sei wieder zu Hause. Da wußte ich, daß er mich wiedersehen wollte. Ich erinnerte mich an deinen Artikel, sandte dir das *Billet* und rechnete damit, daß mich die Gubendorff verpfeifen würde. Wie du siehst, hat es wunderbar geklappt. Deine Antwort wurde von der Mutter Oberin aus der Post gefischt. Damit hatten sie einen Grund, mich loszuwerden. Sie war nämlich eifersüchtig, die Alte, eifersüchtig auf mein gutes Verhältnis zur Gubendorff.

Max erbleichte. Was für ein Verhältnis, fragte er stammelnd.

Es war großartig, dir zu begegnen, sagte sie lächelnd. Ich werde dich nie vergessen. Aber jetzt mußt du mich entschuldigen.

War es das?

Das wars.

Der Leutnant machte eine Verbeugung, steifnackig, sehr offiziersmäßig, schwang sich die Kartentasche auf den Rücken und stürmte durch die Ulmenallee davon.

*

Im Unterricht war sie abwesend, in der Pause floh sie in Nischen. Wie stets kamen ein paar Verehrer angeflattert, doch schlug sie alle Einladungen aus, verzichtete auf Nachhilfestunden und vergeigte jede Prüfung. Kaum schrillte die Glocke, raste sie nach Hause – und gleich ins dampfende Bad! Sollte es ihr die Haut verbrühen, das nahm sie hin, das hielt sie aus, nur im Schmerz konnte sie ihren Kummer ertragen. Kummer? O nein: Erregung.

Erwartung! Sie sprang aus dem Bad, rannte zum Telephon, ließ sich mit der Kommandantur des Städtchens verbinden und verlangte nackt, tropfend, bibbernd, als Rotkreuzschwester dienen zu dürfen, Züge brachten Kinder ins Land, Flüchtlingskinder, die mußten an den Bahnhöfen entlaust, in Lagern betreut werden. Sie fühlte sich auserwählt. Was ging sie die Schule an? Nichts! Sie dachte nur noch an die Kinder, an deren Hungeraugen, an die geschorenen Köpfe, die genagelten Schuhe. Sie spürte den Drang in sich, die armen Kleinen zu füttern, zu herzen, zu küssen, zu trösten, und natürlich wußte sie, wer ihren Drang erweckt hatte: der Liebste! Leutnant Meier würde das Lager inspizieren. Sie sah sich als Rotkreuzschwester inmitten einer Kinderschar, eins auf dem Arm, sechs an der Schürze – und handkehrum gab sie ein Konzert, das die Zuhörer von den Sitzen riß, Papa in der ersten Reihe, selbstverständlich im Frack aus eigener Herstellung, das Künstlerzimmer voller Blumen und draußen eine Limousine mit Lederpolstern, Seidenvorhängen und einem Chauffeur in Livree, der die Verehrer auf Distanz hielt. Fahren Sie uns ins Grand, lieber Jacques! Marie wußte nicht mehr, was sie fühlte, was sie wollte. Alles! Und das Gegenteil! Die Prüfung bestehen, Pianistin werden, Meiers Geliebte sein, Gattin, Mutter, Frau Meier. Seine Frau Meier. Am schlimmsten war es am Klavier. Seit der Begegnung im Park war Papa nur noch selten mit ihrem Spiel zufrieden, nörgelte an jedem Takt herum, dressierte und traktierte sie: Mademoiselle, du bist nicht bei der Sache!

Mademoiselle. Sie hielt sich die Ohren zu. Seit neuestem sagte er dauernd Mademoiselle zu ihr. Hast du verstanden, Mademoiselle?

Ja, Papa.

Dann nimm das Pedal weg. Laß es atmen!

Atmen lassen.

Ja, so. Gut so. Sehr gut. Daß du nervös bist – er lächelte –, kann ich verstehen. Ich bin es auch. Wir haben ein großes Ziel, wir zwei, und wir werden es erreichen, wir greifen nach dem Stern. Einverstanden?

Einverstanden.

Ab Takt siebzehn noch mal, Mademoiselle!

Im Glück der Verliebtheit wird sie Meiers Gattin, haucht ihr Ja und empfängt den Segen des Bruders ... mein schönster Tag ... das reine Glück ... der pure Schrecken. Ja, nichts als Schrecken und Tod! Der Bomberpilot, dem sie das Brautkleid verdankt, liegt verkohlt am Fuß einer Parktanne, und Papa, der alles gegeben hat, um sie für die Aufnahmeprüfung fit zu machen, liegt aufgebahrt im Entree. Er ist über ihren Verrat nicht hinweggekommen. Meiers Frau will sie werden, nicht Pianistin! Das hat dem Alten das Herz gebrochen. Was tust du mir an, hat er gestammelt, und dann ist er hingesunken mit weit offenen Augen... Mariechen, sagt Luise, es ist wohl das beste, du gehst ins Wasser. Genau! Das war die Lösung. Sie hat ihr Leben verspielt. Weder die Matura würde sie bestehen noch die Aufnahmeprüfung am Konservatorium – ihr steht ein anderes Examen bevor. Doch will sie nicht scheiden, ohne der Gubendorff Adieu zu sagen. Es war acht Uhr abends, das Pensionat befand sich vor der Komplet, und natürlich dauerte es ewig, bis der Hörer abgehoben wurde. Die Gubendorff! Eine Familienangelegenheit! Fix!

Wieder hatte sie lange zu warten. Dann watschelten Sandalen heran. Ich bins, die Katz. Kannst du sprechen?

Bist du verlobt?

So gut wie.

Du Glückliche!

Geht so.

Geht so?

Papa hat ihn aus dem Park gejagt.

Meier wird dich entführen.

Ja, könnte sein.

Werdet ihr heiraten?

Natürlich. Ihr seid alle eingeladen.

Du, ich freue mich, schluchzte die Gubendorff, o wie ich mich freue! Du bist so glücklich, so schön, und ich – ich bin die häßlichste, fetteste, unglücklichste Person auf der ganzen Welt.

Mein Täubchen, auch deine Zeit wird kommen.

Bist du sicher?

Aber ja. Und glaub mir, wir versprechen uns von der Liebe viel zuviel. In Wahrheit bringt sie nichts als Probleme.

Wie süß!

Ich gehe ins Wasser.

Ins Wasser?

Dummes Ding! Ich kann mich nicht *ent-schei-den!* Wenn ich Klavier spiele, denke ich an Max. Und will ich ihm schreiben, erstarren die Finger.

Ruf ihn an!

Kapierst du nicht?! Erstarrte Finger! Mit erstarrten Fingern raßle ich durch! Dann wäre die ganze Plackerei umsonst gewesen. Stell dir vor, sagte Marie kichernd, die Hand um die schwarze Sprechmuschel gelegt, wenn ich an ihn denke –

Ja?

Elektrizität, mein Täubchen! Dieser Mann ist die pure Elektrizität! Ich werde ihn brieflich bitten müssen, mich in Ruhe zu lassen.

Bist du verrückt?

Es ist mir unmöglich, auf das Klavierspielen zu verzichten.

Dann spiel!

Und Max? Was mache ich mit der Elektrizität?! Mir bleibt nur das Wasser.

Du bist so stark, liebste Katz. Du bist mir so weit voraus!

Früher oder später schafft es jede.

Ich nicht. Ich bin einfach zu dick.

Bald wirst du so unglücklich sein wie ich.

Bestimmt?

Bestimmt.

Du, ich danke dir.

Ich küsse dich.

Adieu! – und von Stolz durchglüht, schwebte Marie

in ihr Zimmer, wo sie sich rücklings aufs Bett fallen ließ. Die Gubendorff wird es allen erzählen, alle werden sie beneiden, alle werden eingeladen, und wenn sie mit Meier den Hochzeitswalzer tanzt, jam tamm-tamm! jam tamm-tamm!, wird die ganze Gesellschaft in Jubel ausbrechen, Luise wird überglücklich in den Unterteil ihrer Schürze heulen, und der strahlende Papa, selbstverständlich im Frack, wird mit glühender Zigarre das Orchester dirigieren, das er dem Brautpaar zu Ehren engagiert hat.

*

Ein Geschlechtsakt! In der gekachelten Kühlhalle! Die Frau kniet auf allen vieren, wie eine rollige Katze; ihre Augen sind leer, blind vor Lust, und der Jüngling, der sie von hinten nimmt, reißt seinen Kopf so tief in den Nacken, daß über seiner Brust nur der Halsturm zu sehen ist, sehnig bis zum Kinn. Aufgehakte Schweine hängen mit den Schnauzen nach unten und bilden quer durch den Raum einen rauchenden Vorhang, hinter dem sich die Liebenden verstecken. Dennoch müßte die Metzgerin, die hingekniete, bemerken, daß sie und ihr Jüngling in Gefahr schweben, in Lebensgefahr, denn rechts, im Vordergrund, in eine Nische gedrückt, lauert ein Riese, in der Faust eine blitzende Axt: der Metzger! Marie schluckte. Dann trat sie wie eine Kennerin von der Staffelei zurück und sagte: Sehr beeindruckend, wirklich.

Sind Sie nicht die Tochter vom Juden da draußen?

Ja, sagte sie, Marie Katz.

Was verschafft mir die Ehre?

Gestern abend habe ich Papa erzählt, wie bei uns am Gymnasium über dieses Bild geredet wird.

Zigarette?

Ich rauche nicht, danke. Da hat mir Papa erklärt, was Kunst ist. Oder doch, ja, geben Sie mir eine!

Der Maler fachte ein Streichholz an. Ihre erste?

Sie schüttelte den Kopf, du lieber Himmel, die erste hatte sie hinter der Milchglasscheibe des Moderne geraucht, gemeinsam mit dem Steward, aber das ging den Maler nichts an. Sie blies den Rauch zur Decke. Gar nicht übel. Hustenanfall. Ich spiele. Erneuter Hustenanfall: Klavier. Demnächst habe ich einen Termin beim großen Fadejew.

Dann sind wir ja Kollegen.

Papa gehört auch dazu. Er ist mein Lehrer. Wenn ich danebenhaue, pfeift er mir die Ohren voll. Für die Kunst, meint der alte Herr, muß man alles geben. Das Letzte. Sich selbst. Seine Liebe.

Der Maler nickte. Ob Percy sein richtiger Name war? Wohl kaum. Dieser Mann hatte sich selber getauft, und nun war er dabei, unter seinem Künstlernamen dem Metzger den Krieg zu erklären. Er trug einen bekleckten, allerdings elegant auf Taille geschnittenen Drillichanzug und mochte etwas älter sein als Max. Nachdem er sie vom Kopf bis zu den Füßen gemustert hatte, zog er hinter einer Matratze einen Block hervor, in einer Nierenschale fanden sich einige Ölkreiden, irgendwo gab es eine Flasche Fusel sowie eine henkellose Tasse, die nach

Terpentin roch, aber den Schluck hatte sie nötig – Percy saß nun in einem abgewetzten Ledersessel, hatte eine Zigarette im Mundwinkel und zeichnete ihr Porträt. Wie bitte? *Was* verlangt er? Den Kragen soll ich öffnen?!

Nur die obersten drei Knöpfe, sagte Percy sanft.

Ihr wurde übel. Wild strudelte alles durcheinander. Der skizzierende Maler, die Töpfe, die Staffelei, die Kühlhalle, die Metzgerin, der Jüngling. Er nimmt sie *a tergo,* dachte Marie (den Ausdruck kannte sie von der Gubendorff), und die Frau scheint in ihrer Wollust zu übersehen, wer ihnen mit blutbesudelter Schürze gefolgt ist, in der violetten Faust das Beil. Die nächsten Schlucke tranken sie aus der Flasche, Percy legte eine Platte auf, und Marie scheute sich nicht, mit offenen Haaren und hoch erhobenen Armen wie Serafina zu tanzen. Dann legte sie sich auf eine Matratze und dachte sich allerlei Posen aus, um dem Maler das gewünschte Sujet zu bieten, eine junge Pianistin, deren linke Hand lasziv die Rundung der Hüfte betont. Irgendwann setzte Musik ein, ein unzüchtiges Saxophongejaule, passend zur Schwüle im ungelüfteten Atelier. Sie rauchte eine weitere Zigarette und kippte sich den letzten Rest Fusel in die Kehle. Scheußlich! Wunderbar! Einmal klopfte es – eine Patrouille kontrollierte die Verdunkelung. Die Soldaten grinsten, legten die Hand an die Mütze, verschwanden in der Nacht. Je länger ihr Porträtist zeichnete, schraffierte, gummierte, desto wohler wurde ihr, und schön wars, wunderwunderschön, auf einer fliegenden Matratze über Stadtburgen aus farbverklumpten Töpfen dahinzugleiten.

Lange nach Mitternacht lehnte Percy eine Skizze gegen das Kühlhallengemälde auf der Staffelei. Na, fragte er, was halten Sie von sich?

Sie kam aus dem Staunen nicht heraus. Was für ein Lächeln! Es war neu... ein bißchen unverschämt... aber ziemlich aufregend: Marie Katz, die Künstlerin!

*

Im Atelier wurde plötzlich wieder gearbeitet: Papa komponierte ihr Kostüm für den großen Auftritt am Konservatorium. Konzentriert saß er am Reißbrett, dann übertrug er das Muster in die Stoffe, schnitt die Teile aus und nähte sie provisorisch zusammen. Als er damit zufrieden war, wurde Luise in den Keller geschickt, und wieder, wie vor der Abreise in die Emigration, drang aus der Tiefe das Surren der Singermaschine. Am Vorabend ihrer Fahrt in die Hauptstadt zog die Prüfungskandidatin die neue Garderobe zum ersten Mal an. Dem Entreespiegel schien sie zu gefallen: Zu schwarzen Schuhen trug sie schwarze Strümpfe, zum schwarzen Rock eine weiße Bluse, doch der Clou war das schwarze Béret, das sie seitlich in die Locken legte. *Très chic,* befand der Spiegel, in diesem Aufzug hast du das Air einer interpopulären Klaviervirtuosin!

Vorhang auf zur Generalprobe!

Auch Papa war zufrieden mit ihr, wie der Spiegel, das heißt: Papa war zufrieden mit sich selbst – ihr Kostüm war ihm hervorragend gelungen. Sie hatte das Atelier betreten, als wäre es die heilige Halle des Konservatoriums, deutete jetzt einen Knicks an und wollte sich vorstellen: Marie Katz, mit Schuberts Sonate in a-Moll...

Erschrocken blickte sie auf ihre linke Hand. Der Ringfinger! Er will nicht! Er spreizt sich! Mein Gott, wie peinlich! Genervt gab sie dem Weltkrieg die Schuld, dann dem Kalziummangel, der *weiblichen Erniedrigung* und zuletzt einer Fliege, die zwischen dem Lehnsessel und dem Klavier unablässig hin- und herschoß. Morgen, sagte sie, komme alles wieder in Ordnung, verpatzte Generalprobe, gelungene Premiere, aber mit Floskeln ließ sich Papa nicht abspeisen. Spiel, befahl er.

Spielen.

Leg los!

Loslegen.

Sei locker!

Da! Ein Schmerz! Schon schwoll der Finger an, wurde dick und dicker, ein Klumpen, ein Prügel, ein Pfahl, und der Pfahl hatte Kraft, er wuchs, er gedieh, und gedieh derart prächtig, daß er innerhalb von Sekunden größer wurde als der gesamte Rest ihres Körpers. Sie sagte kühl: Vermutlich handelt es sich um eine Entzündung der Sehnenscheide. Ich sollte die Hand in ein Kamillenbad legen. Aber offen gestanden, lieber Papa, glaube ich nicht, daß es einen Sinn hat, morgen in die Hauptstadt zu fahren. Das Vorspielen bei Fadejew und seinen Beethovens fällt aus.

Fällt aus, wiederholte Papa.

Tja, was soll man machen, nicht?

Quer durch den Raum kam er auf sie zu, wie ein brüllender Löwe. Glaubst du, es hat mir Spaß gemacht, dich in Genua zu verlassen?! Deinetwegen bin ich nach Afrika gefahren. Um dich nicht zu gefährden. Damit sich dein Talent entwickeln kann! *Aus Liebe!*

Ha, rief sie, ha! Das glaubst du doch selber nicht, du alter Schwindler!

Hast du Schwindler gesagt?!

Du hast dich niemals eingeschifft.

Er schnappte nach Luft.

Du warst nie in Afrika, nicht einen einzigen Tag.

Nicht in Afrika?! Er sah sie fassungslos an. Was fällt dir ein! In der Sahara war ich Wasserball-Coach.

Wie bitte? *Wasserball-Coach?! In der Sahara?!?*

Bei einem britischen Infanterie-Regiment, versetzte Papa zugleich stolz und beleidigt. Archie Burns, dessen Kommandeur, habe ihn in die Küche stecken wollen. Da habe er dem alten Knaben vorgeschlagen, er solle ihn seine Jungs trainieren lassen. Verdammt schwieriger Job. Rommel habe sie dauernd gestört.

So so. Rommel...

Aber gegen sämtliche Widerstände habe er, der Coach, das Training durchgezogen. Übrigens erfolgreich. Er habe mit seinen Jungs die Korps-Meisterschaft geholt.

Ist das wahr?!

So wahr ich Katz heiße. Sogar Monty hat sich lobend über mein Coaching geäußert.

Wer?!

Der mit dem Stab unterm Arm. Stets im Laufschritt. Montgomery. Aber paß auf, es kommt noch verrückter! Einem alten Regimentsbrauch folgend, haben mich meine Boys nach dem Pokalsieg ins Wasser geworfen – hipp hipp hurra! Nicht ganz ungefährlich. Wäre ums Haar ertrunken.

Das könnte stimmen, sagte Luise. Sie stand mit verschränkten Armen in der Tür und schien den Streit amüsiert zu verfolgen. Weil er ein Jud ist, fügte sie hinzu. Die lernen niemals schwimmen. Die fürchten alleweil, so ein Wasser könnte versegnet sein und heimlich als Taufe wirken. Mensch Mariechen, jetzt reiß dich zusammen und spiel das Zeug halt herunter!

Sie gehorchte. Es war schrecklich. Vorn am Fenster biß der Coach voller Verzweiflung in einen Pantoffel, und mitten im Andante hielt er einen Pfiff so lange aus, bis er mit hervorquellenden Stirnadern im Sessel hing, japsend und keuchend. Aufhören, winselte er, aufhören, es hat keinen Sinn...

Am andern Tag fuhr sie mit dem Zug in die Hauptstadt, wo sie von Meier am Perron erwartet wurde. Sie begrüßten sich formell. Ich bringe dich in deine Pension, sagte Max.

Reizend von dir.

Wann steigt die Prüfung?

Morgen früh.

Das ist ein weiter Begriff.

Um acht, präzisierte sie.

Wie wärs mit einem Bier?

Zum Abschied?

Ja.

Gut.

Sie gingen in die Pension.

Sie tranken das Bier.

Wie hast du erfahren, wann ich ankomme?

Luise hat mir ein Telegramm geschickt.

Ah, so.

Ja.

Adieu, Max.

Adieu, Marie.

War es das?

*

Im letzten Frühling, als sie miteinander über die Wiesen spaziert waren, hatten sie in ihren Lebensläufen allerlei Parallelen entdeckt, untergründige Verbindungen, Überschneidungen, Gleichheiten. Nun befanden sie sich in einem Pensionszimmer der Hauptstadt, es ging auf Mitternacht zu, morgen früh fand die Aufnahmeprüfung statt, und da sie voneinander nicht loskamen, benannten sie ihre Gegensätze. Max war blond, sie schwarz. Sie war eine Tochter aus gutem Haus, er ein Sohn aus einfachen Verhältnissen. Er kam aus den Bergen, sie aus der Ebene. Er gestand ihr, in den Zügen stets in Fahrtrichtung zu sitzen, den Blick auf das Kommende gerichtet, also in die Zukunft, und bei ihr, entgegnete sie, sei es gerade umgekehrt, sie fände es angenehmer, wenn die Landschaft in die Vergangenheit entgleite. Im Zug müßten wir uns nie um die Plätze streiten, meinte Max. Ja, antwortete sie, wir könnten gut miteinander reisen. Er lehnte an der Tür, sie saß auf dem Bett. Sie lächelte, er nicht. Er sagte: Ich sollte jetzt gehen, und sie sagte: Geh nicht!

Hast du im Kissen die Furche bemerkt, fragte er. Beim Bettenmachen wird das gebauschte Kissen mit der Handkante geteilt.

Wie ein aufgeschlagenes Buch!

Die Furche, erklärte Max, symbolisiere den weiblichen Schoß. Man sehe dieses Zeichen überall, auch auf den meisten Brotformen, und er frage sich, wie sich das furchenlose Toastbrot, das der Siegeszug der Alliierten weltweit popularisiere, auf die Fruchtbarkeit auswirke.

Max, rief sie, was du alles weißt! Dreh dich jetzt um, ich möchte mich ausziehen.

Gehorsam drehte er sich zur Tür.

Ein Wort zu meinem Kostüm hättest du schon sagen können, bemerkte sie tadelnd. Lauter schwarze und weiße Teile, passend zu den Klaviertasten.

Der Rock dürfte etwas länger sein.

Komm her, setz dich auf mein Bett!

Ja, sagte Meier, noch drei Minuten.

Er blickte auf die Uhr, sie legte ihren Kopf in die Furche. Sie liebte Erzählungen und Romane, er neigte zu Analysen und Interpretationen. Sie kam immer ein wenig zu spät, er war die Pünktlichkeit in Person. Auf den Wirt dieser Pension sei kein Verlaß, meinte Max, morgen früh werde er Punkt sechs an die Tür klopfen.

Das tust du für mich?

Ja. Zur Prüfung darfst du nicht zu spät kommen.

Die Pension wurde hauptsächlich von Vertretern frequentiert. Das Treppenhaus war düster, und auf den Etagen, wo die Stiefel vor den Türen standen, lastete der Schweiß- und Staubdunst der Landstraßenläuferei. Nun saß Max auf dem Bettrand, und immer öfter fielen Marie die Augen zu. Aber sie redeten und redeten und kamen voneinander nicht los. Ihre Gegensätze, merkten sie, verbanden sie stärker als ihre Gemeinsamkeiten. Während Max sich geschworen hatte, nie mehr in einer schäbigen, nach Fenchel, Schweiß und Armut riechenden Absteige zu übernachten, war die Pension für Marie eine schöne Erinnerung an das Hotel Moderne in Genua – der gleiche Leuchtertisch, die gleiche Porzellanschüssel, im Krug das gleiche, nach Chlor riechende Wasser. Als sie ihm die Brille aus dem Gesicht zog, sagte sie: Du, Max, es war schön, dich ein letztes Mal zu sehen.

Er erhob sich, allerdings ohne Brille. Du wirst es schaffen, Marie. Du wirst die Aufnahmeprüfung bestehen. Ich denke, für deinen alten Herrn ist das ziemlich wichtig – im Unterschied zu den meisten von uns hat er einen schwierigen Krieg hinter sich.

Als Wasserball-Coach.

Max starrte sie ungläubig an.

In der Sahara. Bei einem britischen Infanterie-Regiment. Archie Burns, sein Kommandeur, hat ihm einen Orden angesteckt.

An die Badehose? Na ja, bei den Briten ist alles möglich. Vergiß nicht, Luise von mir zu grüßen. Und sollten euch im Verlauf des Winters die Kartoffeln ausgehen, laßt es mich wissen.

Danke, Max.

Marie –

Ja?

Er schwieg.

Komm, sag es mir!

Er schüttelte den Kopf.

Getraust du dich nicht?

Er nickte.

Max, unsere Geschichte ist vorbei. Du kannst offen reden. Es hat keine Bedeutung mehr.

Stimmt, meinte er nachdenklich.

Fußpilz oder sowas?

Er starrte sie an, dann stellte er sich an den Fuß der Bettstatt, legte die Hände um die Messingstange, reckte sein Kinn und sagte: Marie, dein Vater gibt dich nicht frei. Das habe ich zu akzeptieren. Ich akzeptiere es. Wir haben uns voneinander verabschiedet. Es hat keine Bedeutung mehr. Und trotzdem ... sollst du wissen ... möchte ich dir sagen...

Sag es!

Ich schaffs nicht.

Du bist Offizier, Max.

Im Feld stehe ich meinen Mann. Habe die besten Qualifikationen. Demnächst Oberleutnant.

Führen, befehlen, das ist dir angeboren.

Du sagst es, Marie, du sagst es!

Also! Sei mutig!

Es könnte dich erschrecken.

Wirklich? Das klingt ja furchtbar. Habe ich mich

falsch benommen? Sag schon, was dich stört! Ist es die Judentochter, die dich stört?

Wieder schüttelte er den Kopf, straffte sich und sagte pathetisch: Marie, du bist großartig. Vorhin, in der Gaststube, habe ich gestaunt, wie du das machst – locker und selbstverständlich, ja fast ein wenig nonchalant. Du vergibst dir nichts. Du bist dir deiner Würde, deiner Stellung jederzeit bewußt. Spitzenklasse, wie du diesen Pharmazievertreter, der uns Sulfonamidtabletten andrehen wollte, vom Tisch gelächelt hast.

Gegen Gonokokken... hast du etwa...?

Ich? Gonokokken?! Um Himmelswillen, nein, rief er in seiner Rednerpose gegen das vielstimmige Vertretergeschnarche an, das von allen Seiten durch die Wände drang. Marie, wir haben voneinander Abschied genommen, das ist richtig. Aber der Abschied zeigt uns, daß wir zusammengehören. Daß wir füreinander geschaffen sind. Wie du mit dem Gastwirt umgegangen bist: Das war schlicht und einfach perfekt! Du hast dem Kerl auf das kautabakvergeiferte Wams geblickt und ihm dabei erklärt, ich würde dich auf das Zimmer begleiten, um die Verdunkelung zu inspizieren.

Sag bloß, das war *meine* Idee?

Die Verdunkelung? Natürlich war das deine Idee.

Gut, nicht?

Sehr gut. Schon hat der Kerl seinen Bückling gemacht. Ja, Marie, wir haben vieles, was uns eint, vieles, was sich ergänzt. Aber das Entscheidende habe ich dir noch nicht gestanden...

Heraus damit!

Du bist die geborene *First Lady.*

Was bin ich?!

Die Frau für einen Mann, der nach oben will.

Du willst nach oben.

Ja, Liebste. Ganz nach oben. In die Regierung.

Hoppela, entfuhr es ihr, und wie soll das gehen?

Mit deiner Hilfe. In Stilfragen bin ich auf dich angewiesen. Du spürst, wie man sich auf dem gesellschaftlichen Parkett zu bewegen hat. Wir werden die richtigen Leute einladen und darauf hinarbeiten, von den wichtigen beachtet zu werden. Meier, soll es heißen, ist ein Name, den man sich merken muß. Der hat das gewisse Etwas. Und vor allem: Er hat die richtige Frau.

Wie muß ich das verstehen?

Als Liebeserklärung, sagte er, um dann mit gedämpfter Stimme anzufügen, die Partei sei aus der jüngsten Vergangenheit nicht ganz unbefleckt hervorgegangen. Mancher, wie zum Beispiel der Dr. Fox, habe sich dazu hinreißen lassen, mit den falschen Wölfen zu heulen. Diese Scharte gelte es auszumerzen. Demnächst breche eine neue Zeit an, die Jugend habe den Stab zu übernehmen, und einer wie er, Meier, der eine weiße Weste vorzuweisen habe sowie eine hübsche junge Frau...

Mit schwarzen Haaren, warf sie dazwischen.

... der sei dazu aufgerufen, Typen wie diesen Metzger, der sie und das Städtchen schikaniert habe, mit einem gezielten Wurf von der Vorstandsbühne zu kegeln. Wenn der Krieg zu Ende sei, sehe er sich nach einem Job um, eventuell in einer Anwaltskanzlei, aber dies nur nebenher, sein Tätigkeitsfeld werde die Politik sein, die Eroberung der Gremien, der Kampf um Einfluß, Ansehen und Macht. Kurzum, liebe Marie, sobald wir verheiratet sind, miste ich den Laden aus.

Wir heiraten?!

Kuß!

Ist das wahr?

Kuß!

Dann stürze ich den Metzger! Kuß! Den gesamten Vorstand! Küsse auf ihre Brüste, die Lippen, die Stirn, ins Haar, in den Schoß, und da er währenddessen nicht aufhörte, die Höhenlinie seiner Karriere zu beschwören, den Durchmarsch zum Gipfel, an die Spitze, in die Regierung, kam es ihr vor, als wäre Meier in seiner Rednerpose auf ihren Leib gekippt, in eine gierige Umarmung. Du, Marie –

Ja, stöhnte sie, ich dich auch, ich dich auch!

Sein Bekenntnis und eine leise Scham, die er in seinen ungelenken Zärtlichkeiten eher entblößte als verbarg, gaben ihm etwas Bubenhaftes, und kurios, seine stürmische Hilflosigkeit erregte sie. Er mußte schon einiges erlebt haben, Rotkreuzschwestern und Serviertöchter im Dutzend, aber keine hatte eine Spur hinterlassen, über die hatte er hinweggeliebt, stets die Künftige im Blick, die eine, die einzige: eine wie sie. Ich bin die, die er gesucht hat. Ich bin die Liebe seines Lebens. Er traut mir zu, daß ich ihn nach oben führe, ganz nach oben. Nimm mich mir und gib mich ganz zu eigen dir. Mach mich zu dem, was ich bin: eine Frau. Deine Frau. Bis daß der Tod uns scheidet. Sie umschlang ihn mit Armen und Beinen, brutal drang er in sie ein, sie hatte ihn dazu gezwungen, sie wollte, daß er sie nahm und zerschnitt und zerriß. Sie schrie, biß in seinen Arm, sank ins Dunkel, in einen bodenlosen Abgrund, und als sie die Augen wieder aufschlug, sah sie Meier entsetzt auf ihr Blut starren. Marie, stammelte er, um Gotteswillen!

Warm floß es über ihre Schenkel, und Max, auf einmal verzagt, legte seine Hand schützend auf ihren Schoß. Es tut mir leid, stammelte er, du Liebste, du Ärmste, du Schönste, es tut mir leid... Er betrachtete seine Hand, als wäre sie verletzt, und sie betrachtete sein Glied, als wäre es verletzt. Ist das der Stern? Hat er eingeschlagen mit loderndem Schweif? Jetzt brennen wir, Max, wir brennen, und sie stemmte, um von seiner Leidenschaft in die Matratze gedrückt zu werden, ihre Hände gegen seine Brust, sein Schnaufen, sein Gestammel. Diese Nasenlöcher! diese Zähne! diese Pranken! du Raubtier! Raubtier? Da lachte Max und flüsterte: Marie, du hast mich nie gefragt, wie mein Vulgo lautet, mein Studentenname.

Sag es mir!

Kater.

Ich bin eine Katz, mein Kater.

Sie fauchte, er schnaubte, mein Kater, mein Kätzchen, mein Liebster, meine Liebste, komm, pack meine Hüften, komm, zeig deine Krallen, Kuß Kuß Kuß, komm komm komm, und er kam, stöhnte auf, wälzte sich weg, drehte ihr den Rücken zu, und noch lange danach, als er bereits schlief, rollte ihre Lust wie eine Brandung gegen die Steilküste seines Rückens an, einen gischtbesprühten Felsen, von dem sie mit spitzer Zunge salzige Tropfen leckte, um dann erschöpft, schlaff, selig in sich selbst zurückzufallen. Liebes Leben, betete sie, er weiß, wer ich bin: eine künftige First Lady. Wir werden heiraten. Und schau, liebes Leben, ich bin geheilt! Keine Schwellung mehr. Schon morgen kann er mir den Ehering ans Fingerchen stecken. Sie übernahm den Rhythmus des Meeres, wurde schwer und wurde träge und überließ sich dann ganz und gar jenem Sog, der sie in die Tiefe holte, in den Schlaf, in den Traum. Gemeinsam erwachend würden sie gemeinsam weiterträumen. Bald hatte sie ihren achtzehnten Geburtstag. Den würden sie großartig feiern: als offizielle Verlobung. Gute Nacht, mein Kater!

*

Im Korridor vor dem Prüfungsraum roch es schwach nach Toiletten. Die Luft war dickflüssig, klebrig, schwül, und obgleich auf der langen Wartebank lauter Nervenbündel fortwährend mit den Füßen wippten, mit den Fingern knackten, die Nasen schneuzten und Grimassen schnitten, war Marie so müde, daß ihr das Kinn auf die Brust fiel. Sie schreckte hoch. Eine Hand hatte sie wachgerüttelt. He, Sie, Fräuleinchen, wollen Sie vorspielen oder weiterschlafen?

Tatsächlich, alle glichen Beethoven! Sie saßen zu fünft hinter einem Tisch, im offenen Schillerkragen steckte ein Foulard, und um die Häupter wallte majestätisch die Löwenmähne des Musiktitanen. Der bärtige Fadejew stand am Fenster, seinen Kneifer putzend, und eine flachbrüstige Person, vermutlich die Sekretärin, war eben dabei, ihm ein Butterbrot zu schmieren. Hoppela, beinah hätte sich Marie neben den Schemel gesetzt. Mit dem Handrücken deckte sie ein wohliges Gähnen. Jetzt sollte sie ihren Namen nennen, den Komponisten, das Stück, doch mußte sie froh sein, wenn sie ihren Vortrag schaffte, ohne mitten im Andante einzuschlafen. Fern tutete die Sirene der Batavia; sie hörte Esel schreien, Hufe klappern, Händler feilschen; sie sah Fische in träger Verzweiflung die Mäuler bewegen, und das Gremium der Krüppel stellte ihr Fragen, die sie nicht beantworten konnte. Nachdem sie den Schluß geklimpert hatte, hockten die Beethovens wie versteinerte Löwen hinter dem Tisch; ihre Bleistifte machten keine Notiz; Fadejew biß krachend in einen Apfel. Bitte, sie hat es kommen sehen. Sie ist schlicht und einfach zu müde gewesen, um sich halbwegs anständig durch ihre Sonate zu schummeln. Lächelnd stopfte sie die Noten in die Mappe, machte einen Knicks, wollte ab. Hoppela, da ist ja noch einer! Wird später dazugekommen sein, während ihres Vortrags. Kein Beethoven, eher das Gegenteil eines solchen, geschorene Haare, Stahlrandbrille, kragenloses Hemd. Moment mal, zischte er, wer ist Ihr Lehrer?

Der Vater, sagte sie. Aber der kann nichts dafür, wirklich nicht.

Da gab der Geschorene die Tür frei, sie schlüpfte hinaus und bekam gerade noch mit, wie die Beethovens, die

Löwenhäupter in den Nacken legend, der Vater! zur Decke brüllten, der Vater!

Der arme Vater. Sie ließ sich durch die Hauptstadt treiben, ging ziellos durch die Gassen, saß verheult im Bahnhofsbüffet, glücklich und verzweifelt, verliebt und verstört, zum Sterben müde und hellwach, hungrig wie noch nie, doch außerstande, einen Bissen hinunterzubringen, voller Scham, weil sie in der Pension das Laken verblutet hatte, und schrecklich stolz, eine Frau zu sein, Meiers Frau, die geborene First Lady. Sie nahm den letzten Zug, irrte durch das Städtchen und hoffte inständig, sich unbemerkt in das schlafende Haus einschleichen zu können. Aber bevor sie aus der Ulmenallee trat, flog klirrend die Tür auf, Licht stürzte heraus und entfaltete über den Stufen den Schatten des Vaters. Der Ringfinger meldete sich, ihr Arm wurde schwer, weshalb sie ihn so behutsam aus dem Jackettärmel zog, als wäre er ein Ast, der brechen könnte. Endlich wird es uns Katzen gelingen, in diesem Boden Wurzeln zu schlagen, dachte sie. Künftig wird sie zusammen mit Meier ein Baum sein und Früchte tragen und alle Vögel einladen, bei ihr zu wohnen, zu nisten, zu brüten. Nimm es nicht so tragisch, sagte sie lächelnd, Max und ich werden heiraten.

Der Alte hatte die Arme ausgebreitet und lachte über das ganze Gesicht. Stell dir vor, stammelte er, Fjodor Danilowitsch höchstpersönlich hat mich antelephoniert. So hätten sie ihren Schubert noch nie gehört, hat er gesagt. Mit technischen Mängeln, versteht sich, vor allem in der linken Hand. Aber das Spiel! haben sie gemeint. Was für ein Fluß, was für ein Fluidum, was für eine schöne, heitere Traurigkeit!

Ah ja, wirklich?

Mein Augenstern, du hast bestanden! Sie nehmen dich auf! Du bist Studentin am Konservatorium der Hauptstadt!

Sie blickte kurz in die Küche, begrüßte Luise, eilte nach oben.

Bestanden? Ach was, durchgerasselt war sie. In der oberen Etage trat sie ans Geländer. Er stand noch immer unter der Tür, mit ausgebreiteten Armen. Papa, rief sie in die Halle hinab, du brauchst dir keine Sorgen zu machen. Ich bin glücklich. Und mit der Hochzeit warten wir, bis der dumme Krieg vorüber ist.

Marie Katz/Marie Meier

Nach der Matura heiratete Marie Katz Max Meier und nahm das Studium auf, das zum ehrenvollsten aller Diplome führen würde: zum Klavier- und Konzertdiplom. Sie lernte rasch und gut, und die ersten beiden Semester flirrten wie ein Traum an ihr vorbei. Studentin am Konservatorium der Hauptstadt, war das nicht *chic?* Todchic. Herrlich. Wundervoll. Gewiß, hart ist der Weg zu den Sternen, und wer hoch hinaus will, den reißt es in Stücke. Aber das nahm sie in Kauf, das machte ihr nichts aus, und als man ihr zu Beginn des dritten Semesters ankündigte, sie werde dem strengsten Dozenten zugeteilt, fiel sie keineswegs in Ohnmacht. Dieser Strengste war der geschorene Schädel mit Stahlrandbrille, der sich am Schluß der Aufnahmeprüfung nach ihrem Lehrer erkundigt hatte. Er litt an einer schwerfälligen Verdauung, reduzierte seine Nahrung auf dünne Suppen und ließ alles, was nicht in sein Weltbild paßte, üppige Mahlzeiten, bourgeoise Sitten, vornehme Kleider, gnadenlos durchfallen. Das Klavier hielt er für ein bürgerliches Relikt, und lebende Komponisten, die an den klassischen Harmonien festhielten, für Verbrecher. Das Bürgertum, rief er, sei derart kaputt, korrupt, verrottet, daß ihm nur Dissonanzen gerecht würden. Gern dozierte er über die kompromißlose Moderne und noch lieber über den Weltgeist. Der Weltgeist, legte er dar, arbeite sich unablässig voran, und zwar in einem Prozeß, der den Gesetzen der Dialektik unterworfen sei, das heißt: Über Thesen und Antithesen, die er zugleich setze und aufhebe, arbeite sich der unermüdliche Weltgeist Stufe für Stufe empor, bis er schließlich die alles umfassende Synthese erreicht habe, und glauben Sie mir: In der Sowjetunion des Genossen Stalin ist diese höchste, sämtliche Widersprüche versöhnende Conclusio bereits erreicht. Die Bolschewiken haben den Triumph der Geschichte vorweggenommen. Da ist gelungen, was gelingen kann. Da ist vereint, was getrennt war, und so klingt eine Harmonie, die aus dem bürgerlichen Klavier verlogen tönt, aus den Kehlen der glücklichen Sowjetmenschen echt und wahr. Haben Sie das verstanden?

Ja, sagte Marie, das ist der Saucenwürfel.

Der Dozent zog die Stahlrandbrille ab, rieb mit Daumen und Zeigefinger die Augen. Wie darf ich das verstehen?

Im Saucenwürfel kommen zwei einander fremde Elemente zusammen, das Flüssige und das Feste.

Tja, sagte er, wenn Sie das so sehen... aber sagen Sie mal, wo kommen Sie eigentlich her? Was ist Ihr Hintergrund?

Mein Vater war Konfektionär, heute ist er Privatier, und ich bekenne offen, daß mein Dasein von bourgeoisen Kategorien bestimmt wird.

Alle Achtung! Selbsterkenntnis ist die Voraussetzung jeder Veränderung. Das imponiert mir. Darf ich Ihnen diese Broschüre mitgeben? Sie werden darin einige Gedanken finden, die Ihnen weiterhelfen.

Riesenchöre mit harmonisch singenden Matrosen, Traktoristen und Kolchosebäuerinnen waren Marie ziemlich schnuppe, die dialektische Methode jedoch, dieses klare, in Schnitten und Schritten tätige Denken, faszinierte sie. Auch der strenge Dozent gefiel ihr. Eisler nannte sie ihn. So hieß er nicht, natürlich nicht, dieser Name war einem zeitgenössischen Komponisten entlehnt, paßte jedoch hervorragend zur Weltanschauung des Dozenten und zu seinen eisblauen Pupillen. Bald war Marie seine beste Schülerin und begann, durch Eislers Stahlrandbrille ihr eigenes Leben neu zu sehen, genauer: analytisch zu durchdringen.

Ich spiele eine Doppelrolle, lautete das Ergebnis. Zu

Hause bin ich Meiers Ehefrau, im Konservatorium Eislers Studentin. Jede war gewissermaßen die Antithese zur andern, aber im Unterschied zum Weltgeist, der eine Position nie lange innehält, waren die beiden Marien mit der Rollenverteilung völlig einverstanden – es drängte keine, ihre Stufe zu verlassen. Marie Meier lebte für die Liebe, Marie Katz für die Kunst, und da von einer Marie zur anderen die Eisenbahn verkehrte, konnte die Studentin unterwegs in die Ehefrau wechseln und mit einem fröhlichen: Hallo, Darling, da bin ich wieder! aus dem Zug steigen.

Im Juni 1945 hatten sie geheiratet, sie im weißen Seidenkleid, einen Strauß roter Rosen im Arm, und Meier, soeben zum Oberleutnant befördert, in einer neuen, tipptopp sitzenden Uniform. Ihr Bruder, der Priester, hatte ihnen das Sakrament der Ehe gespendet, und daß das Fest nur mäßig gelungen war, begann sie bereits zu vergessen. Schwamm drüber! Max war gleich nach der Hochzeit ins Katzenhaus eingezogen. Kurz danach hatte er in einer Anwaltskanzlei eine Anstellung ergattert, doch galt sein ganzes Streben, Denken, Tun der Politik. Er wollte in der Partei des Städtchens möglichst rasch avancieren, saß Abend für Abend auf Versammlungen, drängte sich an Stammtische und fühlte sich stark genug, dem Metzger, einem altgedienten Parteimann, das Präsidium wegzuschnappen. Dies sei, meinte er, nur eine Frage seiner Zähigkeit, und an der zweifelte niemand, er selbst schon gar nicht. Ja, zuversichtlich war Max, heiter und verliebt, und drei Mal in der Woche, jeweils am Montag, am Mittwoch und am Freitag, stürmte er aus den stumpenverrauchten Hinterzimmern zum Bahnhof, um seine Frau abzuholen, seine Virtuosin, wie er sagte. Es war herrlich! Mit jeder Ankunft wuchs ihre Lust auf die Umarmung, Hand in Hand eilten sie nach Hause, und kaum waren sie im Zimmer, zog sich von der Türschwelle bis zum Bett eine Spur der Begierde, seine Hose, ihre Bluse, sein Hemd, ihre Nylons, seine Socken, ihr Hüftgürtel, mein Liebster, meine Liebste, Kuß Kuß Kuß, komm komm komm, ja ja ja!

In der Hauptstadt jedoch, wo sie vom strengen Eisler getriezt wurde, hatte die Katz das Sagen, und der machte es Spaß, nach der Stunde durch die Existentialistenkeller zu ziehen, über Schostakowitsch und Sartre zu diskutieren, dünne Suppen zu löffeln, scharfe Schnäpse zu kippen und mit eleganter Geste französische Zigaretten zu rauchen. Um die Grundlagen für den Sozialismus zu schaffen, meinte Eisler eines Abends, haben wir zuallererst den Bourgeois in uns selbst zu überwinden. Sei nicht so spießig, Katz, du kannst bei mir auf dem Sofa übernachten!

Zugegeben, die Katz wäre nicht ungern geblieben, aber die Meier drängte es nach Hause, und bevor sie den Keller verließ, konnte sie gerade noch hören, wie der Dozent Eisler zu den um ihn versammelten Avantgardisten bemerkte, dieses Mädchen sei zwar mit sämtlichen Beschränkungen ihrer Klasse geschlagen, ihre Begabung jedoch sei eklatant, die werde sich durchsetzen.

Glücklich stieg die Begabte in den Zug, wechselte sich

unterwegs mit der Liebenden aus und hüpfte mit Max ins Ehebett. Am Sonntag begleitete sie ihn in die Messe und verzichtete, um seine künftigen Wähler nicht zu erschrecken, auf jede Extravaganz. Sie machte ihr Madonnengesicht, trug die Marquisette und einen Wintermantel, den er auf der Tombola eines Parteifestes gewonnen hatte. Das machte ihr nichts aus, für Max wäre sie sogar in Lumpen gegangen, aber schon am nächsten Morgen zog sie schwarze Hosen an, schlang einen roten Shawl um den Hals, legte sich das Béret in die Locken und erschien als Pariser Existentialistin im Konservatorium.

*

Nur etwas störte sie an Eisler: daß er sie regelmäßig dazu verurteilte, während der Unterrichtsstunde sein Lederherz zu betrachten, einen braunen, abgeschabten Fladen, den ihm ein billiger Schneider, wohl ein Parteigenosse, auf den Hosenboden seiner Knickerbocker geflickt hatte. Der Dozent Eisler liebte es, sich ins offene Fenster zu stellen und andächtig der schrillen Symphonie zu lauschen, die, von den verschiedensten Instrumenten und Stimmen hervorgebracht, den Innenhof des Konservatoriums erfüllte. Dann saß die Schülerin bibbernd vor Kälte am Klavier, sah auf das Lederherz oder zum Obergenossen Stalin empor, der mit seiner Schnurrbartbürste die Wand dominierte, und hoffte inständig, daß Eisler trotz seiner Glut, die offenbar nach Abkühlung verlangte, irgendwann von der Kakophonie genug haben, das Fenster schließen und mit dem Unterricht fortfahren würde. Endlich setzte er sich neben sie, zog die Brille ab und fragte: Was halten Sie davon, Ihre Ansätze zu vertiefen? Heute abend werde ich bei den Avantgardisten über Strawinskys Rückständigkeit sprechen.

Schrecklich nett von Ihnen, Herr Dozent. Leider muß ich nach Hause. Mein Vater erwartet mich.

Sie spielte das Fis-Dur-Präludium von Bach.

Nach wenigen Takten brach sie ab.

Und begann von vorn.

Brach ab und begann, brach ab und begann, begann und brach ab. Dieselbe Stelle noch mal, Herr Dozent?

Aber ohne Gefühl, verdammt noch mal! Hier geht es um Hirnarbeit und Fingerakrobatik. Das Butterweiche überlassen wir dem Steinway, kapiert?

Bitte, das konnte er haben, und obgleich es ihn störte, daß ihr Perfektionswille den Lernprozeß verlangsamte, bestand sie darauf, jede Passage so lange zu spielen, bis sie sie beherrschte. Nicht aus bourgeoiser Pingeligkeit, wie Eisler glaubte. Sie liebte es, die Zeit in der Wiederholung ein wenig anzuhalten.

Es bleibt dabei, fragte er, Sie geben mir einen Korb?

Für ein Gläschen, sagte sie, die Wimpern senkend, hätte ich vielleicht noch Zeit.

Auf den Fluren stimmten Streicher und Bläser ihre Instrumente, Soprane und Bässe sangen sich ein, jetzt schrillte eine Glocke, Schritte hallten, Türen knallten, die Pause war vorbei, und das schiefklingende Konzert, allerdings leiser, in kleine, dumpfe Kammern abgepackt, setzte sich fort.

Die Luft ist rein, flüsterte Eisler, ab in die Spelunke, Genossin!

*

Gewiß, die Katz hatte dem Dozenten Eisler und sämtlichen Avantgardisten verschwiegen, daß es seit dem Beginn ihres Studiums noch eine andere gab, nämlich die Meier, und den Ehering, der ihre Heirat verraten hätte, pflegte sie auf halber Strecke in die Tasche zu stecken (auf der Hinfahrt – bei der Heimkehr schlüpfte sie dann mit dem Finger in den Ring, mit der Seele in die Ehefrau zurück). Aber wenn sie der Kneipenrunde mitteilte, zu Hause werde sie von einem kränkelnden Vater erwartet, so entsprach dies durchaus der Wahrheit. Papa litt an einem bösen Katarrh und alterte rasch. Meier gegenüber verhielt er sich reserviert, und die Stücke, die sie in Eislers Auftrag zu üben hatte, fand er gräßlich. Vermutlich empfand sich Papa immer noch als ihr Alleinbesitzer, und es fiel ihm schwer, unendlich schwer, sie mit Eisler und Meier zu teilen. Papa nahm die neue Situation gelassen hin, *comme philosphe.* Er murrte nicht und knurrte nicht. Er achtete darauf, friedlich an ihnen vorbeizuleben, aber dies hatte leider zur Folge, daß er im eigenen Haus wiederum so fremd wurde wie als junger Ehemann. Damals hatte er sich von Frau und Sohn zurückgezogen, nun wich er dem jungen Paar aus, schlief ganz oben, unterm Dach, und tauchte er in den unteren Gefilden auf, beschränkte er sich auf das Rauchzimmer oder den alten Lehnsessel am Seefenster des Ateliers. Seine Rosenstöcke hatte er längst mit Stroh umbüschelt, die letzten Astern waren verblüht, und schleppte er seine Golftasche, worin das Gartenwerkzeug steckte, vom Atelier in den Park hinüber, hatte Marie nicht den Hauch einer Ahnung, was er drüben anstellte. Manchmal schlich sie ihm nach, sah hinter Büsche, strich dem Schilf entlang, suchte die Wipfel ab, ihn selber jedoch fand sie nie, nur die bläuliche Havannawolke, in der er sich aufgelöst hatte wie ein Zauberer im Märchenwald. Gab sie die Suche schließlich auf, stellte sich heraus, daß er bereits im Atelier saß und ungeduldig auf sie wartete. Ah, hier bist du!

Wo denn sonst, brummte er, fang an!

Er hatte sich vorgenommen, auf kritische Anmerkungen zu verzichten, und tatsächlich, einen Pfiff hörte sie nicht mehr. Oft nickte er ein, und bevor sie das Atelier verließ, legte sie das Plaid über seine Beine, zog ihm die Zigarre aus den Fingern, drückte sie im Aschenbecher aus, schlich auf Zehenspitzen davon.

*

Es war ein Freitag im Dezember. Wie neuerdings üblich war sie erst mit dem letzten Zug zurückgekehrt. Als sie das Entree betrat, brannte im Salon noch Licht. Er stand am Fenster, die Rechte in der Hosentasche. Da bist du ja endlich, sagte er.

Max hatte getrunken, das merkte sie sofort. Auf dem Glastisch stand eine Flasche Fernet; der Aschenbecher war überfüllt, die Luft verqualmt. Ich habe im Konservatorium angerufen. Deine Stunde hat um drei geendet.

Danach sitzen wir noch zusammen, das weißt du doch. Kennst du Gide? Ein hochinteressanter Autor.

Ihr habt über Gide diskutiert...

Sie sank müde auf das Kanapee, zog sich das Béret aus dem Haar und fragte: Haben sie dich wieder geärgert, Liebling?

Das wird diesen Idioten noch leid tun, sagte Max.

Früher oder später wirst du den Laden ausmisten, daran zweifle ich nicht. Aber sowas braucht Zeit. In einer bürgerlichen Partei geht's demokratisch zu, und das heißt ja wohl, daß die Besten keine Chance haben. Demokratie ist die Diktatur der Mittelmäßigkeit.

Wie bitte?

Nietzsche. Komm, laß uns jetzt schlafen. Du bist müde und für den Fernet viel zu jung. Hast du ihn gesehen?

Max lachte rauh. Dein Vater, Marie, ist ein Gespenst, das nie erscheint, nicht einmal um Mitternacht. Es ist zum Haarölsaufen! In diesem verdammten, verlotterten Katzenhaus ersticke ich. Du übrigens auch. Hier werden wir zu Lemuren. Hier gehen wir ein.

Wie dramatisch!

Ich hätte dich niemals heiraten sollen, sagte er bitter. Ist dir je zu Ohren gekommen, was sie im Städtchen sagen?

Ach, sie reden über mich?

Daß du es faustdick hinter den Ohren hast!

Klingt nicht sehr nett.

Treibst du dich immer noch bei diesem Maler herum?

Darling, was fragst du mich Dinge, die du weißt! Ich bin Percys Modell.

Bist du noch bei Trost?!

Ich denke schon. Percy ist ein begnadeter Künstler. Vergiß nicht, daß ich auf diesem Gemälde ewig jung sein werde: eine Frau mit Spitzensonnenschirmchen am Föhnsee. Lebensgroß. In Öl. Gerahmt. Noch Fragen, Darling?

Meier schlug die Hände vors Gesicht.

Ich habe es dir nie verheimlicht, Max.

Aber du hast mir nicht gesagt, daß es *alle* wissen! Glaubst du denn, als Gatte eines Modells hätte ich die geringste Chance, auch nur zum *Stimmenzähler* gewählt zu werden?! Wir vertreten christliche Werte, meine Liebe!

Besonders der Metzger, euer Präsident. Er ist im Krieg reich und fett geworden. Allerdings würde es einen gewissen Mut voraussetzen, um gegen die Machenschaften dieses Kleinkapitalisten und seiner Clique vorzugehen.

Was willst du damit sagen?

Daß ich dir diesen Mut nicht zutraue. Möglicherweise hältst du mich für snobistisch, Darling: Ich verachte Feiglinge.

Er grinste, und sein Charme, den sie stets gemocht hatte, kam ihr plötzlich sahnig vor.

Woher nimmst du eigentlich das Recht, auf mich herabzusehen?

Ach, tu ich das? Es war nicht meine Absicht, verzeih. Ich habe einen anstrengenden Tag hinter mir.

Das kann ich mir vorstellen.

Um so besser. Dann brauchen wir nicht lange zu diskutieren. Wir trennen uns, ich nehme mir in der Hauptstadt eine Mansarde, und du legst dir ein Weibchen zu, das deinen Parteifreunden genehm ist. Eine Blonde mit Titten. Eine wie die Gubendorff. So! Sie stand auf. Und jetzt muß ich mein Make-up entfernen, mich eincremen und mein Judenhaar unter ein Netzchen stecken. Vor der Tür blieb sie stehen und sagte mit zuckersüßer Stimme: Die zwingenden Forderungen der Dialektik haben dich längst widerlegt. Die Geschichte geht in eine andere Richtung. Du hast es nur noch nicht gemerkt. Gute Nacht, mein Freund!

Er kam auf sie zu. Aber *du,* sagte er, *du* hast es gemerkt.

Weil ich mich an die richtigen Leute halte.

Die würde ich gern mal kennenlernen.

Leute wie Gide, Schönberg oder Schostakowitsch.

Ach, ganz große Geister!

Die gehen dem Weltgeist als Speerspitzen voran.

Gemeinsam mit dir und dem Genossen Eisler.

Uns sehe ich eher im zweiten Glied.

Wie bescheiden!

Hauptsache, man gehört nicht zu den Spießern.

Er war weiß vor Zorn. Ob er sie schlagen würde? Sie sagte: Nimm zum Beispiel Picasso. Den kennst du doch, oder nicht? In der Kunst und im Leben muß man modern sein, kompromißlos modern.

Er lachte höhnisch.

Max! Um Gotteswillen!

Er packte ihr Handgelenk.

Sie wich zurück.

Er schleifte sie zum Kanapee.

Sie schlug ihm das Täschchen an den Kopf. Laß das! zischte sie.

Er drückte sie ins Lederpolster, und während Max den Gürtel aufschnallte, stieg aus dem knarrenden Kanapee und aus der Tiefe der Vergangenheit, dem finsteren Kellergewölbe, ein Aroma auf, das ihren Schrecken in Erregung verwandelte. Sie stieß die Schuhe von den Füßen, fühlte seinen Atem heißer werden, rauher, rascher, und plötzlich erschien oben an der Decke in einer weißen Lampenkugel ein grauer Flecken, vermutlich ein Fliegengrab. Nicht so laut, flüsterte sie kichernd, Papa ist noch wach, er könnte uns hören..!

Dann soll er, grinste Max, soll dein Vater uns hören...

*

Marie schwante Schlimmes. Anders als geplant, war Meier in der Partei keinen Zentimeter vorangekommen, denn der Metzger, der das Sagen hatte, konnte den jungen Oberleutnant, in dem er nicht nur einen Konkurrenten, sondern die Zukunft witterte, nicht ausstehen. Was immer Meier machte, der Metzger ließ ihn auflaufen, schlau wehrte sich die alte Zeit gegen die neue, und leider sah es ganz danach aus, als würde die *Junge Frau mit Spitzensonnenschirmchen am Föhnsee* den Ambitionen des Gatten den Rest geben. Natürlich hatte Percy eine Einladung zu seiner Vernissage geschickt, und natürlich mußten sie hin, da gab es keine Diskussion. Von einer älteren Kommilitonin hatte sich Marie einen Garbo-Hut ausgeborgt, ein weißes Modell mit breitem, schlaffem Rand, wozu sie Mamans Pelzmantel trug, und da es sich um einen öffentlichen Anlaß handelte, präsentierte sich Meier in seiner Galauniform, mit Offiziersmütze, Ledermantel und umgeschnalltem Dolch. Auf ins Gefecht!

Als sie in der bereits überfüllten Galerie erschienen, kam der Parteipräsident, vom gesamten Vorstand eskortiert, auf sie zu: Guten Abend, Herr Oberleutnant, fistelte er, wenn ich mich nicht täusche, ist das Ihre Frau Gemahlin.

Aber der Metzger meinte ihr Bild, die weiße Schönheit vor einer violetten Föhnlandschaft, und indem sich der massige Leib betont langsam der Wand zuwandte, ließ er seine Eskorte ebenfalls eine Schwenkung vornehmen und an ihr selbst, der echten Marie, hochnäsig vorbeiparadieren. Im Gebiet der bildenden Künste, wisperte der Metzger, sei er leider ein Banause. Da wisse er nicht so recht, was er von den Dingen, zum Beispiel diesem Dekolleté, zu halten habe. Insofern komme ihm der Herr Oberleutnant gerade recht. Als Gemahl eines Modells, das sich offenbar nicht scheue, seine Reize zur Schau zu stellen, könne er, Meier, bestimmt erklären, weshalb man es hier – und samt Gefolge stampfte der Metzgerpräsident auf die Kühlhalle zu, sich selbst entgegen – mit Kunst zu tun habe!

Schlagartig war es still geworden.

Danke für Ihr Vertrauen, Herr Präsident. Ich will es versuchen.

In der Galerie gab es keine Stühle, nur weiße Würfel. Auf den einzigen, der nicht mit Gläsern verstellt war, sprang Meier hinauf, stützte die Hände in die Hüften, hob das Kinn und wartete, bis alles zu ihm hochsah. Mein Gott, dachte Marie, ist ihm bewußt, was auf dem Spiel steht?

Lieber Percy, begann Meier, sehr verehrter Herr Präsident, hochwürdiger Herr Stadtpfarrer, werte Vorstandsmitglieder, meine Damen und Herren. Draußen in der Welt ist die Not noch immer groß, das Leid gewaltig. Durch Ruinenstädte wehen eisige Winde, und jene, die das Inferno überlebt haben, hausen in Höhlen und Kellern, sie frieren und zittern, hungern und darben...

Im Publikum Gemurmel. Worauf wollte der Redner hinaus?

Künstler, sagte er plötzlich, Künstler wie Gide, Schönberg oder Picasso haben das begriffen. Sie wissen, daß wir einer Zeit, die aus den Fugen ist, mit traditionellen Mitteln nicht mehr beikommen. Sie sind die Speerspitzen des Fortschritts, und glauben Sie mir: Nur hier, an vorderster Front, ereignet sich die Wahrheit der schöpferischen Gestaltung.

Du lieber Himmel, er benutzte ihre Worte!

In der Kunst, bekannte Meier, bin auch ich (Blick zu ihr) kompromißlos modern. Und stolz, sehr stolz auf meine Gattin, die selbstlos versucht hat, unseren Freund Percy in seinen Bemühungen zu fördern. Er ist auf dem richtigen Pfad. Seine Begabung ist sichtbar, die Hand geschickt, und wie ich Ihnen gleich nachweisen werde, teilt er uns auf raffinierte Weise mit, daß auch er, Percy, bereit ist, sich kompromißlos in den Dienst der Moderne zu stellen.

Bravo, rief die Galeristin.

Eben dies, fuhr Meier eindringlich fort, sei das Großartige dieser Ausstellung. Percys Bilder seien zugleich Nachwehen und Vorstufen. Präziser gesagt: In all diesen Gemälden appelliere der Künstler an sich selbst, die erreichte Fertigkeit hinter sich zu lassen und vorzustoßen zu einer neuen Wahrheit. Deshalb halte die gelungenste von Percys Figuren eine Axt in der Hand. Da weise das Bild über seinen Inhalt hinaus. Da zeige Percy seinen Speer, den Speer des Fortschritts, nämlich das Bekenntnis zu einer Kunst, die die traditionellen Sichtweisen zertrümmere – und damit die Trümmerwelt ins Bild hole. Die Starre war von Meier abgefallen, seine Stimme wechselte geschmeidig die Lagen, und es schien ihm leichtzufallen, zugleich über die Köpfe hinwegzublicken und allen nach dem Mund zu reden, nicht zuletzt seiner eigenen Frau. Er gab dem Publikum das Gefühl, dasselbe zu sein wie er, Gide, Picasso oder Schostakowitsch, und natürlich läßt sich der Provinzler nicht ungern bestätigen, daß er ein kompromißlos moderner Zeitgenosse ist. Indem sie lächelnd zu ihm hochblickte, gestand sich Marie ein, daß sie Meier unterschätzt hatte. Ein Kater ist das liebenswürdigste Raubtier der Welt. Guter Schlaf geht ihm über alles, und es scheint ihn nicht zu stören, für furchtsam, gar für feige gehalten zu werden, denn ein Kater hat Geduld, ein Kater kann warten, und sagt ihm seine Klugheit, nun sei es an der Zeit, das Revier zu erobern, macht er sich auf zielsicheren Pfoten an die Arbeit.

Percy schien zu ahnen, was die Stunde schlug. Diese Vernissage galt nicht ihm, sondern Meier. Percy, sagte der, und es klang sehr von oben herab, dokumentiere mit dieser Ausstellung eine wichtige Station seiner Entwicklung. Gemeinsam mit ihnen allen nehme er Abschied von seiner gegenständlichen Phase. Die Axt sei da. Aber nun müsse er sie *packen,* Meier machte es ihm vor. Nun müsse er *zuschlagen.* Und dann, werter Herr Parteipräsident, liebe Freunde, wird auch dem Picasso unserer schönen Stadt der Durchbruch gelingen. Dann wird auch er, der auf diesen Bildern noch mit dem Gegenstand zu ringen hat, vorstoßen zu jener Wahrheit, die absolut ist und über der Trümmerwelt aufgehen möge wie eine reine, heilende Sonne.

Ein Gymnasialprofessor applaudierte.

Werter Herr Präsident, jawohl, das ist Kunst. Allerdings handelt es sich um die Kunst von gestern, und ich finde, Sie können stolz sein, daß Ihre schlagkräftige Gestalt die Axt hält, die ins Morgen führt, in die Moderne. Unser Freund hat das Zeug dazu. Er wird als abstrakter Maler Furore machen, und wir alle, meine lieben Freunde, werden unseren Enkeln dereinst sagen können: Wir waren dabei, als er gestartet ist. So! Meier grinste. Und jetzt macht die Tür auf! Etwas frische Luft wird uns guttun.

Der Stadtpfarrer gratulierte als erster: … *vorstoßen zu jener Wahrheit, die absolut ist,* Herr Oberleutnant, das war großartig!

Die Galeristin, die eben noch Bravo gerufen hatte, setzte sich von Percy ab und erklärte jedem, Meier habe ihr aus der Seele gesprochen, nur die kompromißlose Moderne treffe den Geist der Zeit. Die Vorstandsmitglieder der Partei waren sich einig, daß das abstrakte Zeug zwar scheußlich sei, aber wenigstens keinen Ärger verursache, und die *Crème de la crème* des Städtchens registrierte schadenfroh, daß der flotte Oberleutnant nicht nur den Metzger, sondern auch den Maler heruntergeputzt hatte. Für Percy war es eine Katastrophe, und so leid es Marie tat, auch sie mußte die Konsequenzen ziehen und ihr Versprechen, Papa um den Kauf der *Jungen Frau am Föhnsee* zu bitten, in aller Form zurücknehmen. Percy zeigte sich fabelhaft verständnisvoll. Wer kauft schon die Kunst von gestern, bemerkte er müde, setzte sein Wagner-Barett auf und verschwand mit wehendem Seidenmantel in die Nacht hinaus. Hoffentlich geht er nicht ins Wasser, sagte Marie zur Galeristin.

Percy? Ach was, mischte sich eine gewisse Müller, die Gattin des Bankdirektors, ins Gespräch ein, Percy hat einen anständigen Beruf – den kann er jederzeit wieder ausüben.

Anschließend zog die Gesellschaft durch das Städtchen, von einem Lokal zum nächsten. Aus den Laternen flitterten die Flocken, und die Gassen sahen aus, als wären sie mit Kreide bestrichen. Der erste Schnee machte alles rein, und wie in einem Adventskalender leuchtete da und dort ein Fenster. Die Wirte, die zu dieser Stunde nicht mehr ganz nüchtern waren, hießen Marie Meier lauthals willkommen, gerade so, als wäre sie am Arm des Herrn Oberleutnant aus der Fremde zugezogen: Ei wei, was für ein eleganter Hut! Wie eine Filmschauspielerin. Bittschön, nehmen Sie Platz. Vielleicht ein Glas Punsch? Natürlich auf Kosten des Hauses!

*

Auch am Konservatorium stand alles zum besten; beim öffentlichen Weihnachtskonzert brillierte sie mit Beethovens Mondscheinsonate, und trotz einiger Flüchtigkeiten waren Direktor Fadejew, Dozent Eisler und der angereiste Papa von ihrem Vortrag begeistert.

Die Heirat hatte ihr Studium nicht behindert, eher beflügelt. Die könnte es schaffen, ließ der Lehrkörper am Ende ihres dritten Semesters durchblicken. Aber anders als Max, der schlechte Zeichen (noch immer kein Rücktritt des Metzgers!) ignorierte, befürchtete Marie, ihr Glück müsse einen Haken haben. Tatsächlich, Ende Januar wurde ihr durch die Sekretärin ausgerichtet, der Herr Direktor wünsche sie dringend zu sprechen. Dringend ... warum dringend? Das könnte Ärger bedeuten, meinte Eisler besorgt.

Bevor sie anklopfen konnte, ertönte von drinnen der Russenbaß: Fadejews Gehör war derart absolut, daß er das Herzklopfen einer bestellten Studentin durch die Tür zu hören vermochte. *Entrez, Mademoiselle!*

Im Chaos dieses Büros, davon waren auch die Avantgardisten überzeugt, residierte einer der Großen, eine historische Persönlichkeit, ein lebendes Monumentum. Aber: Es schmatzte. Es schmatzte, schlürfte, kaute, kleckerte, und nichts schien dem Monumentum wichtiger zu sein als ein dick mit Ei- und Gurkenscheiben belegtes Wurstbrot, das es mit beiden Händen in den Mund stopfte. Dann putzte es an der Weste seine weltberühmten Finger ab, tastete nach einer Zigarette, fand unter den Notenbergen eine angebissene Zwiebel, und während die Vorgeladene immer noch erwartete, wegen mangelnden Talents oder zu häufigen Kneipenbesuchen vom Konservatorium gewiesen zu werden, hatten sie gemütlich miteinander zu plaudern begonnen. Fadejew fragte sie nach Papa, erkundigte sich nach ihren Fortschritten, wollte von ihr hören, wie sie das Pendeln bewältige, und beide waren sich einig, Turgenjew sei ein wundervoller Dichter. Die Vorgeladene fühlte sich wohl und geborgen, der Flügel roch nach Nußbaum und Zimt, und was eben noch Angst gewesen war, hatte sich in Bewunderung verwandelt. Was für ein Mann, was für ein Mensch!

Wo sind Sie mit Ihren Gedanken, meine Liebe?

Bei Ihnen, Fjodor Danilowitsch...

Ich habe Sie gefragt, wie Sie sich mit Ihrem Hauptlehrer vertragen. Was halten Sie von ihm?

Einiges, Fjodor Danilowitsch, einiges!

Hat er Ihnen vom Weltgeist erzählt?

Ja, sagte sie, der verhält sich dialektisch.

Mag sein, brummte Fadejew. Das entzieht sich meiner

Beurteilung. Allerdings habe ich den begründeten Verdacht, unser Freund könnte sich demnächst entschließen, dem Weltgeist hinterherzuhecheln.

Ah ja, wirklich? Und wohin, wenn ich fragen darf?

Zu Mütterchen Rußland. In meine geplagte Heimat. Ich bin vor dieser Revolution geflohen, Marie. Ich habe erlebt, wie die Leute dahinsiechten, wie ausgemergelte Pferde auf der Straße umkippten und die Hungernden mit Messern über sie herfielen. Fadejew verspeiste den Rest der Zwiebel und sagte: Mein verehrter Herr Kollege mag ein guter Lehrer sein. Er nimmt die Musik sehr ernst, das schätze ich an ihm. Aber im Politischen ist er ein Wirrkopf. Er fühlt sich berufen, zu Ehren von Stalin sowjetische Riesenchöre zu dirigieren, und da Sie sehr jung sind, erlaube ich mir, Ihnen den Rat zu geben, auf keinen Fall mitzureisen. Auch wenn er Sie bitten sollte, bleiben Sie hier! Es würde mir außerordentlich leid tun, eine unserer begabtesten Studentinnen zu verlieren.

Träumte sie? Nein, sie befand sich in Fadejews Büro, sprang auf, stürzte zum Pult, nahm die begnadete, stark nach Zwiebel riechende Hand mit dem weltberühmten Samtanschlag und küßte sie heftig. Es war nicht ganz *comme-il-faut,* aber sie konnte nicht anders, sie mußte ihre Lippen auf seinen Handrücken pressen. Danke, hauchte sie, danke..!

Mein Kind, haben Sie mich verstanden?!

Aber ja! Und wie! Sie lachte! Nun konnten die Osterferien beginnen! Über die Marmortreppe flog sie ins Freie, in einen phantastischen Abend hinaus, es wehten

Fahnen, blühten Blumen, tanzten Menschen, und die besonnten Sandsteinfassaden hatten eine rosige Haut. *Eine unserer begabtesten Studentinnen, eine unserer begabtesten Studentinnen!* Sie stürzte aus dem Zug und warf sich Max in die Arme.

Kommen/Gehen

Lavendel war ein alter Freund des Hauses, und es gab keinen Grund, seine Diagnose anzuzweifeln. Die Laboranalysen seien hervorragend, meinte er, alles spreche für eine normale, problemlos verlaufende Schwangerschaft.

Luise thronte am Kopf des langen Küchentischs und schälte für Herrn Max Kartoffeln. Sie sagte kein Wort. Sie sah Marie mit weisen, feucht werdenden Augen an, dann zog sie die Schublade auf und nahm einen Wollknäuel hervor, zwei Nadeln, woran ein winziges Häubchen hing. Sie hatte es kommen sehen, sie hatte das Kindchen erwartet. Mariechen, schluchzte sie, mein liebes Mariechen, daß ich das noch erleben darf!, und nun ließ die schwarz gekleidete Frau mit ihren von der Arbeit rissigen Fingern so geschickt die Nadeln klicken, die Maschen wachsen, das Häubchen entstehen, daß Marie schon das Köpflein zu sehen glaubte, die verklebten Augen, das Stupsnäschen, das Mündchen und ein erstes Lächeln. Ergriffen lauschte sie dem Geklicke, das seit uralten Zeiten das neue Leben verkündet, dann stand sie auf, stieg zur Uferwiese hinab und folgte dem Duftschleier der Zigarre in den Park. Diesmal gelang es ihr, Papa zu finden. Er kniete in der schwarzen, nassen Erde und schnitt wie üblich an seinen Stöcken herum. Als sie vor ihm stand, nahm er den Seidenkatzschen Strohhut ab und sah lächelnd zu ihr hoch. Warum weinst du, mein Augenstern?

Vor Glück.

Bist du schwanger?

Ja, Papa, ich bekomme ein Kind.

Wacklig stand er auf, strich sich an der Gärtnerschürze die Hände ab, drückte den Strohhut an die Brust und sagte: Du wirst es schaffen.

Glaubst du wirklich?

Manchmal, weißt du, kommt es mir vor, als hättest du Kraft für zwei. Das hast du von Seidenkatz, deinem Großvater. Er setzte den Strohhut wieder auf, drückte den Kneifer auf die Nase, strich sich über das ergraute Kinnbärtchen und sagte: Nein, jetzt bin *ich* der Großvater. Seidenkatz fällt eine Generation zurück, den nennen wir künftig Urgroßvater, und aus dem eingewanderten Schneider wird eine Ahnenfigur, die in den Vorzeiten verschwindet. Lächelnd sah er eine Weile in die Strahlen der Abendsonne und sagte dann: Du willst also anklopfen, aber bevor dein Finger die Tür berührt, ertönt aus dem Innern der Russenbaß: *Entrrrez, Mademoiselle!*

Papa, das habe ich dir schon zehn Mal erzählt!

Na, gewöhn dich dran, bald mußt du *jede* Geschichte zehnmal erzählen! Zwanzig, dreißig, fünfzig Mal! Du

Bemerkungen:

ammann

Ammann Verlag & Co.
Telefon: +41-44-268 10 40
Fax: +41-44-268 10 50
E-Mail: info@ammann.ch
www.ammann.ch

Bitte frankieren

Ammann Verlag & Co.
Neptunstraße 20
Postfach 2074
CH-8032 Zürich

warst genauso, meine Süße. Damit das Fräulein zu schlafen geruhte, mußte ich Abend für Abend von Seidenkatz erzählen, vom Ober mit den Backenbärten, vom Bahnhofsvorstand, vom Telegraphisten, und wehe, ich habe einen einzigen Kellner ausgelassen!

Papa, darf ich dich etwas fragen?

Immer, das weißt du.

Aber du mußt mir eine klare Antwort geben.

Wenn du mir eine vernünftige Frage stellst?

Bist du mir böse?

Warum sollte ich dir böse sein?

Weil ich geheiratet habe.

Ich bin glücklich, liebes Kind. Wir Juden, weißt du, stellen lauter unpraktische Regeln auf, Regeln, durch die wir die Dinge fürchterlich komplizieren. Warum tun wir das? Ich habe lange gebraucht, um eine Erklärung zu finden. Sie ist sehr simpel. Wir umgeben uns mit all diesen Gesetzen, damit wir beim besten Willen keine Zeit haben, über die letzten Dinge nachzudenken. Aber auch wir Juden haben ein Jenseits.

Die Geschichten.

Ja, die Geschichten. In den Geschichten leben wir weiter. Du bist also eingetreten. Du stehst in der heiligen Halle, und dann, was hörst du?

Er schmatzt.

Schmatzt?

Ja, schmatzt und kaut und schluckt. Gurken, Suppen, ganze Zwiebeln!

Roh?

Roh! Dieser feinfühlige Mensch! Ich nenne das beinah krankhaft. Und wie der kleckert!

Kleckert?

Furchtbar! Sag, Papa, glaubst du tatsächlich, daß ich mein Studium fortsetzen kann?

Klar. Solange dich das Bäuchlein nicht behindert, sehe ich kein Problem. Hast du es Meier schon gesagt?

Sie schüttelte den Kopf.

Dann geh jetzt, mein Kind. Sag es ihm.

Sie ging in den Salon, wo Meier ein zweites Telephon installiert hatte. Versonnen stand sie vor dem Büffet und glaubte auf einmal ein kleines Mädchen zu sehen, das neugierig auf die schwarze Löwentatze zukroch. Sie nahm die gerahmte Photographie in die Hand, den jungen Papa und die zwanzigjährige Maman, die nun Großmutter wurde. Wer weiß, dachte sie, vielleicht verläuft die Zeit tatsächlich im Kreis, wie auf den Uhren, wie in der Natur, es gehen die einen, es kommen die andern. Nachdem sie vorsichtig die Tür geschlossen hatte, rief sie die Gubendorff an.

Wo ist es passiert, rief die Freundin jubelnd aus dem Hörer, etwa auf dem Kanapee?

Mein Täubchen, auch deine Zeit wird kommen.

Bist du sicher?

Aber ja. Sie hatte das Gefühl, die arme Gubendorff, die sich vergeblich nach einem Mann sehnte, ein wenig trösten zu müssen, und sagte: Versprich dir nicht zuviel davon. Es kann passieren, daß du dabei zur Decke schaust und in der Lampenkugel ein Aschehäufchen entdeckst.

Wie süß!

Tote Fliegen.

Ein Fliegengrab, jubelte die Gubendorff.

Schreib mal wieder. Hast du verstanden, Liebling? Wir dürfen uns nie aus den Augen verlieren.

Du bist so stark, liebste Katz. Du bist mir so weit voraus.

Bald wirst du so glücklich sein wie ich.

Bestimmt?

Bestimmt. Zur Taufe müßt ihr alle kommen, ich plane ein schönes Fest.

Wie bei deiner Hochzeit?

Schöner! Größer! Mit weißen Zelten, befrackten Dienern und einem Glenn-Miller-Orchester, das auf einem Floß heranschweben wird. Du bist natürlich mein Ehrengast.

Als sich Meiers Vespa durch die Ulmenallee dem Haus näherte, saß Marie auf dem Kanapee, ein Buch auf dem Schoß, einen von Mamans, pardon, *Groß*mamans Romanen, und auf dem ziegeldicken Glastisch stand eine Tasse Kräutertee.

Ist dir nicht gut?

Max, sagte Marie, wir bekommen ein Kind.

Was?! Ein Kind? Ist es wahr? *Ich werde Vater?*

Ja, Herr Max, sagte Luise von der Tür her. Und jetzt marsch in die Küche! Händewaschen! Dann dürfen Sie der werdenden Mutter einen Kuß geben.

Und mit einem Jauchzer, wie er von jungen Sennen auf Triften und Gipfeln in die Luft gestoßen wird, einem

Lebens- und Lustschrei, der aus tiefster Seele auflodert zum Himmel, stürzte Max auf die Alte zu und umarmte sie so heftig, daß beide gegen das klirrende Büffet krachten. O Gott, Herr Max, Herr Max!

Marie trat ans Fenster und blickte hinaus in eine Dämmerung, die den silberglatten See mit einer gründunklen Schattenlandschaft umgab. Auf dem Stegpfosten ruhte eine Möwe, das Gefieder vom Sonnenball gerötet und obwohl es die werdende Mutter kaum aushielt, der Sonne beim Sinken zuzusehen, blieb sie am Fenster stehen und sah zu, wie die Möwe erlosch.

*

Die Tage strömten dahin, und außer ihrem Bäuchlein veränderte sich kaum etwas. Ging sie nach den Maiandachten durch das Städtchen, grüßte sie freundlich nach allen Seiten, worauf alle Seiten freundlich zurückgrüßten, die Männer mit gezogenem Hut, die Frauen mit einem konspirativen Lächeln. Nun gehörte auch sie dazu, nun war sie eine von ihnen, werdende Mutter und Frau Parteipräsident in spe. Zumindest Meier war sich seiner Sache sicher und glaubte tapfer, demnächst das Erbe des Metzgers antreten zu können. Noch war es nicht soweit, gewiß, noch hielt sich die alte Zeit im Amt, aber in seinem Gehabe gab sich der Aufsteiger bereits präsidial. Er kannte das halbe Städtchen mit Namen, trug alten Damen die Einkaufstasche, schob Gelähmte im Rollstuhl zur Wahlurne, stand mit den Fischern am See, mit den Seglern am Hafen, sang im Kirchenchor, trat dem Heimatverein bei, nahm an organisierten Wanderungen teil, und saß er mit einigen bei einem Bier, ließ er durchblicken, es könne sich höchstens um Wochen handeln, bis er den verschnarchten Laden übernehme. Marie war skeptisch, aber sie hütete sich, Meiers Optimismus zu kritisieren. Sie liebte ihn, und sie war sicher, daß er dem Kindchen ein fabelhafter Vater sein würde.

Was sich außerhalb ihres Leibes abspielte, sei's zu Hause, sei's im Konservatorium, erledigte sie ohne innere Beteiligung, gleichsam mit der linken Hand, und halb erleichtert, halb enttäuscht stellte sie fest, daß Eisler ihre Schwangerschaft auch dann nicht bemerkte, wenn sie mit abgespreiztem Fingerchen, woran der Ehering steckte, eine Tasse Kräutertee zu den Lippen führte. Eines Nachmittags verwandelte sie die Kneipenrunde im Existentialistenkeller in ein kleines Parteigericht. Genossen, sprach sie zu den Avantgardisten, ich fürchte, ich muß ein Geständnis ablegen. Schon vor einiger Zeit bin ich eine Ehe eingegangen, die von den bourgeoisen Kategorien des Mannes bestimmt wird...

Eisler blieb stumm. Stumm und reglos. Hatte er überhaupt zugehört? Auf dem Weg zum Bahnhof schwärmte er von roten Sternen und klassenlosen Harmonien und schwor ihr, noch heute nacht einen Kanon zu komponieren, einen Hymnus auf Väterchen Stalin, dir, liebste Genossin, zugeeignet!

Du lieber Himmel, war er ein bißchen wahnsinnig geworden?

Während die Ebene vor dem Waggonfenster in blaue

Nachtschatten entschwand, entwarf sie einen Brief, worin sie unmißverständlich klarstellte, sie denke nicht daran, dem Weltgeist hinterherzureisen. Am nächsten Montag stand Eisler am Fenster, die Hände auf dem Rücken, und sagte im Ton eines Politkommissars, sie möge zu Fadejew gehen. Jetzt?

Genossin, das ist ein Befehl!

Und ohne daß ein weiteres Wort gefallen wäre, wußte sie, daß sich Eisler entschlossen hatte, die Reise in die *Conclusio* anzutreten. An der Sekretärin vorbei stürmte sie ins Direktorat, wo Fadejew gerade eine Frittatensuppe löffelte. Fjodor Danilowitsch, schluchzte sie los, Sie haben recht gehabt, er reist dem Weltgeist hinterher, er fährt!

Wir können ihn nicht halten, Mademoiselle. Aber was ist mit Ihnen? Werden Sie vernünftig sein?

Ich bekomme ein Kind.

Von wem?

Von Meier.

Dem *Flötisten?!*

Nein. Meier ist keiner von uns.

Keiner von uns, stieß Fadejew erleichtert hervor, Gottseidank.

Zehn Tage später fand sich das gesamte Konservatorium auf dem Bahnhof ein, um Eisler am internationalen Expreßzug, der via Berlin nach Moskau fuhr, zu verabschieden. Fadejew ließ durch die Sekretärin Wodka, Brot und Salz reichen, rote Fahnen wurden geschwenkt, ein Geigenquintett spielte die Internationale, und im offenen Waggonfenster stand Eisler, die Linke zur Faust geballt, um die Abschiedshuldigung in Lenin-Pose entgegenzunehmen, das Kinn gereckt und die glühenden Eisaugen auf jenen Weltgeistgipfel gerichtet, in dem sich die unversöhnlichsten Gegensätze wie im Saucenwürfel harmonisiert haben.

Als die Waggons ins Rollen kamen, ertönte in Maries inneren Räumen eine aus verschiedenen Zeiten zusammengewehte Symphonie, es tutete die ablegende Batavia, durch die Ebene stampfte ein Expreßzug heran, im Bahnhofsbüffet erschien die Nachtigall, Seidenkatz verliebte sich, Maximilian Meier verdrückte zwei Spiegeleier, ein Vertreter für Saucenwürfel betrat den Raum, ein Munitionszug schellerte durch die Station, und als über den besonnten Gleisen das Brausen verklang, hörte Marie, wie eine Stimme, ihre Stimme, in die Stille hinein bemerkte, man könne nur hoffen, daß der Herr Dozent unter all den glücklichen Sowjetmenschen sein Glück machen werde.

Das Glück des Chordirigenten, ergänzte Fadejew und grinste bitter.

Zwei Tage später erhielt Marie eine fettgefleckte Postkarte. Es werde einige Zeit in Anspruch nehmen, schrieb Fadejew, bis man für den Dozenten Eisler einen adäquaten Ersatz gefunden habe. Deshalb ersuche er sie, dem Unterricht vorläufig fernzubleiben und in aller Ruhe ihr Kind zu erwarten, *mit den besten Empfehlungen, auch an den Herrn Vater, Ihr Fjodor Danilowitsch Fadejew.*

*

So weit, so gut, nicht wahr? Die Dinge arrangierten sich. Sie brauchte nicht mehr hin- und herzuhetzen, Eisler war im östlichen Landozean verschwunden, und Doktor Lavendel taxierte ihre Blutwerte als annehmbar. Schreckte sie nachts aus dem Schlaf, eilte Max nach unten, um ihr einen Tee zu kochen – wer schwitze, müsse trinken –, und half ihr dann, das Laken auszuwechseln. Er umhegte und umsorgte sie; er behandelte sie wie eine Königin, die über ein geheimnisvolles Reich gebot, und was fiel ihm nicht alles ein, um den neuen Erdenbürger, wie er begeistert ausrief, gebührend zu empfangen! Einer aus dem Parteivorstand war Schreiner. Bei dem wurde die Wickelkommode in Auftrag gegeben. Einer war Dekorateur, der staffierte das Kinderzimmer aus. Zwei waren Maurer, die betonierten den Kellerboden, und nach einigen Tagen voller Lärm und Staub fand im Keller des Katzenhauses, wo bereits der neue Kinderwagen stand, eine kleine Vernissage statt. Der Vize des Metzgers, ein Installateur, hatte ihnen die Sensation der Sensationen eingebaut, eine chromglänzende Waschmaschine mit automatischem Programm. Diese Maschine, rief Meier, sei ein Triumph der modernen Technik, ein windelwaschender Meilenstein an der Piste des Fortschritts, dann stimmte er ein Loblied auf Luise an, den guten Geist der Familie, und ließ sie vortreten, damit sie unter den feierlichen Blicken der Vorstände den Schalter auf Start lege. Start! Die Maschine funktionierte, sie funktionierte tatsächlich, denn noch im selben Monat stellte der Vizepräsident (Waschmaschine) den Antrag, Meier möge als Protokollant in den Vorstand aufgenommen werden. Da der Schreiner (Wickelkommode), der Dekorateur (Vorhänge) sowie die beiden Maurer (Kellerboden) dem Antrag zustimmten, hatte der ehrgeizige Meier sein erstes Parteiamt erobert. Nun durfte er die Sitzungen, die aus dem Herunterleiern von Traktandenlisten bestanden, protokollarisch festhalten.

29. August 1947.

Sitze im Pavillon, schrieb sie in ihr Tagebuch, *und habe das Bedürfnis, das Leben anzusprechen, wie damals in Genua.*

Heute morgen hat mir ein Blumenbote 21 Rosen gebracht. Schön. Sehr schön, und in Anbetracht der Tatsache, daß wir im Park eine ganze Reihe von Rosenbeeten haben, sogar originell. Das Schlimme ist: eigentlich steht alles zum besten – und trotzdem hat sich das Gefühl einer Bedrohung um meine Seele gelegt. Mit dem Kind wächst die Angst. Plumpst eine Birne zu Boden, fahre ich zusammen. Löst sich der Ausflugsdampfer im Dunst auf, bin ich zu Tränen gerührt. Und läßt Papa auf der Terrasse, im Bad, im Klosett, im Pavillon von seiner Zigarre die Aschehäufchen tropfen, werde ich so wütend, daß ich Luise wie eine Domestikin zusammenstauche. Wisch das weg, hab ich sie heute morgen angeschrien, wisch das weg!

Im späteren Nachmittag ihres 21. Geburtstags stand Marie mit Mamans Sonnenschirmchen auf der Terrasse und beobachtete, wie Papa mit seiner Golftasche, worin der eiserne Strauß der Gartenrechen und Spitzhacken steckte, über die Uferwiese schlurfte. Auf einmal fiel es ihr wie Schuppen von den Augen. Die plumpsende Birne, der im Dunst verschwindende Dampfer, die überall verstreute Asche: Alle diese Signale verwiesen auf Papa. Er schrumpft, sagten die Signale, Papa *schrumpft!* Und er schrumpfte wirklich, nicht nur in der Perspektive. Während sie zur Kugel wurde, wuchs um den alten Katz herum eine afrikanische Wüste: sein Ende. Dort ging das Gehende, und hier – Marie legte ihre Hände an den prallen Bauch – kam das Kommende.

Am selben Tag, um 20 Uhr.

Wir haben eben gegessen. Mein Geburtstags-Diner. Was für ein grandioses Fest! Papa schon im Bett. Luise in der Küche. Max und ich an der viel zu langen Tafel, beide schweigend. Mit dem Zahnstocher bearbeitete er sein Raubtiergebiß. Sobald ich mich erhob, griff er zu und verschlang, was ich übrigließ. Aber hat er nicht recht? Ist es verboten, von einem Knochen die Fleischfasern abzuknabbern? Meiers Hunger ist Hunger nach Leben, nach Anerkennung, nach Einfluß, nach Macht. Er will mehr, von allem mehr, und ich wette: Er wird alles bekommen. Er frißt für zwei, weil er in sich die Tendenz zum Wachsen spürt, zur Größe.

Anders Papa. Sein ganzes Leben war ein Kleinerwerden, ein Schrumpfungsprozeß. Die Mutter ist ihm seinerzeit davongeflattert; Frau, Sohn und Schwestern hat er an Jesus verloren, und anno 38 mußte er unsern Namen vom Dach holen, den Nähzirkus zumachen.

Beginne zu begreifen, daß Meiers Programm auch das meine ist: Wir sind das Leben, die Zukunft.

Unser Kindchen wird kommen/Papa muß gehen.

*

An einem Samstagnachmittag im späten September lud ein aufgeräumter Max seine Marie zu einer Kahnpartie ein. Sie saß im Heck, er ruderte. Er ruderte mit starken Stößen, und auf einmal fiel ihr auf, wie kräftig seine Oberarme waren. O ja, sie hatte den Richtigen erwischt, den Besten, den Liebsten, den Schönsten, und plötzlich ergriff sie das wundervolle Gefühl, der Herbst würde alles, auch sie selbst, ins Harmonische reifen lassen. Als schwangere Tochter eines sterbenden Vaters, das wußte sie nun, verkörperte sie den unversöhnlichsten aller Gegensätze, den Widerstreit zwischen Leben und Tod, und so bitter es war, daß der Aufgang des neuen Lebens den Niedergang des alten bedingte: Daran konnte sie nichts ändern, das hatte sie hinzunehmen, gelassen wie Papa. Aufrecht saß sie im Heck, mit einem Schleier gegen die Sonne geschützt, und wie ein Madonnenmantel floß das blaue Umstandskleid über die Frucht ihres Leibes.

Hörst du mir zu, Liebling?

Aber ja.

Von einem Dienstkameraden erzählte Max. Von einem Dienstkameraden, der kürzlich zugezogen sei und im Städtchen eine Praxis eröffnet habe. Ein Frauenarzt. Und stell dir vor, fuhr der Ruderer begeistert fort, bei Oskar ist alles hochmodern. Seine Behandlungsräume haben das Ambiente einer kalifornischen Luxusklinik. Am Desk erwarten dich zwei blonde Filmschauspielerinnen.

Entschuldige, Max, worauf willst du hinaus?

Ich denke, wir wechseln den Arzt.

Ist das dein Ernst?

Ja! Er ächzte, schnaufte, ruderte und erzählte dabei weiter von diesem Oskar, dem begnadeten Frauenarzt, der ihr Baby mit modernsten Methoden zur Welt bringen würde. Zugegeben, Lavendel war ein bißchen unordentlich, manchmal hingen ihm braungelbliche Gummischläuchlein wie Kinderdärme aus der Kitteltasche, und trotz seines hohen Alters wohnte er bei einer Schlummermutter. Die Gynäkologie war eingestandenermaßen nicht sein Fach, aber der Doktor Lavendel war ein alter Freund des Hauses und hatte in den dunklen Jahren als einziger den Mut gehabt, sich im Katzenhaus blicken zu lassen. Ob Max dies verstehen würde? Wohl kaum. Max hatte einen lauten Krieg hinter sich, keinen leisen. Er hatte sich vor den Nibelungen gefürchtet, nicht vor den Einheimischen. Er hatte nie auf einem Mäuerchen gesessen, während die andern an ihm vorüberzogen, zu dreien und vieren untergehakt, und vermutlich wäre es aussichtslos, Max zu erklären, weshalb sie dem alten Lavendel die Treue hielt. Ach weißt du, sagte sie schließlich, das Ambiente einer kalifornischen Luxusklinik wäre mir nicht besonders sympathisch. Ich glaube, deinen Dienstkameraden vergessen wir lieber.

Die Stille wurde tief, beide schwiegen. Irgendwann zischte ein Achterboot vorüber, acht Mann im selben Takt. Um sie passieren zu lassen, drückte Max beide Ruder in die Schwebe. Sie lächelte ihn an. Sie liebte ihn. Es wird bestimmt ein Junge, ein kleiner blonder Max, dachte Marie, und die Tropfenschnüre, die sich von den Rudern lösten, zerplatzten auf dem spiegelglatten See wie heißes Blei.

*

Am Sonntag hielt sie es für besser, Max allein in die Messe gehen zu lassen. Ihrem Zustand, sagte sie, sei das Knien nicht bekömmlich. Aber das war nicht der einzige Grund, weshalb sie lieber zu Hause blieb. Im Lauf ihrer Schwangerschaft, da sich so vieles verändert hatte, war sie zur Überzeugung gelangt, daß der Glaube von selber wachsen müsse, wie ein Kind unter dem Herzen der Mutter. Nachdem Max das Haus verlassen hatte, kam der Alte, auf seinen Stock gestützt, die Treppe herab und schlug seiner Tochter vor, auf der Terrasse einen Tee zu trinken. Eine Zeitlang saßen sie schweigend in den Korbstühlen, dann sagte Papa: Jetzt sprich, meine Liebe, ich bin sehr ungeduldig. Du hast Post bekommen, ein Kuvert voller Fettflecken. Was hat er dir mitgeteilt, mein alter Freund Fjodor Danilowitsch?

Ich habe Angst, es dir zu sagen.

Will er dich loswerden?

Sie biß sich auf die Unterlippe. Dann legte sie die Hand auf Papas Unterarm und sagte: Aber nicht erschrecken!

Es riß ihn herum. Er starrte sie an. Nein, rief er, ist es wahr?

Ja, flüsterte sie. Meisterschülerin.

Meisterschülerin... beim großen Fjodor Danilowitsch Fadejew!

Ab nächstem Semester, fügte sie hinzu, nach der Geburt. Er hat mir einige Hausaufgaben gegeben, unter anderem das erste Brahms-Intermezzo.

Wir haben es geschafft, mein Augenstern, wir haben es geschafft! Einer Meisterschülerin von Fjodor Danilowitsch öffnen sich die Herzen der Metropolen, die Bühnen der Konzertsäle und nicht zuletzt die Brieftaschen gewiefter Agenten. Vor so einer gehen die Steinways, Bechsteins und Bösendorfers in die Knie und hauchen: Bespiel mich, Virtuosin!

Sie lachte. Er nahm einen Schluck Tee und fragte: Übrigens, hast du die Buchsbaumhecke bemerkt? Sie ist um zehn Zentimeter gewachsen. Es war richtig, sie drastisch zurückzuschneiden.

Ja, ein gutes Jahr. Noch etwas Tee?

Könnte mir vorstellen, ein kleiner Whisky würde mir eher bekommen. Kolossal schöner Tag, finde ich.

Sie holte das Whiskytablett, schenkte ihm ein.

Glaubst du, du kannst mit Meier glücklich werden?

Ich denke schon. Warum fragst du?

Weil ich ihm nie begegne. Neulich kam er aus der Küche, und stell dir vor, da hat er mich gegrüßt! Fand ich nett.

Der Ausflugsdampfer zog vorüber, verschwand im Dunst, vermutlich war es seine letzte Fahrt, das Ende der Saison.

Brahms, sagte Papa. Wir beginnen also mit Brahms. Sonst noch was?

Einiges. Die Noten werden uns nächste Woche zugeschickt, mit Fadejews Fingersätzen, von der Sekretärin eingetragen.

Vielleicht bedanken wir uns mit einer Seidenbluse, was hältst du davon?

Er kippte den Whisky. Noch einen!

Sie zögerte. Papa, Lavendel hat gesagt –

Lavendel, Lavendel! Lavendel ist ein auslaufendes Modell, merk dir das. Nicht mehr auf der Höhe der Zeit. Würde dein Meier etwas taugen, hätte er dich längst zu einem andern Arzt geschickt.

Ah ja, wirklich?

Auf einmal gefallen mir die Berge. Hab sie nie gemocht, und jetzt gefallen sie mir. Würde mich nicht wundern, wenn es Zwillinge wären.

Zwillinge?!

Ja, Zwillinge. Dein Bruder freut sich bestimmt, sie zu taufen. Aber vorher feiern wir deinen Geburtstag, eine richtige Party soll es werden, mit einem kalten Büffet, Musik und Feuerwerk ...

Papa, mein Geburtstag ist doch längst vorbei.

Tatsächlich?

Erinnerst du dich an meinen Dreizehnten, damals, vor dem Krieg?

Bei Madame Serafina ...

Im Hotel Moderne ...

Als wir den Speisesaal betreten haben, sind Mussolinis Schwarzhemden aufgesprungen.

In Genua, meine Liebe, hat sich dein Vater das Herz aus der Brust gerissen. Es war umsonst.

Umsonst?

Die Nibelungen haben unser Land verschont. Wir hätten genausogut hier bleiben können. Aber dein Bruder hat mir die Hölle heiß gemacht. Er warf mir vor, dein Leben zu gefährden, dein Talent, deine großartige Begabung!

Es gibt da unten keine Klaviere...

Na gut, das eine oder andere gibt es schon. Allerdings übel verstimmt! Verfaulte Eingeweide! Da klingt Mozart wie Schönberg. Über die Tasten kribbeln Ameisen, Käfer und andere Viecher. Sogar den Filz von den Hämmerchen fressen die weg. Glaubst du mir nicht?

Nein, sagte sie lachend, kein Wort glaub ich dir.

Warum?

Weil du nie in Afrika warst.

Er gab ein beleidigtes Knurren von sich.

Macht nichts, Papa. Es ist eine schöne Geschichte.

Sie ist wahr, und wenn du deinen Kindern eines Tages von ihrem Großvater erzählst, zeigst du ihnen den Orden, den mir die Briten für den Pokalsieg verliehen haben. Er müßte in meinem Schrank liegen, bei den alten Hüten.

Ah, ich verstehe, rief sie plötzlich aus. Du meinst, daß *beide* ein Kind bekommen, Marie Katz und Marie Meier... Papa? Schläfst du, Papa?

Er sah sie mit großen Augen an. Wovon haben wir gerade gesprochen? fragte er. Hab den Faden verloren, verzeih...

Unterwegs II

Auf dem Pannenstreifen, im späteren Nachmittag.

Marie stand in einer langen Reihe von Automobilisten an der Leitplanke, sah in das weite, leere Land hinaus und hoffte, daß der Unfall bald behoben würde. Etwas weiter vorn war eine Spur in die abschüssige Böschung gerissen, und ein Personenwagen, der schräg am Hang klebte, ließ fetten schwarzen Rauch aus der Motorhaube quellen. Giftig stank es nach Öl, Benzin und schmelzendem Gummi. Ein Trupp von Feuerwehrleuten schamponierte das Wrack, und in bräunlichen Schleiern wurde die Sonne zu einer runden Scheibe. Wie lang würde man warten müssen? Wann ging es weiter?

Sie ärgerte sich. Sie hätte es wissen müssen. Am Ende der Sommerferien, wenn alles zurückreiste, kam es immer wieder zu Unfällen. Der Verkehr war zum Erliegen gekommen, und zwar in beiden Richtungen, so daß über den Kolonnen eine gespannte Ruhe stand. Pech gehabt. Nun würde sie die Zeit, die sie aufgeholt hatte, wieder verlieren. Wie gewonnen, so zerronnen.

Aus der Tiefe der Landschaft stieg eine Sirene auf, vermutlich ein Krankenwagen, der allmählich näherkam.

Kahlrasierte Felder.

Am Horizont die Erntemaschinen.

Und der Nachmittag, die Schwüle, das sinnlose Stehen und Warten und Sinnieren. Männer stehen ja immer, nicht wahr? An Altären, in Parlamentsnischen, auf Empfängen, beim Angeln, auf Wache, auf Kanzeln, an

Redner- und Dirigentenpulten, in Panzertürmen und auf Denkmalsockeln, und natürlich war einer dieser Ferienheimkehrer schamlos genug, um aus der Menschenreihe, die sich an der Reling über dem sommerlichen Land gebildet hatte, seinen Pißbogen hervorstrahlen zu lassen. Sicher, kurz vor dem Zukunftskongreß, auf dem Meier die Rede seines Lebens halten würde, durfte man die Fahrlehrer nicht brüskieren, das wußte der Junge. Wußte auch, daß sie im Auftrag von Max gehandelt hatte und was sie von den Fahrlehrern hielt – so wenig wie er. Aber statt die Einladung zu diesem idiotischen Länderspiel kurz zu erwähnen und damit abzuhaken, hatte sie unnötigerweise hinzugefügt, im Stadion würde er in der Hefe des Volkes stecken. Und ihr, der Mama, mache es nichts aus, daß Paddy die Tochter einfacher Leute sei. Gott, was für ein peinlicher Fehler! Und die Folge? Um ihn auszubügeln, hat sie gleich den nächsten gemacht!

Stehen.

Warten.

Viele trugen Robinsonhüte, in Rimini oder Cattolica erstanden. Mampften Wassermelonen, tranken Kaffee aus Thermosflaschen, saßen um Campingtische herum, glotzten auf Spielkarten. Einige gossen Wasser in dampfende Kühler; andere überprüften die Ladung oder traten gegen Reifen. In ihren Kabinen warteten ungeduldig die Camioneure, und hinter den trüben Scheiben eines Reisecars schliefen sie mit offenen Mündern. Aus der Festung eines Tiertransporters strömte ein süßlicher Geruch, und Marie überlegte sich, ob sie den Chauffeur darauf hinweisen sollte, daß seine Fracht am Verdursten war.

Wieder die Sirene, jetzt in die andere Richtung, nach Westen, wo sie in der Tiefe der Landschaft bald verklang.

Mein Gott, wie die Zeit vergeht! Von Eisler hat sie seit Jahren nichts mehr gehört, vermutlich war er in Stalins Lagern verhungert. Und Fadejew, der großartige Fjodor Danilowitsch, war vor etwa zwei oder drei Jahren nach Japan gereist, um die heilige Stille zu finden, die letzte Ruhe, das Todesdatum, das im Lexikon noch gefehlt hatte.

Marie wußte, daß etwa zehn Kilometer weiter vorn eine Raststätte für Fernfahrer lag. Aber wen sollte sie anrufen? Wen konnte sie bitten, die Dummheit, die sie heute morgen begangen hatte, aus der Welt zu schaffen? Schwierige Frage. Langsam ging sie zum Wagen zurück, drehte am Radio, trommelte auf das Steuer. Luise? Bis sich die vom Hocker erhoben hätte! Bis die zum Telephon geschlurft wäre, den Hörer abgehoben und begriffen hätte, was das Mariechen von ihr verlangte! Percy? Schon eher. Er war der einzige, dem sie nichts zu erklären brauchte. Er würde sie sofort verstehen, da war sie ziemlich sicher. Mein lieber Percy, könnte sie sagen, ich habe eine Bitte. Würden Sie so liebenswürdig sein, auf unsere Terrasse zu gehen und dort die Lampions abzuhängen?

Was soll ich?

Die Lampions abhängen! Bevor der Junge sie sehen kann...

Plötzlich hatte es geklirrt. Meine Porzellantasse, dachte sie noch... oder Papas Whiskyglas... aber die Frage und das Klirren verhallten, verhallten in einer großen leeren Dämmernis, und als sie wieder zu sich kam, lag sie in einem Spitalbett, weiß gekleidete Schwestern huschten um sie herum, auf ihrem Bauch lag ein Eisbeutel, und sie wurde das kuriose Gefühl nicht los, ihre Ränder seien flüssig geworden. Wo kam der Schmerz her, wo hörte er auf? Warum rannen Tränen aus ihren Augen? So viele Fragen, und keine Antwort. Die Jalousie blieb geschlossen, auch tagsüber, und irgendwo in der Nähe, vermutlich in einem andern Zimmer, klingelte das Telephon, klingelte und klingelte, ohne daß es jemals abgenommen wurde. Und dann diese unerträglichen Tablettwägelchen! Ein *Klingeln!* Ein *Klirren!* Aber was für ein *Klirren!* Ein verwirrendes, kirremachendes, irremachendes Irrsinnsklirren. Von morgens fünf bis abends um sieben schoben die Schwestern ihre Wägelchen durch die Station, bugsierten sie über Türschwellen, stießen sie gegen Bettpfosten, rammten sie gegen Nachttische, und da jedes Tablett voller Tassen war, voller Medizinfläschchen, voller Gläser mit Thermometersträußen, klingelte und klirrte es unaufhörlich. Betrat die Oberschwester das Zimmer, knipste sie die Lampe an. Dann fragte sie höflich, ob sich die Frau Meier besser fühle und was das Fieber mache. Eine Oberschwester voller Verständnis. Sie erkundigte sich nach besonderen Wünschen, lobte den schönen Rosenstrauß, stellte ein feines Abendessen in Aussicht, und wäre die Patientin nicht so schrecklich schwach gewesen, hätte sie sich der Oberschwester zu Füßen geworfen wie seinerzeit der Mutter Oberin von Mariae Heimsuchung. Liebste gute Oberschwester, hätte sie gesagt, machen Sie mit mir, was Sie wollen, ich bitte Sie nur um eins: Hören Sie auf, die Fiebertafel nach jedem Eintrag gegen meine Bettstatt fallen zu lassen!

Vergeblich Maries Weinen, ihr Wimmern. Die Tabelle war mit zwei Kettchen an das Fußende gehängt, und die liebe gute Oberschwester blieb bei ihrem Hobby: klatsch! Hatte sie die Kurve nachgetragen: klatsch! Merkte die nicht, was für eine Erschütterung das Fallen-und-Knallen-Lassen der bleigefaßten Kartontafel im hohlen Bauch einer Frau im Wochenbett auslöste? Oder tat es die Schwester mit Absicht? Ärgerte es sie, daß das Fieber der Patientin jeden Abend nach oben zackte, wie bei einer Malaria, weshalb sie eine kleine, jedoch ziemlich bösartige Strafe für nötig hielt – klatsch?!

Klatsch! Marie blieb nichts anderes übrig, als zu liegen und zu leiden, zu weinen und zu warten. Auf Oskar wartete sie, den modernen Gynäkologen, und Gottseidank, sein Erscheinen sorgte immerhin für etwas Ruhe. Bevor er kam, blieben die Tablettwägelchen stehen. Das Telephon wurde abgenommen. Die Schwestern schminkten sich die Lippen, puderten die Wangen, richteten die Hauben und huschten auf Zehenspitzen durch die Station, um in sämtlichen Zimmern die Nierenschale wegzuräumen, den Topf zu leeren oder ein paar abgefallene Rosenblüten vom Resopaltisch zu wischen. Dann war es soweit! Im Pulk seiner Medizinalsoubretten segelte Oskar herein und nahm als erstes eine Waschung seiner schlanken Hände vor. Das Einseifen dauerte stundenlang und erzeugte ein Quietschen, als bringe er im Lavabo ein Kätzchen um. Dann kniff er eine der Schwestern, meistens die jüngste, in die Wange, erntete von allen ein Kichern und landete mit dem Ruf: Na, und wie geht's uns denn heute?, mit einer Arschbacke auf der Bettkante. Stolz reichte ihm die Oberschwester die Kartontafel, bekam dafür ein Lächeln und wurde flammend rot. Als nächstes ertastete der tolle Hecht den Puls der Patientin, wobei er darauf achtete, daß seine manikürten Fingernägel am weißen Handgelenk, wie beim Geigenspiel, auf blaßbläulichen Saiten standen. Eine rührende Geste, o ja, das schon, doch völlig vergeblich, das Herz der Meier reagierte nicht mehr.

Manchmal saß Max an ihrem Bett, das Gesicht in die Hände gestützt, und schluchzte wie ein Junge. Hättest du bloß auf meinen Rat gehört, stieß er hervor. Wäre Oskar, nicht Lavendel, dein Arzt gewesen, hätte er die Katastrophe verhindert.

Es war das erste Mal, daß Marie einen Mann weinen sah, doch war sie zu müde, um ihn zu trösten. Ich danke dir für die schönen Rosen, sagte sie.

Die sind nicht von mir.

Nicht von dir?

Schlaf jetzt, bat Max leise. Schlaf dich gesund, mein Liebling.

*

Oskar erschien freundlicherweise auch am Wochenende. Dann zeigte er sich ohne Arztkittel: in hellen, scharf gebügelten Hosen und einem blauen Blazer mit goldenen Ankerknöpfen. Ein Bild von einem Mann! Er stellte sich an den Fuß ihrer Bettstatt, berichtete von riskanten Segelturns und lud sie zu den Partys im Yachtclub ein. Nachdem er den Puls gemessen hatte, legte er ihren Arm behutsam auf das Bett zurück. Irgendwann werde sie ein prächtiges Baby bekommen, sagte er, grinste ihr zu und verließ, bevor sie ihm die Zunge herausstrecken konnte, das Zimmer.

Stille Tage in einer zartgrauen Dämmerung.

Sie lag und döste, träumte und weinte. Das Auftauchen der Schwestern, das Abpumpen der Milch oder Oskars pompöse Auftritte wurden zur banalen Routine und hoben sich in der Wiederholung schließlich auf. Haben sie mir schon das Essen gebracht? Sie hatte keine Ahnung. In den Raum, der sie wie eine Hülle umgab, drang die Welt nicht ein, da blieb sie für sich, wie ein Kind im Bauch seiner Mutter (oder waren es Zwillinge gewesen? Das wollte ihr niemand sagen. Darüber wurde nicht gesprochen.). An den Abenden jedoch, wenn die Sonne zu sinken begann, schob sich zwischen den Lamellen der geschlossenen Jalousie ein weißer Flügel herein, tastete sich wie ein Stundenzeiger zum Bett vor, kroch höher, wurde wärmer und legte sich dann wunderbar lieb und leicht auf ihren hohlen, schlaffen Bauch. Hallo Engel, sagte sie.

Hallo, Marie!

Waren die Rosen von dir?

Nein, sagte der Engel, von Monsignore.

Mein Bruder war hier?

Ja, gleich nach der Geburt.

Kurios, daran kann ich mich nicht erinnern. Was hat er denn gesagt?

Ach, das vergessen wir lieber. Es würde dich bloß aufregen.

Nein, Engel. Es ist genau umgekehrt. Seit dem Besuch bin ich völlig durcheinander. Ich ahne, daß mir mein Bruder etwas Schreckliches gesagt hat. Etwas, das mich Tag und Nacht bedroht. Das mich krank macht. Hilf mir! Sei lieb! Laß mich endlich wissen, was mit meinen Kindern geschehen ist.

Aber der Engel schwieg, und in sein Gefieder, das er zum Abheben in die Schräge kippte, ließ er das Blut der sinkenden Sonne einfließen.

Warte, rief sie eines Abends, sag mir, wo meine Zwillinge sind!

Marie, sprach der Engel, wir haben zu glauben, auch wenn es uns schmerzt: Wir haben zu glauben.

Ich verstehe, sagte sie dumpf. Wir haben zu glauben, daß meine Zwillinge nie in den Himmel kommen. Daß ihnen die Seligkeit für immer verschlossen bleibt.

Ja, gab er zu, leider konnten sie nicht getauft werden.

Aber dafür können sie doch nichts!

Nein. Dafür können sich nichts.

Sie sind völlig unschuldig, ohne jede Sünde!

Gewiß, das sind sie. Allerdings sollte dir aus dem Katechismus bekannt sein, daß nur Getaufte das Recht haben, das Angesicht Gottes zu schauen.

Auf dem Flur ein Klirren – die Tablettwägelchen!

Eine letzte Frage, flehte Marie, wo hat man sie hingebracht?

Der Engel sagte leise: In den Limbus.

Weißt du, wo das liegt?

Zwischen Himmel und Hölle, zwischen Seligkeit und Verdammnis, zwischen Licht und –

Klirrend hoppelte das Tablettwägelchen über die Schwelle, dann zückte die liebe Oberschwester das Thermometer, stieß es der Patientin unter den Arm und rief: Na, Frau Meier, wo steckt denn der Besucher, mit dem wir so nett geplaudert haben?

*

Max stand am Fenster, die Rechte in der Hosentasche, und sagte: Im Vorstand waren sich alle einig, daß ich der bessere Mann bin. An meinen Fähigkeiten zweifelt niemand.

Wie schön!

Schön? Es nützt mir einen Dreck. Sie haben den Beschluß gefaßt, den bisherigen Präsidenten zur Wiederwahl vorzuschlagen.

Den Metzger.

Ja, sagte Max, den Metzger.

Wir dürfen nicht vergessen, versuchte sie ihn zu trösten, daß der Krieg noch gar nicht so lange vorbei ist.

Drei Jahre, Marie. Das ist eine halbe Ewigkeit!

Mag sein, ja. Aber die alte Ordnung gilt immer noch. Und die alte Angst.

Er stand.

Sie lag.

Es war der erste Sonntag im Oktober. Vierzehn Tage lag sie nun hier, und alles hielt sie besser aus, sogar das Plärren der Babies, als die stumme, vorwurfsvolle Rückseite von Meier.

Plötzlich sagte er: Bei der Hochzeit hätten wir es merken können.

Was denn, Darling?

Aber sie wußte genau, was er meinte. Ein populäres Fest war ihre Hochzeit nicht gewesen. Papa hatte einen schlechten Tag erwischt und war, von Lavendel und Luise gestützt, frühzeitig zu Bett gegangen. Auch mit der Gubendorff, ihrer Brautjungfer, hatte es Probleme gegeben. Obwohl ihr orangefarbenes Spitzenseidenkleid den Busen prächtig betonte, war sie von Meiers Offizierskameraden geschnitten worden – ihre Gretchen-Frisur paßte nicht mehr in die Zeit. Marie hatte ihr Bestes gegeben, um die Doppelrolle von Gastgeberin und Braut zu erfüllen. Während sie nach links für ein Geschenk dankte, bot sie nach vorn das Whiskytablett an, warf ein Lachen über die Schulter und schüttelte rechts eine Hand. Sie animierte und charmierte, stellte vor und führte zusammen, brachte im Pavillon das antike Grammophon in Schwung, und bei Anbruch der Dämmerung zündete sie über der Balkonbrüstung die Lampions an. Aber es war schwer, nahezu aussichtslos, aus dem bunten Haufen eine Gesellschaft zu formen. Die Herren Kameraden blieben unter sich, und just im Moment, da sie Luise bat, die Pasteten herumzureichen, wurde diese von einer Wespe gestochen. Der Soutanekragen des Bruders zog sich immer enger zusammen; in hochgeschlossenen Uniformen schwitzten die Offiziere, und der Gubendorff wuchsen unter den Achseln graue Teiche. Als die Braut mit dem Bräutigam den Walzer eröffnete, arrangierte sie, bereits schwebend, noch rasch ein zweites Paar, doch blieb die Gubendorff auf der rundumlaufenden Bank allein (und schrecklich orange!) sitzen, keiner der Herren würdigte sie eines Blicks. Während Lavendel Luise über die Bühne bugsierte, nahm Marie die Freundin beiseite und wickelte ihr den honigschweren, weizenblonden Haarkranz auf. So siehst du viel schöner aus, mein Täubchen, wir dürfen nicht vergessen, daß sich die Zeiten geändert haben! Dann legte Marie Glenn Millers *In the mood* auf und wagte mit der Verschmähten ein Tänzchen. Vergeblich! Die männlichen Gäste, zu denen leider auch Meier zählte, waren nicht bereit, dem Beispiel der Gastgeberin zu folgen. Gegen zehn hockte die Brautjungfer wie ein Häufchen Elend am Wasser, badete ihre Patschfüßlein und weinte bittere Tränen. Aus den Lautsprechern drang ein Knistern, die Tanzfläche blieb leer. Der Bruder hatte sich mit einer Flasche Cognac auf die Terrasse zurückgezogen, und obgleich sich Lavendel bemühte, die Fensterläden von Papas Schlafzimmer möglichst geräuschlos zuzuziehen, glaubten unten auf der Uferwiese die Herren Offiziere, der alte Katz wolle nun in Ruhe gelassen werden. Aufbruch, kommandierte einer, Abmarsch!

Ja, schon damals, im Juni 1945, hätten sie merken müssen: Der Mensch denkt, Gott lacht. Beide wollten sie zu hoch hinaus: sie am Klavier, er in der Politik. Er sah sich bereits auf der nationalen Bühne, im Parlament oder in der Regierung, während sie der Einbildung erlag, zwei Marienleben leben zu können: Marie Katz, die Pianistin, und Marie Meier, die Ehefrau.

Was für ein Irrtum! Nichts war daraus geworden, gar nichts. Ihr wurde auf Tablettwägelchen eine Pumpe zum Absaugen der überflüssigen Milch serviert, und Max war vom Metzger, dem ewigen Parteipräsidenten, ein weiteres Mal in die Schranken verwiesen worden. Beide waren sie gescheitert. Ihre Ambitionen hatten sich nicht erfüllt. Sie lag, er stand. In ihrem Bauch war eine grausame Leere, in seinem eine kalte Wut, Wut auf die Stadt, Wut auf die Partei und vor allem auf seine Frau, die einen jüdischen Vater hatte, tote Zwillinge gebar und sich ein unerklärliches Fieber erlaubte. Jeder erwartete vom andern, daß er das Schweigen breche, das Telephon läutete, ein Baby schrie, ein Wägelchen klirrte, und unbarmherzig rollte die Zeit über das Paar hinweg. Ihre Lippen blieben versiegelt. Ich kann dir nicht helfen, dachte sie, dachte er, denn ich – ich Max, ich Marie – bin das Unglück deines Lebens.

Getrennt vereint.

Maxmarie.

Mariemax.

Liebe.

Leben.

Tod.

Wir.

Dann ging dumpf die Doppeltür, und noch lange danach, als Max die Station längst verlassen hatte, glaubte sie zu hören, wie im Korridor seine saftig knirschenden Gummisohlen davoneilten davoneilten davoneilten. Am nächsten Sonntag ging er in die Berge. Sie war ihm für seine Rücksicht dankbar. Es ist unendlich viel einfacher, dachte Marie, die Einsamkeit allein zu erleben.

Unterwegs III

Anfahren und abfahren.

Vorfahren und Nachfahren.

Sie sann und träumte, sah draußen am Horizont das Geschwader der Erntemaschinen und hoch oben jene Lerchen, die einst aus blauer Himmelstiefe herabgeschossen waren, um dem Urkatz und seinem Koffer nach Westen zu folgen, nach Westen, immer nach Westen, auf den Abend zu, ins Gleißen hinein, sie fuhr.

Von einem Zwischenhalt hatte sie abgesehen, es war bereits halb fünf, da kam der Junge nach Hause, und Marie konnte sich lebhaft vorstellen, wie er reagieren würde, wenn er hoch über der Terrassenbrüstung den guten alten Percy herumturnen sähe, womöglich parfümiert und gepudert und völlig hilflos mit Lampions hantierend! Percy, würde der Junge rufen, was soll das! Sind Sie verrückt geworden?

Nein, würde Percy von der Bockleiter herab antworten, Ihre Frau Mama hat mich telephonisch gebeten, die heute früh aufgehängten Lampions ins Atelier zurückzuschaffen...

On a du style. Und was geschah? In ihrem Leben wimmelte es von Peinlichkeiten. Schon mit Seidenkatz, ihrem Großvater, hatte die Serie begonnen, lang vor ihrer Geburt. Meine Liebste, hatte der zu seiner Schwiegertochter gesagt, ihre zartgliedrige Hand an seine Wange legend, du bist überhaupt nicht älter geworden, du bist so jung, so schön wie eh und je. Heute abend, im Grand, würde genau das gleiche geschehen, und zwar in vielfacher Wiederholung, in allen Räumen, in der Halle, in der Suite, im Saal, in der Bar: Du bist so schön, werden sie sagen, du bist überhaupt nicht älter geworden, alles Gute zum Vierzigsten!

Vorfahren, Nachfahren.

Von der Nachtigall, ihrer Großmutter, hatte sie den Hang zum Soubretteln geerbt, und so würde sie ihre Doppelrolle, Gastgeberin und Geburtstagskind, auch heuer wieder bringen, dankbar für die netten Komplimente, die von allen Seiten auf sie einprasseln werden, *how nice, how lovely,* sie fuhr.

140 150 160.

Das Gleißen wurde stärker, beide Kolonnen gaben Gas.

Mein lieber Sohn, ich war heute früh schrecklich ungeschickt. Meine Bemerkung über Paddys Eltern hat dich verletzt, ich merkte es sofort. Als du gegangen warst, wollte ich den Fehler wiedergutmachen, ging ins Atelier, kramte die Lampions hervor, und so hängen sie nun über der Terrasse und lassen dich vermuten, du seist mir im Grand nicht willkommen. Nein, mein Junge, es war nicht meine Absicht, dich mit dieser Girlande ans Haus zu fesseln. Ich wollte das Beste für dich. Ich meinte es gut. Du und Paddy sollten einen tollen Abend erleben, und vielleicht, wer weiß, erweist sich die Illuminierung am Ende doch als richtig. Vielleicht schaffst du es, im zarten Schimmer der Lampions das weite Land der Liebe zu betreten, gemeinsam mit Paddy, dem so hübschen und netten Mädchen – sie fuhr.

Fuhr und fuhr, zurückgelehnt ins Polster, beide Hände am Steuer, den Fuß auf dem Pedal, 120 140 150, die Ebene belebte sich, die Hauptstadt kam näher, der Verkehr wurde dichter, jedoch im Rahmen des Üblichen: die normale Raserei.

Es tut mir leid, mein Junge. Ich hätte niemals fahren dürfen. Und glaub mir: Lieber als im Grand wäre ich bei dir. Du bist der Sinn meines Lebens. Für dich lebe ich, nur für dich. Aber heute abend werde ich gebraucht. Heute abend muß ich noch einmal die künftige First Lady spielen, die Gattin an Papas Seite, und mich mit einem Lächeln bedanken, wenn mich die Hotelbesitzerin, das alte Schlachtschiff, zum x-ten Mal fragt, ob du schon zur Schule gehst.

Ins Gymnasium, Madame!

Aber nicht doch! Diese junge Mama hat einen Sohn, der bereits das Gymnasium besucht?!?

Unwillkürlich warf sie einen Blick in den Rückspiegel, auf das weiße Kopftuch, die schwarze Sonnenbrille und die roten Lippen, und stellte mit einem scheuen Lächeln fest, daß auf Percy Verlaß war.

Im Frisiervarieté

Er hob seine Augenbraue.

Er starrte sie an.

Im Rücken seiner Kundin stand er, nahm jetzt den Kamm und zog ihr, über den eigenen Einfall entzückt, eine Franse in die Stirn: ein Notenschlüsselchen! Gut, nicht? Damit verweisen wir auf die Klaviervirtuosin...

Ach was, weg damit! Zu übertrieben! Zu plump! Schneiden wirs weg, das Schlüsselchen! Percy stöhnte. Er kämpfte. Er schoß vor und schnellte zurück, näherte sich von hinten und aus sämtlichen Seitenspiegeln, so daß er, zu einem Chor vervielfältigt, seine Kundin als Ballett umtanzte, als Dienerschaft umdienerte, lauter Percys, die absolut synchron die Augen zusammenkniffen, die Stirnen runzelten, in die Länge wuchsen und sich verbeugten, um die Halslinie der Schönen aus der Quasimodoperspektive zu bewundern. Was fehlte noch? Und vor allem: Was war zuviel? Die Schere quippte, sie quappte, sie zwickte, sie zwackte, und immer wieder flügelten ihre Klingen wie ein Insekt um das hochtoupierte, kompromißlos moderne Haartürmchen herum, ohne es je zu berühren, aber auch das, dieses Luftschneiden, hatte Methode, auch das machte Sinn: Percy stutzte den Heiligenschein einer Madonna... Moment mal!

Jetzt stand Percy still, den Blick fest auf die Kundin gerichtet, und fragte: Haben wir jemals ein Tuch getragen?

Ein Autokopftuch.

Fahren Sie Cabrio?

Nein, mit dem Tuch band ich mein Topfhütchen fest. Ich wollte verhindern, daß es von den Meerwinden über Bord geweht wird.

Sie haben die Meere befahren?

Leider nicht. Kam dummerweise zu spät. Blieb am Pier zurück, im Hafen von Genua. Kennen Sie das Moderne? Kein Komfort, aber eine wunderbare Atmosphäre, sehr nettes Personal, und ich würde nicht zögern, die Hotelwirtin meine Freundin zu nennen.

Madame, stieß er hervor, Sie sind es!

Ich?

Audrey!

Audrey?

Kennen Sie sie?

Audrey?

Ja!

Ich glaube nicht, nein.

Audrey Hepburn. Die da, sagte Percy, schlug die Illustrierte auf und lehnte sie gegen den Spiegel, wie er vor Jahr und Tag die Porträtskizze auf der Staffelei gegen das Kühlhallenbild gelehnt hatte. Gefällt sie Ihnen?

Ja, sagte Marie zaghaft, interessante Augen.

Rehaugen! Die Figur filigran, die Frisur *le dernier cri.* Audrey, erklärte Percy, sei eine wunderbare Schauspielerin. Könne auch tanzen und über Platon plaudern. Eine Tochter aus gutem Haus. Gebildet, intelligent, europäisch. Ebenso burschikos wie elfenhaft. Er grinste. Die Zeit der Tittenweiber, fuhr er leise fort, zu ihrem Ohr gebückt, sei endlich vorbei. Eine neue Epoche erhebe ihr Haupt, und wie er aus erstklassigen Quellen erfahren habe, werde der Busen demnächst zu einer Sache der Vergangenheit: dank Audrey.

Ah ja, wirklich?

Ja, sagte Percy. Der Busen war etwas für die Jungs, die mit ihren Schießgewehren im Krieg herumkrabbelten. Aber jetzt herrscht Frieden, sogar in Korea. Jetzt ist Geist gefragt, also Stil, Charme, Eleganz und Eloquenz. Er beugte sich wieder zu ihrem Ohr: Audrey, müssen Sie wissen, ist die Tochter einer niederländischen Baronin.

Einer Baronin?

Der Vater Geschäftsmann.

Geschäftsmann!

Irisch-englischer Abkunft.

Ein Gentleman!

Nicht ganz, bemerkte Percy, leider nicht ganz. Bei Kriegsausbruch hat der alte Hepburn Mutter und Tochter sitzenlassen.

Nein!

In Holland. Eine sehr schwere Zeit für Audrey. Allein mit der adligen Mutter unter Deutschen und Holländern! Aber damals hat sie ihren Stil entwickelt – ein Rock, eine Bluse, dazu ein Béret und einige Tücher.

Ein Béret und einige Tücher..!

Zum Beispiel dieses Kopftuch aus weißer Seide!

Es flatterte aus dem Nichts heran, schmiegte sich federleicht um das Türmchen, verknüpfte sich unterm Kinn locker zum Knoten, und während sie das Zauberkunststück als Objekt erfuhr und als Zuschauerin verfolgte, war ihr Blick auf einmal unergründlich geworden. Percy hatte ihr eine Sonnenbrille ins Gesicht gesetzt, ein veritables Hollywoodmodell. Du lieber Himmel, was für ein Glücksgriff! Nun hatte sie einen Touch ins Mondäne und verwahrte dahinter eine Welt, die nur ihr gehörte, ihr ganz allein. Mode verschleiert. Mode verbirgt. Je hermetischer die Fassade, desto geheimnisvoller das Innere. So. Fertig. Indem Percy den Gummiball eines Flacons drückte, nebelte er sie mit glitzerndem Parfumstaub ein, dann flog der Frisiermantel rauschend von ihrer Büste, der Thron wurde puffend abgesenkt, die im Spiegel erhob sich, trat ins Leben und an die Kasse. Was bin ich Ihnen schuldig, Lieber?

Im Unterarmtäschchen allerlei Krimskrams, Lippen- und Lidstifte, eine unbezahlte Rechnung, ein Puderdöschen, nur leider – wie peinlich! – im Portemonnaie kein Geld. Darf ich das nächste Mal bezahlen?

Lässig fuhr seine Hüfte nach vorn, berührte mit der

Lende die Lade und ließ sie in den Kassenbauch zurückgleiten.

Sie schenkte ihm ein Lächeln, oder umgekehrt, eher umgekehrt, erst lächelte Percy, dann lächelte sie. Ob sie die Vernissage doch noch ansprechen sollte? Gewiß, Meier hatte mit seiner Rede Percys Künstlerträume erledigt. Er war nicht zum Picasso, sondern zum Figaro des Städtchens geworden. Seine Hände jedoch, die sie als Mädchen skizziert, später als junge Frau am Föhnsee gemalt hatten, setzten ihre Tätigkeit fort. Noch immer bannten sie das Vergängliche, fixierten Flüchtiges, verliehen Wellen Dauer. Das galt sogar für die eigene Person. Er scheute sich nicht, etwas Rouge auf die Wangen zu tupfen, färbte sich die Haare und zog sich die letzten Strähnen so gekonnt von ganz links unten quer über sein Haupt nach rechts, daß es dort zu einigen Locken reichte – als hätte er ein schwarzes Rosensträußlein hinters Ohr gesteckt. Nein, es war nicht nötig, Percys Rückzug in seinen erlernten Beruf zum Thema zu machen. Die alten Wunden waren längst vernarbt. Früher hatte er sie gemalt, künftig würde er sie frisieren. Bis zum nächsten Mal, sagte die Meier, knipste das Krokotäschchen zu, klimperte mit den Fingern ein Adieu in die Luft und ließ sich vom Maestro die Tür aufhalten, schönen Tag noch!

*

Marie stieß die Läden auf, dann schloß sie das Fenster, hob die Arme, griff in die Gardinen und ließ die feinen, durchsichtig weißen Stoffe über ihren Füßen ineinanderrieseln. Das war ihr Auftakt, Morgen für Morgen, und bei jedem Fenster wurde er wiederholt. Im Blätterkleid, das an der Südseite die Hausmauer bewuchs, surrte der hohe Sommer, aber schon lag über dem Land etwas Müdes, etwas herbstlich Schlaffes. Roch es nach Fisch? Nein, kein bißchen, das Wetter würde sich halten, und damit war eine wichtige Frage, die Kostümfrage, entschieden. Heute abend würde sie zur Feier des Tages die Ballerinahosen anziehen.

Sie eilte ins Bad, puderte die Wangen, gab etwas Spucke in die Tusche (den Trick hatte sie von Percy) und malte sich sorgfältig die Wimpern an. Es war der 29. August, ihr Geburtstag. Marie wußte, was ihr bevorstand. Wenn es klingelte, würde Luise zur Tür eilen, den Blumenboten empfangen und erfreut die Hände zusammenschlagen.

Jeweils zum Geburtstag schenkte ihr Max einen Rosenstrauß, einen Stiel für jedes Jahr.

29. August 1954, notierte sie im Tagebuch, *wieder bin ich ein Jahr älter geworden – 28.*

Hm, was für eine Erkenntnis! Was für eine banale, öde, langweilige Wahrheit! Natürlich war sie ein Jahr älter geworden, am Geburtstag wird man stets ein Jahr älter, das liegt in der Natur der Sache, oder etwa nicht? Sie blickte ratlos auf die weiße Seite und auf die Hand, in der der Füller steckte. Wie schnell alles ging, wie rasend schnell. Erst gestern, kam es ihr vor, hatte sie in Genua auf dem Poller gesessen und hatte im Einnachten zu spüren bekommen, was es heißt, in dieser unendlichen Harmonie, die alles in sich einschließt, das Schöne und das Schreckliche, Gehendes und Kommendes, ein winziger Punkt zu sein.

Eine weitere Fehlgeburt, hat Oskar versprochen, brauche ich nicht zu befürchten, schrieb sie, *und es gibt keinen Grund, seine Diagnose anzuzweifeln. Das Städtchen ist von Oskar entzückt, und niemanden würde es verwundern, wenn er von seiner Yacht aus, die er jeweils an einer Boje vertäut, wie Jesus ans Ufer spazieren würde. Ich befolge seine Ratschläge, meide jede Anstrengung, esse geschälte Äpfel, trinke viel Tee, und per Saldo aller Ansprüche, würde Arbenz gesagt haben, darf ich mit unserer Ehe zufrieden sein.*

Da klingelte es.

Der Bote, pünktlich wie stets!

Marie hörte, wie Luise zur Tür ging und freudig die Hände zusammenschlug. Wenig später knatterte der dreirädrige Karren davon, und Luise, strahlend wie ein Maikäfer, legte das raschelnde Bouquet auf den zeitungsbedeckten Glastisch. Sind sie nicht schön?

Ja, anwortete Marie, davon haben wir Hunderte im Park.

*

Das Jahr ging ins Land, die Morgen wurden neblig, die Abende kühl, und im Städtchen löste der Maronibrater den Gelativerkäufer ab. Aber das war eine Täuschung. Unter der Pudelmütze des Braters quollen dieselben schwarzen Locken hervor wie unter dem Strohhut des

Gelativerkäufers. Der schöne Italiener war gewissermaßen sein eigener Zwilling. Mit dem Maroniduft brachte er den Winter auf den Platz, und mit der Spieldosenmelodie seines Gelatimobils würde er irgendwann im März den Frühling verkünden, pa-diddel-di-diddel-di-diddel-dam, pupu piduuu!

Keine Veränderungen?

Doch doch. Jede Woche gab es ein neues Kinoprogramm, die Kleider wurden bunter, die Vespas zahlreicher, und die Protokolle der Vorstandssitzungen, bisher handschriftlich abgefaßt, lagen nun getippt vor, jeweils in dreifacher Ausfertigung.

Die Maschine, eine *Underwood,* hatte man den Meiers aus dem Materialdepot der nationalen Parteizentrale zur Verfügung gestellt – dort war Dr. Fox bis auf weiteres untergetaucht, in den fensterlosen Kellergewölben. Er reparierte Vervielfältigungsapparate, übte sich in Geduld und ging davon aus, daß man seine Hetzartikel aus der Dunkelzeit früher oder später vergessen würde.

Marie saß nun oft im Rauchzimmer und tippte Meiers Protokolle oder einen Brief an die Bank. Die blieb freundlich, sehr freundlich sogar. Aus reiner Menschenliebe? Wohl kaum. Irgend jemand mußte damit eine Absicht verbinden. Entweder ging es darum, den alten Katz, den man während des Krieges rüde abgewiesen hatte, um Vergebung zu bitten, oder eine vorausschauende Person konnte sich vorstellen, daß Dr. Meier, der gedemütigte Protokollant, eines Tages doch noch aufsteigen würde. Wie auch immer: Die Bank machte ihnen keine Probleme, die Quadratmeterpreise stiegen, und von Quartal zu Quartal gewann das Seegrundstück an Wert.

Papa blieb bis zum Mittag im Bett, und kam er herunter, ließ er die Zeitung so unberührt wie das gekochte Ei, das ihm Luise in einem Stoffnestchen warmhielt. Aber im späten Nachmittag tauchte er häufig im Rauchzimmer auf, legte sich in einen Armsessel und paffte eine Havanna. Dann war alles wie früher: Maries Finger glitten über Tasten, und erklang am Zeilenende das lustige Pling!, ließ der alte Herr ein Pfiffchen hören.

Eines Abends, da er friedlich eingeschlummert war, löste sie das Protokoll aus der Maschine, drehte ein neues Blatt ein und schrieb endlich jenen Brief, der seit Monaten fällig war, einen Brief an Fadejew. Sie ersuchte ihn um Geduld und versprach, die Klavierstunden bei Gelegenheit wieder aufzunehmen. Zu ihrer Überraschung traf drei Wochen später eine fettgefleckte Postkarte ein. *Liebe Marie, das Konservatorium steht Ihnen jederzeit offen, hochachtungsvoll Ihr Fjodor Danilowitsch. PS: Vermutlich haben Sie gehört, daß es unserem Rußlandfahrer nicht vergönnt war, Stalins Chöre zu dirigieren.*

*

Nun kannten sie einander. Marie kannte Meiers Geräusche: das Kauen bei Tisch, das Schnaufen im Bett, das Schnarchen im Tiefschlaf, das Gegurgel im Bad, und Max kannte ihre Marotten: das ewige Zuspätkommen, die Schwäche für Hüte, Nylons, hohe Absätze oder Sonnenbrillen à la Hollywood. Sie litt unter seinen Launen und er unter ihrer Kühle. Er warf ihr vor, zuviel Wert auf Äußerlichkeiten zu legen, und sie unterstellte ihm, kein Gespür für Ästhetik zu haben. Er schimpfte sie eine Modepuppe, und sie lästerte bei Luise über seine Stillosigkeit. Sie liebte es, bei einer Modistin die neue Herbstkollektion auszuprobieren, und er bestand darauf, Hosen oder Schuhe solange als irgend möglich zu tragen.

Furchtbar, nicht wahr? Derselbe Meier, der das Land regieren wollte, schien außerstande zu sein, eine neue Hose zu kaufen. Also begleitete sie ihn, doch kaum hatten sie das Konfektionsgeschäft betreten, nahm das Unglück seinen Lauf. Während sie, die Enkelin des großen Seidenkatz, den Ladenbesitzer begrüßte, riß Meier eine x-beliebige Hose von der Stange und verschwand damit, den Vorhang hinter sich zuzerrend, in der Umkleidekabine, als würde er verfolgt. Bitte, zur Not verstand sie noch, daß sich ein demokratischer Politiker der Maßanfertigung verweigerte. Ihm ging es um ein Bekenntnis zur Mehrheit, zum Stangengeschmack. Sie verstand auch, daß der etwas zu enge Bund Meiers Würde tangierte – das war menschlich, das sah sie ihm nach. Aber daß er nach einer knappen Minute mit dem Anprobieren, dem netten Konfektionär und dem gesamten Laden fertig war, nein, bei aller Zuneigung, da hörte ihr Verständnis auf.

Was für ein Stimmungsmensch, dieser Meier!

Da die erstbeste, zufällig gegriffene Hose nicht gepaßt hatte, war er auf das tiefste beleidigt – Raus! Weg hier! und bilde dir ja nicht ein, ich lasse mir die Hochnäsigkeit dieses Sitzpinklers noch einmal gefallen!

Er hat doch gar nichts gesagt, wandte sie ein.

Hast du seine Visage nicht bemerkt? Wie er mich gemustert hat! Lieber gehe ich in Lumpen...

In diesem Moment bog der Herr Stadtpfarrer um die Ecke, und Meier, der ihn förmlich gewittert haben mußte, stand mit gezücktem Hut bereit, um sich dem Vorüberwandelnden zu präsentieren. Ah, der Herr Stadtpfarrer! Grüßgott, Grüßgott! Großartige Predigt am letzten Sonntag! Sehr beeindruckend!

Und da sich Hochwürden zu einem Lächeln bequemte, hielt Meier seinen Hut noch lange tief gezogen und flüsterte selig: Hast du gesehen, wie er mir zugenickt hat? Glaub mir, Liebling, auch unser Stadtpfarrer hält mich für den geborenen Parteipräsidenten.

Entweder himmelhoch jauchzend oder zu Tode betrübt. Entweder von aller Welt verachtet oder von jedermann geliebt. Und wie rasch das wechseln konnte! Ein winziger Anlaß genügte, schon fand bei Meier ein Wetterumschlag statt, den Marie in der Art eines Barometers vorauszuspüren hatte. Kroch er, von einer Vorstands-Sitzung kommend, waidwund über die Schwelle, kam es *en détail* darauf an, wie sie ihn empfing. In der Regel hatte Luise einen Braten im Ofen, und sie, die Gattin, sagte zuckersüß: Komm, Darling, laß uns einen Drink nehmen!

Dann gab es zwei Möglichkeiten. Entweder war er durch den Küchenduft besänftigt und ließ sich erleichtert auf das Kanapee fallen, wo er über die Dummheit seiner Parteifreunde zu klagen begann. Oder er schleppte sich, ihr einen vorwurfsvollen Blick zuwerfend, mit letzter Kraft nach oben, sank sterbend auf sein Lager – aber Vorsicht! Vorsicht! Meier starb nie besonders lange, und sie tat gut daran, bei seiner Auferstehung das Essen parat zu haben.

An den Freitagabenden jedoch war er stets bester Laune, denn anderntags ging er in die Landschaft seiner Kindheit, ins Gebirge, und dort oben – Marie hatte es inzwischen begriffen – gab es keine Halbheiten, nur Niederlagen und Triumphe, nur Abgründe und Gipfel, vor allem Gipfel, auf denen sich Meier mit seiner Leica per Selbstauslöser festhalten konnte.

Der September ging zu Ende, schon wurde es kühler. Das war die ideale Zeit für Wanderungen, und an einem Freitagabend, da Meier besonders guter Laune war, geradezu aufgekratzt, verkündete er stolz, morgen werde er einigen Freunden seine engere Heimat zeigen.

Ah, wie interessant. Ist Oskar dabei?

Nein, sagte Max, der nicht.

Der Vorstand wars. Der Parteivorstand *in corpore,* und da der Metzger während der dunklen Jahre zu Geld gekommen war, besaß er nun ein Motorboot, mit dem er am Samstagmorgen in aller Herrgottsfrühe das Ufer des Katzenhauses ansteuerte.

Marie begleitete Max zum Steg. Paß auf dich auf, flüsterte sie ihm ins Ohr, und sei's, daß sie vom Gebrodel des Edelkahns an Mamans Lungen erinnert wurde, oder sei's, daß ihr die Pranken des Metzgers, die um ein zierliches Steuer griffen, wie von Percy gemalt vorkamen –

auf einmal hatte sie Angst um ihren Mann. Sie küßte seine mit Melkfett eingeschmierten Lippen, dann reichte sie ihm die Sachen ins Boot, die genagelten Schuhe, den Rucksack, das Seil, den Eispickel, und plötzlich vermochte sie zu erkennen, was ihre Angst hervorgerufen hatte. Alle, auch der Metzger, hatten sich das Gesicht weiß eingeschmiert, alle trugen eine schwarze, eng anliegende Gletscherbrille, eine Schiebermütze, Wollweste, Knickerbocker sowie grüne Militärsocken. Meier begrüßte die Runde, und die Runde begrüßte Meier. Herzhaftes Männerlachen, Schulterklopfen, Anstoßen, Anstützen, Trinken. Am lautesten lachte Meier. Der Metzger grinste nur, doch war es ein zufriedenes Grinsen, ein Siegergrinsen, ihm war's gelungen, den jungen Konkurrenten in sein Boot zu holen, wo er ihn väterlich erwürgen würde. Das Boot löste sich vom Steg, beschrieb rückwärts eine Kurve, die Herren duckten sich, hielten mit beiden Händen ihre Mützen fest und schossen dann mit einer eleganten Flügelwelle auf das südliche Ufer zu, dem Gebirge entgegen. Maries Angst wich dem Entsetzen. Zumindest in der Gebirgsausstattung glich der Mann, den sie geheiratet hatte, dem Metzger.

*

Ich bins, Marie.

Am Montag um elf?

Nein, heute, so bald als möglich!

Ist es so dringend?

Ja Percy, sehr dringend.

Gottseidank, er gab ihr einen Termin, pumpte sie nach oben und fragte: Haben wir bestimmte Vorstellungen?

Ja, stieß Marie hervor, ich muß alles über Madame Müller wissen, die Frau des Bankdirektors.

Während dieser Worte vermied sie es, den Augen des Meisters im Spiegel zu begegnen. Sie blickte in eine Illustrierte, auf hübsche Mannequins und auf Rainier, den Fürsten von Monaco. Dann wurde ihr die Fönhaube über den Kopf gestülpt, und als wenig später eine Hand kam, eine schlanke, vornehme Künstlerhand, um ihr die Illustrierte vom Schoß zu nehmen, fühlte sich Marie schon fast ein bißchen gerettet. Ist sie nett, die Müller?

Durchaus, meinte der Friseur, schnippte Suzette herbei und befahl ihr, Madame Meier die Wickler einzudrehen.

Suzette war frisch, frech, hübsch und verstand es wunderbar, über ihre Kundinnen zu plappern. So erfuhr Marie, daß die Müller aus einer alteingesessenen Familie stammte, die Matura besaß und vor einigen Jahren einen Ruderchampion geheiratet hatte, ein Bild von einem Mann, die Schultern breit, die Taille schmal. Bald nach der Heirat hatten sie ihn zum Vizepräsidenten des Yachtclubs gewählt und wenig später zum Direktor einer Bank, deren Aktienmehrheit im Besitz der Partei war. Diese Information genügte Marie; sie gab Suzette ein schönes Trinkgeld, und beim Abschied, da sie den Meister wie üblich bitten mußte, den Betrag auf die Rechnung zu setzen, sah sie ihm einen Moment lang tief in die Augen. Er verstand, blätterte im Kundenbuch und fragte: Paßt es Ihnen am Freitag?

Am Freitag um elf saßen die beiden Damen in den hochgepumpten Lederthronen Seite an Seite. Beide widmeten ihre gesamte Aufmerksamkeit den Illustrierten, dann kam der Maestro angeschwebt, begrüßte erst die Müller, dann die Meier, klatschte in die Hände, teilte Suzette der Meier, Sophie der Müller zu, und kaum zu glauben, aber wahr, aber wirklich: Percy schaffte es, seine Kunst so raffiniert zu verteilen, daß jede der beiden Kundinnen glaubte, der Meister habe sich ausschließlich um sie gekümmert. Sind wir soweit?

Ja, jubelten Suzette und Sophie, worauf die zwei Königinnen, einander einen ersten, mißtrauischen Blick zuwerfend, unter den Fönhauben verschwanden.

In jener Zeit hatte sich Percy einen Pudel angeschafft. Der Pudel war eigentlich weiß, sein Fell jedoch hatte sich durch die wallenden Dämpfe ins Hellbläuliche verfärbt, was ihm zu einer kränklichen Vornehmheit verhalf. Felix lag auf einem Häufchen blondierter Haarlocken, kaute an einer Wurst und sah mit traurigen Augen nach innen – auf des Pudels Kern, wie die Meier bemerkte. Ist er nicht rührend?

Reizend, ergänzte die Müller.

Besonders der Blick.

Trauriger geht's nicht.

Und heißt Felix, zu deutsch Glück, aber wem sage ich das, Frau Direktor, darf ich mich vorstellen? Marie Meier.

Während die Wickler entfernt wurden, hechelten sie bereits den Yachtclub durch, vor allem die Hüte der Frau

Oberrichter (furchtbar! scheußlich! katastrophal!), und dann, sich ein wenig herüberbeugend, die Meier zu sich heranwinkend, sagte die Müller: Was wollen wir lange um den heißen Brei herumreden? Ich wüßte, wer Ihnen helfen könnte.

Ah ja, wirklich?

Hängen Sie sehr am Park?

Der Park ist meine Kindheit.

Sie haben die Wahl. Entweder der Park oder Meiers Aufstieg.

Tertium non datur?

Richtig, ein Drittes gibt es nicht.

Das klingt ja schrecklich interessant, Frau Direktor!

Ihr Grundstück ist bis unter den letzten Tannenzipfel belastet. Sie wissen, was das für Ihren Mann bedeutet. In diesem Punkt sind Demokraten sensibel. Einer mit Schulden wird nicht gewählt. Oder haben Sie andere Erfahrungen gemacht?

Nein, Frau Direktor.

Gut. Dann verstehen wir uns. Mein Gatte ist im Bankgeschäft tätig. Seit einigen Jahren betreut er einen Klienten, der ihm sehr am Herzen liegt, und stellen Sie sich vor, dieser Klient wäre unter Umständen bereit, Meier zu einem wählbaren Mann zu machen.

Aber das ist ja...

Ein Deal, meine Liebe. Unser Freund hätte zu akzeptablen Konditionen ein Grundstück erworben, und Ihr Gatte könnte starten. Wann darf ich unseren Freund vorbeischicken?

Lassen Sie mich nachdenken…

Am Dienstag?

Drei Uhr.

Er wird kommen!

*

Und tatsächlich, er kam!

Als ihn Luise in den Salon führte, lungerte die Meier mit angezogenen Beinen auf dem Kanapee, sah versunken von einem Roman auf und meinte: Ah, Sie sind's, Baron!

Der Baron hatte ein breites Kreuz, Hände wie Schaufeln, und es schmeichelte ihm, wenn man seinen Adel anerkannte. Den hatte er selbst erworben, und trotz einer buntgescheckten Gewandung, trotz gefärbter Haare und einer bulligen Entschlossenheit, den Park gleichsam im Stehen einzusacken, hütete sich Marie, ihren Besucher zu verachten. Innerhalb weniger Jahre hatte er sich im Lebensmittelhandel ganz nach oben geboxt und herrschte als Hühnerbaron über gewaltige Mastfabriken. Man riecht's, sagte sie.

Erschrocken schnupperte der Baron die gelbweiß karierten Ärmel seines Jacketts ab.

Ja, fügte sie hinzu, Sie verströmen das Air eines erfolgreichen Mannes. Ihnen soll es gelungen sein, unseren gefährlichsten Feind zu überlisten, die Zeit.

Hä?

In Ihren Masthallen, versicherte man mir, soll ein ewiger Frühlingsmorgen herrschen.

Richtig, rief der Baron erfreut, das treffe zu, bei ihm sei es immer warm, immer schön, immer Mai, immer Morgen, denn bei diesen Temperatur- und Lichtverhältnissen fühle sich das Huhn am wohlsten, da sei sein Freßtrieb am stärksten, da wolle es mit dem Picken gar nicht mehr aufhören und entwickle sich in einem Drittel seiner natürlichen Wachstumszeit zu handelsfertiger Konsumware. Ein Riesengeschäft. Der wahre Hammer. Sein Problem: Zuviel Bares, Geld dürfe nicht liegen, es müsse arbeiten wachsen wuchern, also habe er gemeinsam mit der Frau Bankdirektor eine Idee ausgebrütet, die sich für alle Beteiligten rechnen würde. Nein, er habe nicht den Plan, noch mehr Hallen aufzustellen, Mastböden habe er genug, auch könne er den Lauf seiner Futterbänder, sollte es die Nachfrage erfordern, weiter beschleunigen, die Pick-Intensität erhöhen und die Wachstumszeit dementsprechend verkürzen. Aber! Jetzt setzte sich der Baron und rückte so nah an Marie heran, daß Speicheltröpfchen auf ihre Knie sprühten, aber der Konsument sei eine wankelmütige Seele, der Friede werde anhalten, der Wohlstand zunehmen, und früher oder später, da dürfe er sich keine Illusionen machen, habe die Nation vom schlaffen Fleisch die Schnauze voll. Kurzum: Man brauche einander. Sie, die Meier, habe ein prächtiges Grundstück und er, der Baron, den Zaster, um zu bauen. Das Apartmenthaus werde fünf oder sechs Etagen haben. Eher sechs, vielleicht auch sieben, da komme es drauf an, was ihm die Baukommission, die dann vermutlich von Meier präsidiert werde, bewillige. Mit anderen Worten:

eine wasserdichte Nummer. Der wahre Hammer. Na, was halten Sie davon?

Ich halte sehr viel davon, log Marie und versprach, sich das Angebot zu überlegen.

Als er zum dritten Mal wiederkam, spazierte sie an seiner Seite durch den Park und erzählte elegisch, weshalb die Pavillon-Standarte nach Osten wies. Sie zeigte ihm die Muschelstadt auf dem Teichgrund, das überwucherte Grab und den Stein, auf dem das Mariechen die Trostlosigkeit der Sonntagnachmittage durchlitten hatte. Aber nicht nur im Plaudern, auch im Zuhören war sie so geschickt, daß der Hühnermann sie regelmäßig besuchte und oft gar nicht mehr aufhören wollte, *en détail* zu schildern, wie seine Produkte am Laufband gemästet, abgestochen, entfiedert, entdarmt, verpackt und auf den Markt geworfen würden. Baron, hauchte Marie, das ist der wahre Hammer!

Sie teilte seine Sorgen und seine Begeisterung, traf stets den richtigen Ton, machte immer das richtige Gesicht und schaffte es sogar, den grobschlächtigen Bewerber, der mit dem Grundstück am liebsten auch die Besitzerin erworben hätte, auf Distanz zu halten. Klar, Männer wollen sich bewundern, und in einen Spiegel, der ihnen diese Bewunderung bietet, beißen sie nicht hinein, vor allem dann nicht, wenn sie merken, daß die Bewunderung echt ist, und das war sie, das war sie durchaus. Marie Meier, die einmal in der Woche zu Percy eilte, damit er mit Brennschere und Fönhaube ihre Schönheit fixierte, hatte für den Hühnerbaron, der in seinen Masthallen die Vergänglichkeit eliminierte, ein feinsinniges Verständnis.

*

Er wurde von Woche zu Woche zutraulicher, gockelte jeden zweiten Tag heran, meist mit einem Hühnchen, und nahm es dankbar hin, daß sie ihm die knallbunten Krawatten ausredete, den Wortschatz erweiterte und seine Manieren polierte. Bei Ihnen, sagte der Baron, darf ich Mensch sein. Bitte, das konnte er haben. Sie riet ihm, seinen Namen in Neonlettern auf die Masthallen zu setzen, und fand es schrecklich, daß er jenen von Schubert noch nie gehört hatte. Eines Abends zitierte sie sogar ihre Freundin herbei, die Gubendorff. Die war immer noch ledig und konnte es sich durchaus vorstellen, zur Baronin gemacht zu werden. Dabei erwies es sich, daß der bekennende Marienverehrer bei seiner Gastgeberin einiges gelernt hatte. Er erschien mit dezenter Krawatte und imponierte seiner Tischdame mit dem Bekenntnis, bei einer Schubertsonate in Tränen auszubrechen. Der Antrag erfolgte – allerdings nicht in der erhofften Form. Fräulein von Gubendorff, sagte der Baron mit vibrierender Stimme, Sie ahnen nicht, was ich Ihnen bieten kann: Seeblick plus Garage, sowie die beste Freundin in unmittelbarer Nachbarschaft! Der wahre Hammer! Wenn die Hütte steht, können Sie einziehen!

Anderntags stellte er unmißverständlich klar, seine Geduld sei erschöpft. Die Pläne seien fertig, die Bagger stünden bereit. Also, Madame, was gilt? Ich will den

Park, Sie brauchen Bares. Worauf warten wir noch? Unterschreiben Sie den Kaufvertrag!

Darf ich offen sein?

Ich bitte darum.

Seidenkatz, mein Großvater, war ein international berühmter Konfektionär. Wer im damaligen Osten eine Dame war, trug unsere Roben, wer sich als Herr verstand, unsere Zylinder. Aber raten Sie mal, was Seidenkatz das Wichtigste war!

Eine gesunde Bilanz, nehme ich an.

Kommen Sie, ich zeig's Ihnen. Sie führte den Baron unter die Bäume, zu den Rosen. Mittendrin hockte Papa, den Strohhut auf dem Kopf, ein Schäufelchen in der Hand. Der Baron blickte irritiert, und Marie sagte rasch: Bücken Sie sich, riechen Sie! Dann werden Sie verstehen, was ich meine.

Der Baron bückte sich und roch. Sie betrachtete die Speckrolle seines Nackens, zupfte ihm ein Federchen vom Kragen, rieb es degoutiert aus den Fingern, ließ es entschweben und bemerkte: Ein wirklich großer Mann, Baron, redet nicht vom Geld. Der ist über die Penunzen hinaus.

Sie meinen, stotterte er, sich aufrichtend, ich soll Sie nicht mehr belästigen?

Doch doch. Jederzeit. Allerdings wäre ich Ihnen zu Dank verpflichtet, wenn Sie bei unseren Plaudereien das Geld beiseite ließen. Machen Sie's wie Seidenkatz. Investieren Sie in die Schönheit der Welt – in Beete oder Bilder.

Ich gebe Ihnen 24 Stunden, sagte der Baron ungerührt. Dann will ich eine klare Antwort: Die Unterschrift oder eine endgültige Absage.

*

Um die Herrlichkeit seiner erblühenden Rosen zu schauen, hatte sich Papa auf einen Küchenhocker gestellt. Dabei muß es geschehen seien – er war tot in die Rondelle gefallen. Luise und Max hatten Tränen in den Augen, sie nicht. Die Gedanken, die ihr durch den Kopf gingen, waren *seine* Gedanken, und so war es weniger sie selbst, eher Papa, der sein Ende mit dem Abgang des großen Seidenkatz in Verbindung brachte. Gewiß, der Park- und Ateliersgründer war um einiges großartiger gestorben – der war beim Stutzen einer Katalpa von der Leiter gestürzt und hatte sich eine Schere in die Gurgel gestoßen. Papa hingegen war nur von diesem Hocker geplumpst, ohne Schere, ohne Blut, und lag nun gekrümmt in den Rosen, die ihn sachte zitternd umstanden. Es war ein kleiner, bescheidener Tod. Eine Brise, die mit der Dämmerung vom See hereinwehte, wühlte einen Schwall von Düften auf, und die Blätter, die er eben begossen hatte, ließen ein leises Getröpfel hören. In der Hand hatte er das Schäufelchen und auf den Lippen ein Lächeln, das geheimnisvoll die Schönheit seiner Beete spiegelte. Die Toten, dachte Marie, werden von ihren Taten gekleidet, den guten wie den schlechten, und solange von ihnen erzählt wird, sei's im Guten, sei's im Schlechten, leben sie fort.

Dann formierte sich eine kleine Prozession. Max ging

voran – er hatte sich seinen Schwiegervater wie ein schlafendes Kind über die Schulter gelegt. Hinter ihm schritt Luise, die den Hocker trug, während sie, Marie, den Schluß bildete und aufpassen mußte, daß sie nicht ins Hüpfen kam. Warum? Einfach so. Aus Liebe. Aus Zärtlichkeit. Um noch einmal, ein allerletztes Mal, sein Mädchen zu sein, die Kleine, die Süße, die in der einen Hand die Gießkanne schwang und in der andern den Strohhut. Im Salon legten sie Papa auf das Kanapee, und sollte er mit seinen erstaunten, weit aufgerissenen Kinderaugen von dieser Welt noch etwas gesehen haben, war es die Kugellampe mit dem Fliegengrab. Luise schloß ihm die Augen. Dann klebte sie über beide Lider ein Heftpflaster. Sicherheitshalber, sagte die Alte.

Auf einen Stern zugehen, nur dieses.

DOPPELLEBEN

Papa wurde auf dem jüdischen Friedhof einer nahen Universitätsstadt zu Seidenkatz ins Grab gelegt. Es regnete in Strömen, alles drängte sich unter die Schirme, und vom fremden Ritual, dem Singsang der Psalmen und den hebräischen Totengebeten, bekam die Tochter kaum etwas mit. Um die jüdische Gesellschaft nicht zu inkommodieren, war der Bruder draußen geblieben, vor der Friedhofsmauer, wo sie ihn hinterher abholten.

Gemäß jüdischem Brauch zog Marie während der

siebentägigen Trauerzeit keine Schuhe an und trug ein Kleid, in das sie mit der Schere einige Risse geschränzt hatte. Dann holte sie die Menora aus der Dachkammer herunter, den siebenarmigen Leuchter, und stellte ihn neben das Verlobungsphoto der Eltern auf das Büffet. Sie erhielt erstaunlich viel Trauerpost, und jede Karte wurde handschriftlich verdankt. Zudem hatte sie eine ganze Reihe von Besuchern zu empfangen, und manchmal war es ein wenig anstrengend, die verlogenen Reden auszuhalten. Was für eine Persönlichkeit, sagte Arbenz ergriffen, was für ein begnadeter Konfektionär! Am meisten Mühe hatte sie mit dem alten Lavendel. Kaum hatte er im Rauchzimmer Platz genommen, hielt er ihr ein Tütchen mit Pfefferminzpastillen hin, die Lippen fest zusammengepreßt, und du lieber Himmel, wie er so saß und mit flehendem Blick darum bat, sie möge sich bedienen, konnte sie es sich kaum noch vorstellen, daß dieser Mann in seinen frühen Jahren die Linie überquert, Borneo berührt und einem jungen Mädchen die Libido angeliefert hatte! Nach dem ersten Whisky ging es ihm etwas besser, und er setzte zu einem Monolog an, der aus lauter Wiederholungen bestand. Da er laufend vergaß, was er gerade gesagt hatte, strudelte er stets im gleichen Thema herum und meinte ein ums andere Mal, gegen den Tod hätte auch Kollege Oskar nichts ausrichten können.

Nachmittag, ein endloser Nachmittag. Irgendwann zückte er wieder sein Tütchen, bot es ihr an – und erstarrte mit ausgestrecktem Arm. Als sei ihm entfallen, daß gewisse Bewegungen nötig sind, zumindest im Kopf oder mit der Zunge, um mitzuschwimmen im Fluß der Zeit, saß er und glotzte, und als seine Faust, die verzweifelt das Papiertütchen umklammerte, ein wenig ins Zittern kam, entstand ein leises, kaum hörbares Geraschel. Lavendels Lebensfackel war am Erlöschen. Der treueste Freund des Hauses raschelte einfach weg, im Rauchzimmer einen unguten, lange verhockenden Geruch hinterlassend: nach Lavendelwasser, nach Chloroform und ein wenig nach dem Hundeatem eines Magenkranken (Krebs, wurde im Städtchen gesagt, keine Chance). Lüften, Luise, fix!

*

Als Marie vom Haus herüberkam, setzte das Geschrill der Motorsägen aus, und schlagartig wurde es still im Park, totenstill. Aus den Wipfeln strichen lautlos die Amseln ab, Ameisen und Käfer verschwanden in Ritzen, kein Blatt regte sich, keine Blüte, kein Halm.

Marie blieb ruhig, kühl, gefaßt. Sie trug das Kopftuch, die Sonnenbrille, neue Ballerinahosen sowie Schuhe mit hohen Absätzen. Sie war sehr hübsch an diesem Morgen, lehnte an einem Pfosten des Pavillons, rauchte eine Zigarette und wartete geduldig, bis einer der Baumfäller, offenbar der Vormann, zu ihr auf die Karussellscheibe trat. Er verströmte einen Geruch nach Harz und Maschinenöl und zog sich, indem er die Rechte unter den linken Oberarm klemmte, einen riesigen Handschuh von der Pranke. Sie können hier nicht bleiben, Lady, sagte der Vormann scheu.

Verzeihen Sie die Störung. Ich wollte Sie nur fragen, ob ich Ihren Leuten einen Imbiß servieren darf.

Der Riese glotzte.

Vielleicht kommen Sie am besten in die Küche, dort haben wir einen großen Tisch.

In Ordnung, sagte er, machen wir.

Eine Toilette finden Sie im Entree. Sollten Sie sonst etwas benötigen, bin ich jederzeit für Sie da. Dann bis später, ja? So gegen zehn, wenn es Ihnen recht ist.

Ist es, sagte der Vormann.

Da fällt mir ein, daß auf dem Pavillon eine Standarte steht. Wäre es zuviel verlangt, wenn ich Sie bitten würde, dieses Blechding nicht auf den Abfall zu werfen?

Gut. Wird gemacht.

Und diese Bank hier...

Die ganze?

Ja, warum nicht. Ich werde Ihnen die Tür zum Atelier aufmachen. Dort haben wir Platz genug.

Lady, wir haben den Auftrag, hier aufzuräumen.

Ja, gewiß, tun Sie das. Die Sitzbank, die Standarte: das wäre alles.

Der Vormann stapfte davon, zurück zu den anderen Riesen, die mit ihren Motorsägen an den Stämmen bereitstanden. Weitermachen wollten sie, die Sägen ansetzen und all die herrlichen Kronen rauschend niedergehen lassen. Marie rauchte ihre Zigarette in aller Ruhe zu Ende. Sie sah durch die Bäume zum See und wunderte sich, daß auch die Wasservögel verstummt waren. Tja, nun war es wohl soweit. Schon spreizten die Riesen ihre Beine, schon bückten sie sich, gleich würde das Geschrill wieder einsetzen, lauter als je, mörderisch, tödlich, und du lieber Himmel, was ist denn das? An der Lampiongirlande wob eine Spinne ihr Netz. Und hatte sie nicht recht, die Spinne? Ja, im Innern würde alles bleiben, wie es war. Im Innern würde sich das Karussell ewig weiterdrehen, durch die Kronen würde die Morgensonne blitzen, und im Spinngewebe funkelte ein Tautropfen, der sich zwar in die Länge zog, aber niemals abfiel. Hier sangen die Amseln, hier leuchteten Papas Rosenbeete, und zwischen den Stämmen blickten weise und schweigend die Seidenkatzschen Hirsche hervor.

*

Eines Tages, da sie im Frisiervarieté wieder Seite an Seite thronten, fragte die Müller die Meier: Haben Sie schon mal Garnelen gegessen?

Wie bitte?

Garnelen. Die Sauce scharf, dennoch würzig.

Sie stellen amüsante Fragen, Frau Direktor!

Spielen Sie Klavier?

Das ist vorbei.

Haben Sie wenigstens einen Plattenspieler?

Ein älteres Modell.

Kennen Sie Buxtehude?

Buxtehude?

Noch nie von Dietrich Buxtehude gehört, dem großartigen Komponisten?

Doch doch, ich wundere mich nur, warum Sie mir diese Fragen stellen, Frau Direktor.

Schätzchen, es wird allmählich Zeit, daß wir unser Geschäft zum Abschluß bringen. Die Partei hat gewisse Altlasten abgewälzt und ist nun dabei, den Generationswechsel einzuläuten.

Marie horchte auf.

Das Lieblingswort der Gruppe Eins, fuhr die Müller konspirativ fort, ist Mobilität.

Verzeihung, Frau Direktor, ich muß schon wieder passen. Gruppe Eins, sagten Sie?

So wird in unseren Kreisen der oberste Parteiboß genannt.

Die Meier stieß einen leisen Pfiff aus. Der nationale Parteiboß?!

Ja, der Mann an der Spitze. Er schätzt junge Männer, die finanziell auf sicherer Basis stehen, und den Mut, die Kraft und den Willen haben, sich in den Dienst der Partei zu stellen. Haben wir uns verstanden?

Im Prinzip schon. Aber soll ich der Gruppe Eins wirklich Garnelen servieren? Es heißt doch, der nationale Parteipräsident liebe die Bratwurst über alles.

Die Bratwurst ist für die Öffentlichkeit bestimmt.

Sie sind sehr liebenswürdig, Frau Direktor.

Ich halte mich an Abmachungen. Die Herren erscheinen am nächsten Montag, rechtzeitig zum Mittagessen. Noch Fragen?

Nein, Frau Direktor.

Aber Pst! Der große Boß soll sich ein objektives Bild

vom Kandidaten machen können – und von seiner reizenden Gattin!

*

Daß sie ihre Vorbereitungen hinter Meiers Rücken treffen mußte, verletzte Maries Stilempfinden, doch hatte sie vor der Müller eine zu große Achtung, um sich über deren Gebot hinwegzusetzen. In aller Heimlichkeit putzte sie mit Luise das Haus, stellte ein Porträt von Churchill auf das Büffet und hängte sich einen Tag lang ans Telephon, um schließlich auf eine Großtante der Gruppe Eins zu stoßen, die ihr weitere Informationen lieferte.

Die Ankündigung der Müller erwies sich als richtig. Am 7. Mai 1956 rollten mehrere Wagen auf das Haus zu. Meier hatten sie in seiner Kanzlei aufgestört – auf seiner Vespa war er der Kolonne vorangesaust, stürzte jetzt in die Küche und schrie: Hast du Bratwürste im Haus? Keine einzige?! Ja weißt du denn nicht, *daß die Bratwurst sein Lieblingsgericht ist?!?*

Die Herren füllten bereits das Entree. Marie, den aufgeregten Gatten nicht weiter beachtend, schwebte auf die Gruppe Eins zu und hauchte, indem sie ihre Küchenschürze auszog: Was für eine wunderbare Überraschung! Herzlich willkommen! Leider – darf ich Sie in den Salon bitten? – habe ich nur Garnelen anzubieten.

Garnelen?!

Und zum Dessert ein Schokoladetörtchen, fügte sie bescheiden hinzu.

Der Präsident war baff. Das ist doch – rief er und

strebte samt Gefolge in den Salon, wo zufällig der Plattenspieler lief – Buxtehude!

Ergriffen schloß der große Mann die Augen, sank auf das Kanapee, faltete die Hände. Wenn Sie wüßten, stieß er hervor, was mir Buxtehude bedeutet! Mein Vater, ein einfacher Primarlehrer, hat eine Biographie über Buxtehude verfaßt, *Cheers!*

Cheers, stammelte Meier, *Cheers…*

Zu seinem Erstaunen stand auf dem ziegeldicken Glastisch eine Kristallschale voller ihm unbekannter, weißrosiger Meertierchen, und von der Terrasse her duftete es nach Käsepasteten. Also begab sich der Troß nach draußen, um sich im Stehen zu verköstigen, und die Gruppe Eins fiel mit unbändiger Lust über die Garnelen her. Mein Lieblingsgericht, gestand er mit vollem Mund, pries die Sauce (scharf, dennoch würzig!), beklagte das Schicksal seines Vaters (ein Leben für Buxtehude, zweitausend Seiten, ungedruckt!), kippte drei Whiskys (genau meine Sorte!), schüttete zwei Tassen Kaffee hinterher, verschlang die sahnegekrönte Torte, und als sein Sekretär, ein eikahler, hart blickender Mann, nach genau dreißig Minuten zum Aufbruch blies, kniff der oberste Boß die Gastgeberin in die Wange und flüsterte: Es war der Schokoladekuchen meiner Kindheit, das Rezept meiner über alles geliebten Mutter.

Ah ja, wirklich? Herr Präsident, flüsterte Marie, ihn am Arm zu seinem Cabrio führend, Max Meier, mein Gatte, bewundert Sie. Max Meier bewundert Sie sehr. Unser Churchill, pflegt er zu sagen.

Die Parteigewaltigen drängten auf die Sitze. Der eikahle Sekretär stellte sich im vordersten Wagen an die Frontscheibe und gab mit schlaff nach vorn kippender Hand das Zeichen zum Start. Die Motoren heulten auf, die Kolonne brauste davon. Du, Max, fragte sie, wer war der kahle Sekretär, etwa dein früherer Förderer, der Dr. Fox?

Aber Meier konnte ihr keine Antwort geben. Er war wie in Trance. Darling, stammelte er, ich habe es geschafft!

Dann trug er seine Gattin auf den Armen über die Schwelle und legte sie auf das Kanapee, das vom gewaltigen Hintern der Gruppe Eins noch warm war.

*

Marie/Marie, notierte sie am 29. August 1956, ihrem dreißigsten Geburtstag, ins Tagebuch, nur ihren Namen, nicht mehr: *Marie/Marie.* Ein Leben nach außen, eins nach innen, und eigentlich lief es wunderbar. Die Innere schlenderte mit Mamans Seidensonnenschirmchen durch den Park und winkte im Vorüberschweben Papa zu, der glückselig inmitten seiner Rosen kauerte. Die Innere diskutierte mit Eisler über Stalin, die Kunst und die Moderne und gab, wie eine Prinzessin aus Tausendundeiner Nacht in durchsichtige Schleier gehüllt, ein Konzert in Kairo. Die Innere verbrachte ihre Abende in aller Welt, am Turmfenster des Hotel Moderne über dem ligurischen Golf oder auf einer Veranda im afrikanischen Busch, und immer öfter kam es vor, daß sie fernab an

Deck eines Tropendampfers weilte, während die Äußere zwischen Offizieren, Gemeinderäten, Geistlichen und Trachtenfrauen in der vordersten Reihe eines Festzeltes saß, das rechte Bein über das linke gelegt, das Tweedkostüm beigebraun, die Bluse aus schwarzer Twillseide, der Glockenhut aus weißem Filz, und gehorsam hochlächelte zu ihrem Gatten, der Turnerinnen und Turner begrüßte, Kleingärtner oder Rabattmarkenvereine. Wenn der schöne Italiener nach einem langen Winter mit dem Gelatimobil erschien, führte sie dem staunenden Städtchen als erste die neue Sommerkollektion vor, und selbst die Müller, bisher die Eleganteste weit und breit, mußte zugeben, daß die Meier ein *hübscher Käfer* sei. Max war überglücklich. Endlich besaß er die Gattin, die er sich schon immer gewünscht hatte. Eine, die an seiner Seite glänzte. Eine, die ihn bewunderte. Eine, die ihn stützte und stärkte und unentwegt dafür sorgte, daß er mit sich und seinen Stimmungen zurechtkam. Suchte er Trost, wurde er getröstet; brauchte er Lob, wurde er gelobt; mit dem Seligen war sie selig, und den Erniedrigten konnte sie aufrichten mit einem präzisen Lob: Darling, sagte sie, du bist großartig. Durch deinen Willen, deine Kraft und deine Zähigkeit hast du den Metzger besiegt.

Tja, sagte Meier, da ist mir tatsächlich ein Coup gelungen.

Als sie ihn zum Präsidenten der städtischen Partei gewählt hatten, war durch die gefällte Ulmenallee ein Musikcorps anmarschiert und hatte dem Paar ein Ständchen geschmettert. Jeder Musiker hatte ein Glas Weißwein erhalten, und mit präsidialer Jovialität (großartige Stabführung, mein Lieber!) bat Meier den Dirigenten zum Abendessen ins Haus.

Marie/Marie.

Ihr Doppelleben nahm eine schöne, feste Form an.

Auf dem Sommerball des Yachtclubs trug sie das gleiche Satin-Organza-Kleid, das Audrey in *Ein süßer Fratz* getragen hatte, und kurz danach tauchte sie auf einer privaten Party der Müllers in einem Jardinière-Samt-Kostüm auf, in dessen tief facettiertem Blaugrün der abgeholzte Park zauberhaft weiterlebte. Die Meier machte Furore, sie gefiel, sie kam an. Im Pensionat hatte sie gelernt, wie man konversierte, und von Seidenkatz, ihrem Großvater, hatte sie eine gierige Lust nach Kleidern und Hüten, nach Schuhen, Schleiern und Stoffen geerbt. Weichem Material verlieh sie Kontur; selbst billiges Parfum brachte sie zum Blühen, ihre Duftnote war blumig, ihr Auftritt klassisch, dennoch originell, englischer Adel mit einer Prise Hollywood, und wenn Percy behauptete, eigentlich würde die Meier auf eine interpopuläre Soiree gehören, zwischen die Herzogin von Windsor, Mrs. Whitney und die Callas, hatte er nicht ganz unrecht. Marie hatte Charme und Charakter, Stil und Haltung, und da sie es trotz den Bannworten des Stadtpfarrers wagte, in aller Öffentlichkeit Hosen zu tragen, konnte sie sich jeweils am Samstagabend, eng an Meier geschmiegt, auf der Vespa ins Kino chauffieren lassen.

Betraten sie den Saal, wurden sie von allen Seiten gegrüßt. Dann nahmen sie in der vordersten Reihe des Balkons die beiden Mittelplätze ein, Meier nickte über die Schulter zum Operateur hinauf, ein warmer Gong erklang, die Leuchter glommen ab, die Stimmen erstarben, ein silberner Vorhang flog hoch, ein goldener zu den Seiten, blendend hell erglitzerte eine Eiswand, Musik erscholl, ein Trompetenstoß, und schon war sie da, innen und außen: die Welt. Die Welt! Im Kino gab es Audrey auf beiden Seiten, auf der Leinwand und im Saal, und zum Ende hin wurde alles, alles gut. Meist gingen sie danach in den Yachtclub, wo auf der zebragemusterten Fläche keine zu tanzen verstand wie Marie, ohne Partner, in der Linken ein Cocktailglas, im Mundwinkel eine glimmende Gauloise.

An einem sonnigen Nachmittag saßen die Meier und die Müller vor dem Babalu, einem neu eröffneten Café am Hauptplatz. Für einen Espresso kam auch Percy herüber, gemeinsam mit Felix, und auf einmal starrten alle vier in dieselbe Richtung. Der Sommer reiste ab, und während das Pa-diddel-di-diddel des Gelatimobils allmählich leiser wurde und schließlich ganz verklang, trat auf der andern Seite des Platzes der Brater hervor, schon in seinen Winterpelz gehüllt, baute die schwarzen Maronikessel auf und schürte das Feuer. Der Herbst war da, und die Meier, ihr Täßchen in der Hand, den kleinen Finger abgespreizt, so daß er zufällig auf das Zifferblatt der Turmuhr von St. Oswald zeigte, bemerkte melancholisch, manchmal habe sie den Eindruck, als würden die Jahre immer schneller vergehen.

*

10. Oktober 1956.

Heute kam die Zeitschrift der Textilindustrie. Darin ein rührender Nachruf auf Papa – Klavierkatz wurde er genannt! Gleich nach dem Tod wäre mir der Artikel verlogen vorgekommen, aber inzwischen denke ich anders. Ich habe kapiert, daß das uneingeschränkte Lob für die Verstorbenen eine tiefe Wahrheit enthält. Im nachhinein ist jedes Leben geglückt.

*

4. November.

Heftige Straßenkämpfe in Budapest.

Bei der letzten Versammlung hat Max den alten Vorstand (der uns seinerzeit im Keller die Waschküche einrichtete) von der Bühne gekegelt.

Ich liebe Max, natürlich liebe ich ihn. Er ist ein rücksichtsvoller Gatte und hat mir die Angst vor dem Städtchen genommen – hätten wir Kinder, könnten die ohne jede Furcht durch die Gassen gehen. Das Dumme ist nur, daß es mit der Konzeption einfach nicht klappen will, trotz unserer Bemühungen. Ich würde mich, behauptet Max, innerlich verweigern.

Am selben Tag, abends.

Lag auf dem Kanapee, glotzte zur Decke, hörte Musik. Sieben Mal hintereinander das Vorspiel zu Lohengrin. Nicht Wagner begeistert mich, sondern die Wiederholung. Da taucht Vergangenes noch einmal auf, fließt zurück in die Gegenwart. Werde den Bruder bitten, die Weihnachtstage bei uns zu verbringen (Max ist einverstanden).

*

7. November.

Warum zieht es mich ins Atelier? Was suche ich hier?

Am Mittag telephonierte Max mit dem Baron. Die Grube müßte abgedeckt werden – sie lockt Aberhunderte von Möwen an. Ihr Gekreisch wird allmählich zur Qual. Auch Luise leidet. Ob der Bruder meine Einladung erhalten hat?

*

10. November.

Zum Tee der Baron. Gemeinsamer Gang – (in den Park, wollte ich schreiben!) an den Grubenrand. Unten ein Teppich aus lauter Vögeln. Wie auf meinen Mastböden, bemerkte der Baron.

Noch immer keine Nachricht aus der Bücherarche.

*

Sonntag, der erste Advent.

Seit gestern schneit es.

Natürlich weiß ich, daß die Menora, die ich aus der Dachkammer heruntergeholt und auf das Büffet gestellt habe, an die Zerstörung des Jerusalemer Tempels erinnern soll ... aber ich denke, du hast nichts dagegen, liebster Papa, wenn ich deinen Leuchter als Adventsdekoration verwende.

Gestern Kino, dann Yachtclub.

Sämtliche Damen lagen Meier zu Füßen, auch die Müller. Zum Schluß war ich mit Oskar allein an der Bar und faselte vom Weltgeist. Du bist ja eine verdammte Sozialistin, meinte er anerkennend.

À propos dialektischer Prozeß: Jene, die im Innern lebt, habe ich Sternenmarie getauft, die äußere Spiegelmarie.

Wieder Weihnachten, wieder der Bruder

Frohe Weihnachten, jubelte Marie, öffnete ihre Arme und hieß den Bruder willkommen. Seit einer Augenoperation trug er keine Brille mehr, sondern im linken Auge ein Monokel. Da er abgenommen hatte, paßte sein Hals problemlos in den engen Kragen, und plötzlich glaubte Marie zu sehen, weshalb er Priester geworden war: wegen des Kostüms! Die Scherenspitze, die Großvater Seidenkatz in die Gurgel eingedrungen war, würde gegen den Stehkragen der priesterlichen Soutane keine Chance haben.

Marie, sagte der Bruder, du siehst wunderbar aus. Wann haben sie die Allee gefällt?

Ohne eine Antwort abzuwarten, begab er sich mit den klopfenden Schritten seiner Schnallenschuhe über das blank gewienerte Parkett in den Salon, nahm auf dem Kanapee Platz, betrachtete den Weihnachtsbaum und ließ sich wie eh und je von Luise bedienen. Sie nahm ihm den Hut ab, und sein Gepäck brachte sie nach oben, in sein Knabenzimmer, wo noch immer der kleine Altar stand, mit Kelch und Monstranz, und im Schrank das Matrosengewand lag, die runde Mütze mit den blauen Schleifen. Max, der es offenbar für das beste hielt, ein sachliches Lachen anzustimmen, mixte für den Schwager einen Martini-Cocktail.

Fabelhaftes Getränk. Glückwunsch! Wo hast du das Rezept her?

Aus dem Yachtclub, erklärte Max. Neben dem altertümlichen Archekapitän wirkte er erstaunlich modern, geradezu amerikanisch, als wäre er einem Hollywood-Film entstiegen. Eine Weile schwiegen sie, wie damals, im Besuchszimmer von Mariae Heimsuchung, und Marie brauchte den Bruder nicht einmal anzusehen, um seine Gedanken zu erraten. Das Haus, dachte er, habe ohne den Park etwas Fremdes bekommen, etwas Verlorenes. Es ist gar kein Haus mehr, entfuhr es ihr.

Was denn sonst?

Ein Hausoleum, hätte sie gern gesagt, aber die Glockenschläge von St. Oswald schnitten ihr das Wort ab. Max setzte ein hilfloses Grinsen auf; er fühlte sich unwohl, während sie mit lächelnder Geduld darauf wartete, daß die Salonuhr das Zwischen beenden würde. Irgendwann erklang das Keuchen, dann das Rasseln, und dong! dong! dong! war es auch im Katzenhaus zwölf geworden, zwölf Uhr mittags, da man zu den Zeiten von Maman zu Tisch gegangen war. Anfänglich lief es ganz passabel. Max berichtete von seinen politischen Erfolgen und gestand dem Schwager, so bald als möglich auf die nationale Bühne wechseln zu wollen. Dabei dürfe er auf die Unterstützung eines Mannes zählen, mit dem er seit vielen Jahren bekannt sei, und selbstverständlich sei es für ihn, Meier, von Vorteil, daß sein Freund und Förderer parteiintern als graue Eminenz gelte.

Ah, machte der Bruder, so. Ist sie zufällig kahl, die Eminenz?

Marie hielt es für besser, wenn der Name der Eminenz

unerwähnt blieb, und erkundigte sich beim Bruder, woran er zur Zeit arbeite.

Über Augustinus, antwortete der.

Oh, wie interessant! Sie legte ihm die Hand auf den Unterarm und fragte: Bist du mit einem Féchy einverstanden?

Um das Etikett zu prüfen, klemmte der Bruder das runde Glas ins Auge, taxierte den Jahrgang als trinkbar und sagte dann: Augustinus, meine liebe Schwester, ist nicht etwa der arme Spielmann mit der Geige, der nach einem Trinkgelage in einer Pestgrube erwachte, sondern jener Kirchenvater, dem es gelang, das Wesen der Zeit zu erfassen. Erinnerst du dich an meinen letzten Weihnachtsbesuch? Er liegt lange zurück. Mit einer Tasse Kaffee hast du am Fenster gestanden, den kleinen Finger abgespreizt, Papa und ich haben gefrühstückt, er in die Zeitung blickend, ich in mein Brevier, und vielleicht weißt du noch, worüber wir gesprochen haben. Es ging um Gott. Um Gottes Existenz. Gott, sagte ich, sei das wahre Sein. Allerdings könnten wir Menschen es nicht erfassen. Warum das so ist, habe ich nun mit Augustinus zu erklären versucht. Präziser: mit dessen Zeitbegriff. Noch präziser: mit der fehlenden Gegenwart. Es mag sich ein bißchen verrückt anhören, aber ich denke, daß Augustinus den Nagel auf den Kopf getroffen hat: Für uns Menschen gibt es keine Gegenwart.

Ah ja, wirklich?

Entweder leben wir in der Vergangenheit oder in der Zukunft. Entweder sind wir zu spät oder zu früh. Entweder beschäftigen wir uns mit dem wohlriechenden Braten, der gleich serviert wird, oder wir hängen einer Erinnerung nach, die längst versunkene Zeiten berührt.

Kein Braten, bemerkte sie.

Etwa ein Hühnchen? fragte Max.

Der Bruder schoß ihm einen strengen Blick zu und fuhr dann fort: Wenn wir denken, denken wir nach. Wir haben Wünsche oder Erinnerungen. Mit anderen Worten: im *hic et nunc,* im Hier und Jetzt, sind wir nie. Das Jetzt zuckt an uns vorbei. Jetzt jetzt jetzt. Frontsoldaten haben dies eindrücklich bestätigt. Im Augenblick der Verwundung haben sie nichts empfunden. Dort jedoch, im Nullpunkt unserer Zeit, ist die Gegenwart Gottes, dort ist seine Ewigkeit. Ja, Gott *ist,* er existiert, allerdings vermögen wir ihn sowenig zu erhaschen wie das flüchtige Jetzt. Weshalb steht auf dem Büffet eine Menora, meine Liebe? Willst du uns untreu werden?

Nein nein.

Warst du gestern in der Weihnachtsmette?

Deine Schwester, kam ihr Max zu Hilfe, war etwas erkältet. Ich habe sie gebeten, auf den Kirchgang zu verzichten.

Ah, machte der Bruder, so.

Luise brachte die gebratenen Poulets, Max schnitt sie auf, und Marie verteilte die Schenkel auf die Teller. Nachdem sich Luise zurückgezogen hatte, tupfte der Bruder mit der Brokatserviette die beiden Mundwinkel aus und sagte: Rührend von dir, daß du einen alten Bordeaux servierst. Weißt du noch? In Mamans Bibliothek haben wir seinerzeit das Weihnachtsfest gefeiert – mit einem Bordeaux, der deinen Jahrgang hatte. Ich schlug dir damals vor, dich in Sicherheit zu bringen.

Ja, lachte sie, entweder sollte ich auf deine Arche oder ins Pensionat verfrachtet werden. *Tertium non datur,* hast du gesagt.

Marie hat beide Varianten ausgeschlagen, wandte sich der Bruder an Max, und Papa mußte sich einiges einfallen lassen, um die renitente Person ins Pensionat zu schaffen, nach Mariae Heimsuchung.

Ich wüßte ja zu gern, ob er wirklich in Afrika war.

Das werden wir nie erfahren, meinte der Bruder, *requiescat in pace,* möge er ruhen in Frieden.

Eine Weile aßen sie schweigend, wobei der Bruder beim Kauen so gezielt in Maries Richtung sah, daß sie vom Monokel, in dem der Schein der Tischkerzen schimmerte, etwas geblendet wurde. Monsignore war durch und durch schwarz, doch schien er von allen Seiten das Licht anzuziehen – sogar das Seidenband seines Monokels zog ihm einen glänzenden Streifen über die Brust. Er sagte: Weder Max noch ich können akzeptieren, daß du nicht zur Messe gehst. Ich aus religiösen Gründen, er aus politischen. Als Repräsentant einer christlichen Partei ist dein Gemahl auf eine Gefährtin angewiesen, die ihre Pflichten erfüllt. Habe ich recht, Max?

Im Prinzip schon, gewiß...

Der Bruder hob das Glas: Gesegnete Weihnachten, lieber Schwager, liebe Schwester, und herzlichen Dank für die Einladung.

Marie wartete, bis sich die Tür hinter Luise wieder geschlossen hatte, und sagte dann: Weißt du, Bruder, lieber als in die Kirche gehe ich mit Max ins Kino.

Das Monokel kullerte herunter. Ich nehme an, versetzte er süffisant, dort gibt es spannende Filme zu sehen.

Ja, die Wochenschau. Letzthin wurde zum x-ten Mal ein Bericht über die Kazetts gebracht, über Auschwitz.

Darling, intervenierte Max, dieses Thema ist ein alter Hut. Heute bedroht uns der Weltkommunismus, nicht mehr der Hirnverbrannte mit dem Schnäuzchen.

Ganz recht, fügte der Bruder hinzu, Weihnachten ist das Fest des Friedens.

Ich versuche doch nur, fuhr sie lächelnd fort, mir den Jüngsten Tag vorzustellen.

Marie, bitte!

Sorry, Max, nicht ich bin meschugge. Meschugge sind die Herren Theologen, die allen Ernstes behaupten, beim Erschallen der Posaunen kehre jedes Leben zum Schöpfer zurück, jedes Bein, jeder Arm, jede Zunge – außer den totgeborenen Babys natürlich. Die sind für alle Zeiten in den Limbus verbannt.

Marie, es reicht!

Ah ja, wirklich? Ich denke, mein Bruder erwartet von uns, daß wir die Dogmen ernst nehmen. Bitte, ich bemühe mich darum. Ich glaube an Gott. Er tut mir sogar ein bißchen leid. Unschuldigen Kindern verweigert er die Auferstehung, und was hat er davon? Beim Letzten Gericht werden ihm die Hautlampen aus Auschwitz um die Ohren fliegen.

Max wurde weiß. Marie, sagte er leise, dein Benehmen ist widerlich.

Der Bruder blieb die Ruhe selbst. Wieder bearbeitete er mit der Serviette die beiden Mundwinkel, wobei er es beim linken besonders sorgfältig tat – als gelte es, einen Blutfaden wegzutupfen –, und sagte dann: Wenn ich dich richtig verstanden habe, ist dir der Glaube unseres Vaters sympathischer.

Wenigstens haben die Juden keinen Limbus.

Ganz recht. Ihr Jenseits besteht aus Geschichten. Nur fürchte ich, daß du damit keinen Deut weiterkommst. Du hast Zwillinge geboren, Marie. Zwei Mädchen.

Danke, Bruder, danke!

Wofür?

Ich höre zum ersten Mal, daß es Mädchen waren.

Tut mir leid, das wußte ich nicht. Erneut warf er seinem Schwager einen strafenden Blick zu, klemmte das Monokel wieder ein und meinte ungerührt: Möglicherweise ist es für eine Mutter schwer zu ertragen, daß das Reich Gottes der Frucht ihres Leibes verschlossen bleibt. Aber Hand aufs Herz, meine Liebe: Hätten sie's bei den Juden denn besser? Sie waren Totgeburten. Also haben sie kein Leben gehabt, und niemand wäre imstande, etwas über sie zu erzählen. Mit andern Worten: Bei den Juden hätten sie gar nichts, bei uns haben sie immerhin ein Jenseits. Limbus heißt im Deutschen Rand. Das bedeutet: Der Limbus ist ein Un-Ort, griechisch Ou-Topos, Utopie. Denn er liegt genau auf der Grenze, am Rand des Tages und der Nacht, am Rand von Sein und

Nichts, im Zwischen, im Vielleicht. Er ist ein Schattenreich, liebe Schwester, und dennoch voller Glanz, voller Licht.

Marie fing plötzlich an zu lachen. Du hast recht, Bruder, meine Mädchen lebten nicht eine einzige Sekunde – und trotzdem haben sie eine Geschichte. An ihren Geburtstagen werden sie nicht älter.

Also haben die Zwillinge so oder so ein Jenseits, bemerkte Max erleichtert, im Christlichen wie im Jüdischen. Hier ist es der Limbus, ein Schattenreich, doch voller Licht, dort eine Geschichte, erst noch eine komische – alle Jahre wieder, am Geburtstag, sind sie keinen Tag älter geworden.

Marie erhob sich und sagte mit einem Lächeln, das aus den inneren Räumen kam: Ich war gestern bei Oskar.

Der Gynäkologe, erläuterte Max.

Oskar, fuhr sie fort, freut sich mit uns, daß ich die Frohbotschaft zum richtigen Datum verkünden darf, am Fest des Friedens, der Liebe und der Familie. Ich bin wieder in Erwartung.

Der Junge

Obwohl von der Geburt noch etwas geschwächt, hatte sie die Taufe zu einem Ereignis werden lassen. Ein phantastisches Fest, rundum geglückt, das fanden alle. Der Garten im Frühlingsfieber, lau die Luft, blau der Himmel.

Man hatte ihr einen Lehnstuhl auf die Uferwiese gestellt, und die Gäste gruppierten sich wie ein Hofstaat um sie herum: Oskar, der Bruder, die Gubendorff, der Baron sowie der halbe Yachtclub, angeführt von den Müllers. Wäre es nach ihr, der Gastgeberin, gegangen, hätte man auch Percy eingeladen, aber Max hatte sich heftig dagegen gewehrt. Percy, hatte er behauptet, würde mit dem Pudel erscheinen, was man den Gästen nicht zumuten könne. Also war Percy von der Liste gestrichen worden, und du lieber Himmel, ihr hatte es richtig weh getan, den Friseur von der Taufe fernzuhalten. Im Salon wurde getanzt, und einige der Herren saßen noch im Morgengrauen unter der Lampiongirlande auf der Terrasse, tranken und lachten.

Sie hatte es geschafft. Nun war sie im Städtchen angekommen – nach vielen vielen Jahren. Von einer jungen Modistin, die einen exklusiven Laden eröffnet hatte, wurde sie mit herrlich verrückten Modellen versehen, und selbst der Metzger, den Meier von der politischen Bühne gestoßen hatte, hielt ihr die besten Stücke zu: schön blutig, ohne Sehnen. Meier stand im Saft seiner besten Jahre, und schon um sieben Uhr morgens, wenn er im Bad vor den Spiegel trat, erblickte er darin einen kommenden Mann. Die Rasierwassersorte, die er sich auf die Wangen tätschelte, Pitralon, benutzten auch der Stadtpfarrer, der Oberrichter, die meisten Beamten und sämtliche Lehrer. Endlich roch der Kater richtig (wie der Volkskörper!), und obwohl sie hin und wieder den Eindruck hatte, er sei beim Gurgeln und Zähneputzen etwas zu laut, war sie bereit, diesen Morgengeräuschen eine Manifestation seiner Lebensfreude zu entnehmen.

Sicher, hin und wieder vermochte sie plötzlich zu ermessen, was die Hochzeitsformel (bis daß der Tod euch scheidet) bedeuten könnte: Durch den Sohn für alle Zeiten aneinandergebunden, würde sie Meier prusten und gurgeln und kauen und schlucken und schnaufen hören bis an den Rand ihrer gemeinsamen Tage. Da kaut das Unabänderliche, dachte sie, da mampft und mahlt ein ganzes Leben. Furchtbar! Denn das Unabänderliche mahlte laut, fast ein wenig penetrant, und zückte der Kater seinen Zahnstocher, um Fleischfransen aus dem Gebiß zu pulen, fragte sie sich entsetzt, ob sie ihn noch liebte. Natürlich liebte sie ihn, er war der Vater ihres Sohnes, nur hatte sie durch die Mutterschaft feinere Antennen entwickelt, Antennen für sich und das Kind, konnte nun tiefer empfinden, klarer sehen, besser hören und mußte sich an Meiers Körpergeräusche erst gewöhnen, an diese Munterkeit, die ihr am Tisch, im Bett, im Bad entgegenrauschte, als würde sie von den sarggroßen Lautsprechern eines Parteitages verstärkt.

Aber dank Meiers Macht fühlte sich Marie auf einmal sicher. Die Schere stach nicht mehr. Sie würde nie mehr stechen, das spürte die junge Mutter: Die Zeiten, da man die geborene Katz geschnitten hatte, waren vorbei, endgültig. Schob sie ihren Jungen durch die Gassen, zückten die Männer den Hut, und ein ganzer Kranz von Müttern beugte sich grimassierend über den Kinderwagen. Nein, was für ein entzückender Bub, ganz der Vater!

Die Modistin winkte durch die Scheibe; lächelnd rauchte Percy vor dem Frisieratelier eine Zigarette, und sogar der Herr Stadtpfarrer, der sich dem Dogma von der besonderen Schuld der Juden an Christi Kreuzestod noch immer verpflichtet fühlte, hob im Vorbeigehen segnend die Hand. Marie lächelte. Irgendwann im letzten Jahrhundert war der Urgroßvater mit seinem Koffer zugewandert, und nun, endlich, hatte der Stamm der Katzen den Ort erreicht. In diesem Kinderwagen waren sie angekommen. Nun begannen sie heimisch zu werden, und alles, alles war gut. Mai, Wonne, Seligkeit. Tja, und dann unterlief Marie ein Fehler. Es war kein großer Fehler, nur ein kleiner, und doch sollte er Folgen haben, schlimme Folgen. Luise war mit den Jahren etwas schwerfällig geworden, und so kam man überein, für die Zeit, da die Meiers nach Afrika flogen, im Katzenhaus eine zusätzliche Betreuung zu installieren: die Gubendorff.

Noch bevor das Apartmenthaus, die sogenannte Baronie, das Gerüst abgeworfen hatte, war die Gubendorff in eines der heißbegehrten Apartments mit See- und Alpenblick eingezogen. Bei Marie hatte dies gemischte Gefühle ausgelöst. Zum einen freute sie sich, schließlich war es ihr Verdienst, daß die Freundin aus Pensionatszeiten den Bauherrn und Vermieter kennengelernt hatte; zum anderen jedoch fürchtete sie, von jetzt an unter observierenden Augen leben zu müssen, das hieß: in den eigenen vier Wänden nicht mehr ganz frei zu sein. Ging drüben das Licht aus, wußte Marie: Jetzt geht die andere schlafen, dummerweise bei offenem Fenster, weshalb ihr das

Wimmern des Kleinen, den häufig Ohrenentzündungen und Blähungen plagten, nicht entgehen würde. Auf einmal stand das Katzenhaus nackt, verletzlich und erstaunlich klein neben dem Neubau. Dennoch kam man miteinander besser zurecht, als befürchtet. Man ließ sich gegenseitig leben. Die Vorstellung, all die neuen Bewohnerinnen und Bewohner würden unablässig an ihren Toiletten- und Küchenfenstern stehen, um herüberzuglotzen, erwies sich als übertrieben. Nur selten war drüben jemand zu sehen, es blieb erstaunlich still, eigentlich zu still, denn so war das ständige Weinen des Jungen zu hören, und das Katzenhaus begann in seiner Senilität zu plappern. Es klopfte in den Rohren, hinter dem Getäfel knabberte es, überall ein Knacken, im Parkett, in der Decke, und aus dem Stubenwagen das Winseln und Wimmern, das bald zum Haus gehörte.

Aber war sie denn so wichtig, die Baronie? Mußte man jeden Morgen bedauern, daß sie einen blaukühlen, nach Beton riechenden Schatten herüberwarf? Ach was, früher oder später würde man sich an die veränderten Verhältnisse gewöhnen, und abgesehen davon, daß der Park in Maries Innerem weiterlebte, unzerstörbar für alle Zeiten, hatte der Grundstückshandel auch äußerlich eine positive Auswirkung. Meier hatte er zu einem fulminanten Start verholfen – und ihr zu einem gut gefüllten Konto. Beim Kauf eines Modellhutes brauchte sie nicht mehr auf den Preis zu achten, und selbstverständlich gab es im gesamten Städtchen keinen moderneren Kinderwagen als ihren: mit Plastikverdeck, Chromleiste und halb versenkten

Vollgummirädern. Tipptopp, wirklich! Oft spazierte sie mit dem Kleinen den See entlang, schob ihn über Felder und durch Wälder, und daß sich auf der Atelierseite nunmehr eine Betonfeste erhob, merkte Marie nur dann, wenn ihr Liebling von einem zuknallenden Fenster aus dem Schlaf gerissen wurde.

Einmal in der Woche, meist am Mittwoch, suchte sie die Freundin auf, und jeweils am Sonntag kam diese herüber. An den andern Tagen bewahrten beide eine vornehme Distanz, und so sprach nichts, aber auch gar nichts dagegen, die Gubendorff für eine knappe Woche, von Montag bis Samstag, als Babysitterin ins Haus zu holen.

*

Herrlich! Endlich Afrika! Afrika, das gehörte zu ihrer Geschichte, es war der Kontinent ihrer Träume, deshalb flog sie mit, trotz Heimweh nach dem Jungen – seit seiner Geburt waren sie zum ersten Mal voneinander getrennt.

Die viermotorige Maschine brummte durch die Nacht. Die meisten Passagiere schliefen, von Hostessen in Dekken eingewickelt, und einzig Fox, der zwei Sitzreihen weiter vorn am Korridor saß, wurde von einem Lämpchen schwach beleuchtet. Sein Kahlschädel trat aus dem Dunkel hervor, und von Zeit zu Zeit hörte Marie, wie er das eintönige Propellergedröhn und die tiefer werdenden Atemzüge der schlafenden Passagiere mit einem leisen, dennoch scharfen Akzent versah: Fox blätterte eine Seite um. Was mochte er lesen: Memoiren, das statistische

Jahrbuch, eine philosophische Abhandlung, gar einen Roman? Fox war alles zuzutrauen!

Irgendwann knipste er das Lämpchen aus, der Schädel erlosch, und Marie konnte den Flug wieder genießen. Gab es einen besseren Babysitter als die Gubendorff?

Als es dämmerte, glitt der winzige Schatten ihrer Maschine tief unter ihnen über einen mondbleichen Planeten, dann kroch wie eine Riesenqualle die Sonne über den Horizont, der Schatten wurde größer, kam näher, sie setzten auf, und wie ein Spiegelbild im Wasser wankte in der Schwüle, die ihnen entgegenstürzte, der Kontrollturm des Flughafengebäudes. Kein Land: ein Aquarium; keine Luft: Wasser. Ihr verschlug's den Atem. Max, sofort patschnaß, trat auf die Plattform hinaus und winkte mit beiden Armen. Der Rest der Delegation drängte sich aus der Kabine, aber Max blieb stehen, unablässig winkend grüßend lachend, ließ einen herbeieilenden Photographen Bilder schießen und schlenkerte mit den Hüften, als unten auf dem Rollfeld ein folkloristisch kostümierter Chor mit Singen und Klatschen nicht aufhören wollte. Die Arme der Sängerinnen wimmelten wie Schlangen nach links klatsch-klatsch, nach rechts klatsch-klatsch, und da hier alles zu fließen, den üblichen Massen zu entwuchern schien, dauerte es ewig, bis aus dem Riesenmaul eines Hangars ein Schwarm von bewimpelten Staatskarossen heranschwamm. Es war sechs Uhr früh, aber schon brütend heiß.

Irgendwo in West-Afrika.

Zwischen Max und einem schwarzen Riesen war sie

auf den Rücksitz der Limousine gesunken. Fox setzte sich an die Spitze, und über eine den Wagen und den Magen heftig durcheinanderrüttelnde Wellblechpiste rasten sie unter einem eitrigen Himmel in eine graue Schwüle hinein, die zunehmend drückender wurde. Zu beiden Seiten der Straße zog das Elend in Kolonnen dahin, manche an Krücken, einige mit Flinten; Frauen hatten rostige Kanister auf den Köpfen, und alle waren mit Babys behängt, eins auf dem Rücken, eins an den Brüsten, zwei an den Händen. Ziegen mit hervorstechendem Gerippe knabberten an dornigen Büschen, und vor Blechhütten, die der vorüberrasende Konvoi weißlich bestäubte, kauerten sie wie Gespenster. Du, Max, ich muß mich übergeben.

Durchhalten, Liebling!

Wem sagte er das. Natürlich hielt sie durch. Sie hielt immer durch.

Träge flossen die Tage dahin, träge und breit und schmutzig wie jener Fluß, den sie auf tuckernden Fähren hie und da überqueren mußten, unterwegs zu *Projekten,* die die Parlamentarier im Auftrag der Partei besichtigen sollten. Aber in den meisten Fällen wurden sie durch plötzlich einsetzenden Regen zur Umkehr gezwungen, oder das pompös angekündigte *Bauvorhaben,* eine Fabrik für Gummi-Sandalen, erwies sich an Ort und Stelle als Phantom. Außer einer Betonfläche, die bereits überwuchert war, und einigen längst verrotteten Lastwagen gab es nichts zu inspizieren. Meier nahm es zur Kenntnis. Fox wies auf Schmetterlinge hin, warnte vor Skorpionen, trank zuviel Gin. Auch zwei Chargen aus der Botschaft waren zur Delegation gestoßen und gaben höhnisch grinsend vor, genau das erwartet zu haben, nämlich nichts. Nichts?

Die Chargen nickten. *Rien,* sagten sie.

Ein Parlamentarier nach dem andern fiel aus. Die beiden Chargen hauten ab. Immer öfter fiel das Stromnetz zusammen; das Gesurr der Ventilatoren erstarb; die Temperatur stieg, die Hitze wurde mörderisch.

*

Als Marie am vorletzten Abend allein an der Hotelbar saß, ließ sich Dr. Fox die Gelegenheit nicht entgehen. Er nahm seinen Tropenhelm ab und fragte, indem er sich neben sie auf den Hocker schwang: Ist es erlaubt?

Bitte.

Was darf ich offerieren?

Einen Gin. Aber ohne Eis.

Ohne? Mir kann es nicht kalt genug sein, versetzte er. Meinen Sie wirklich, daß ich auf das Eis verzichten sollte?

Ja. Auch würde ich Ihnen empfehlen, nur geschälte Früchte zu essen.

Was Sie alles wissen!

Meine Tanten betreiben im Kongo eine Missionsstation.

Ziemlich gefährliche Gegend.

Oh, die schlagen sich schon durch.

Fox bestellte zwei Gin ohne Eis. Dann zupfte er sich unter dem Ärmel seines weißen Dinnerjacketts die

Hemdmanschette hervor und sagte: Wäre nicht schlecht, wenn wir ein paar Takte miteinander reden würden.

Ah ja, wirklich?

Madame, wir haben dasselbe Ziel. Wenn Sie mir den Kalauer gestatten: Beide sind wir *Maxisten.* Mit Ihrer Hilfe ist Meier gestartet, ich habe ihn auf die nationale Bühne geholt. Er macht sich gut, finden Sie nicht?

Der Bartender servierte. Kerzen brannten; wieder war der Strom ausgefallen.

Auf Ihr Spezielles! Wie Sie sehen, nehme ich Ihre Ratschläge an – ohne Eis!

Darf ich offen reden?

Ich bitte darum, sagte er pikiert. Wo drückt der Schuh?

Seit der Landung habe ich ein ungutes Gefühl.

Sie vermuten, daß an dieser Reise etwas faul ist...

So würde ich es nicht formulieren, sagte Marie. Aber ich frage mich, was wir hier verloren haben.

Im Klartext?

Ich hege den Verdacht, man könnte Max und einige seiner Freunde in den Busch geführt haben, um sie in einer Phase wichtiger Entscheidungen von der Parteizentrale fernzuhalten.

Ich staune über Ihren Scharfsinn. Darf ich Sie Marie nennen?

Santé!

Marie, sagte er, Meier hat die richtige Ausstrahlung. Er glaubt, was er den Leuten erzählt. Er liebt Wörter wie *Völkerverständigung, Demokratie, Frieden, Zukunft,* und dank

Ihnen kommt er in der Öffentlichkeit hervorragend an. Sie sind die geborene First Lady. Mit anderen Worten: Meier wird seinen Weg machen. Aber dazu braucht er nicht nur Sie, dazu braucht er auch mich, das dürften Sie inzwischen bemerkt haben. Ich kann in der Zentrale einiges für ihn tun.

Hoppela! Das hört sich ja wie eine Drohung an.

Es *ist* eine. Vermutlich halten Sie mich für einen üblen Burschen. Nicht zu Unrecht, das gebe ich offen zu: In meiner Jugend habe ich auf die falsche Seite gesetzt. Aber jene Zeiten sind *passé.* Wir sind älter geworden, Marie.

Ihr Vorschlag?

Ganz einfach. Sie, die geborene Katz, vergessen, was ich während des Krieges publiziert habe, und ich erkläre mich bereit, Meier weiterhin zu unterstützen. So. Das war mein letzter. Wir haben morgen einen anstrengenden Tag. Der Genosse General, das Staatsoberhaupt, hat uns eine Einladung zukommen lassen. Unsere Journaille ist mehrheitlich links. Die wird diesen Empfang groß herausbringen, darauf können Sie Gift nehmen. Er leerte das Glas, knallte es auf den Tisch. Ja, Marie, so sinnlos, wie Sie dachten, ist unser Tropentrip nicht. Wenn Meier etwas werden will, hat er a) eine schöne Frau nötig, b) einen schlauen Freund und c) eine ihm gewogene Presse. Ohne Presse geht gar nichts, und glauben Sie mir, es ist verdammt einfach, die Schreibfexe hereinzulegen. Lauter Moralisten, also nicht besonders hell. War klug von Ihnen, mit mir zu reden. Werde mich bei Gelegenheit revanchieren. Er setzte wieder sein Grinsen auf und sagte: Ich nehme an, daß Sie Ihr Elternhaus behalten möchten.

Ja. Es ist mir unmöglich, mit dem Kleinen in die Hauptstadt zu ziehen.

Vielleicht finden wir eine Lösung.

*

Worüber habt ihr gesprochen? fragte Max verschlafen.

Unten auf dem Platz glühten Punkte, vermutlich die Zigaretten der Soldateska, die das Hotel bewachte. Auf dem Leuchtertisch brannte eine Stearinkerze, und riesig, geradezu urzeithaft flügelten die Schatten, die die magere Flamme ringsum auf die Wände projizierte. Fox hat mir den Sinn der Reise erklärt, sagte Marie.

Hat er erwähnt, daß wir eine christliche Partei sind?

Nein, hat er nicht.

Schade. Ich hatte gehofft, er würde dich zur Räson bringen. Als christliche Partei – und leider ist es nicht das erste Mal, daß ich dies betonen muß – stellen wir die Familie ins Zentrum unseres Handelns. Sie ist der Kern, Marie, der *Glutkern!* Aber eine Familie gehört zusammen, Himmelherrgottnochmal! Sie versammelt sich um *einen* Herd, wohnt unter *einem* Dach, und ich bete zu Gott, daß du endlich begreifst, wie widernatürlich wir leben. Weißt du, wie sie mich neuerdings nennen? Meier 3. *Meier 3!* Lach nicht! Dir habe ich diese Schmach zu verdanken. Deinetwegen bin ich gerade gut genug, um in Afrika Ruinen zu inspizieren...

Eigentlich hätte sie es verhindern müssen, doch zu

spät: Schon hatte der große Kater, Gestalter einer besseren Zukunft, sein Ego zu einem kleinen, verkannten, von niemandem geliebten Meier 3 eingerollt. Und wer war schuld? Wer wohl! Sie, die Schlange, die sich weigerte, nach dem Park auch das Elternhaus zu opfern und mit dem Jungen zu ihm zu ziehen, in die Hauptstadt.

Dir zuliebe, jammerte er, ließ ich mich für diesen Unsinn breitschlagen. Afrika, hast du gejubelt, Max, laß uns nach Afrika fliegen! Kompletter Reinfall, das Ganze.

Einmal ein Lachen, vermutlich ein Wachposten, und wie irr umsurrten ganze Schwärme von Faltern Fliegen Mücken das Moskitonetz, worin sie lagen, beide nackt, auf dem Rücken, übergossen von Schweiß. Irgendwann fuhr unten ein Jeep vor, ein klappriges Gefährt, Stiefel knirschten, Stimmen hechelten, und reglos lauschte das Paar in die afrikanische Nacht hinaus, auf ein verzweifeltes Gejaule, vielleicht von Hunden, vielleicht von Schakalen, die mal näher, mal ferner das Hotel umkreisten. Der Jeep rumpelte davon; das Gesumm wurde unerträglich, die Luft zur Sülze. Von Zeit zu Zeit war von nebenan zu hören, wie Fox vom Bett zum Klo wankte, um dann vergeblich an der Spülungskette zu reißen – auch die Wasserleitungen waren tot, und die scharfen Desinfektionsmittel, die sie überall verspritzten, würden bald nicht mehr ausreichen, um den Fäkaliengestank zu übertäuben. Als die Sonne aufging, schob ein verdorbener Engel seine Flügel durch die defekten Lamellen und färbte das Zimmeraquarium rotschmutzig ein. Schrie Max? Nein, es war eher ein Auflachen, halb entsetzt, halb belustigt. Sie hatte ihm die Krallen ihrer Rechten mit voller Wucht in seinen Rücken gehauen, ins nasse, bleiche Fleisch. Die Striemen füllten sich mit Blut, vermischten sich mit Schweiß, erglänzten im ersten Licht. Dies war nicht unbedingt ihr Stil, wirklich nicht, aber für einmal wollte sie stärker sein als sein Schlaf. Sie hatte seine Abwendung nicht mehr ertragen, und vielleicht, wer weiß, war im Moment, da sie sich in seinem Rücken festgekrallt hatte, eine Erinnerung aus der Tiefe an die Oberfläche gestürzt: die erste Liebesnacht mit Max. So gesehen wäre die Kralle kein Angriff gewesen, sondern der schmerzhafte Versuch, seinen Körper in die Vergangenheit zurückzuzerren, in das schäbige, nach Fenchel, Schweiß und Armut riechende Pensionszimmer der Hauptstadt, in dem sie sich am Vorabend ihrer Aufnahmeprüfung zum ersten Mal geliebt hatten. Du, Max –

Ja, Marie, ich dich auch. Aber du mußt endlich einsehen, daß wir zusammengehören!

Und Luise? Was wird aus Luise?

Die geben wir ins Heim.

Ich liebe Luise.

Du hast die Wahl.

Ich gebe das Haus nicht auf.

Gut, dann trennen wir uns.

Hör zu, flüsterte sie ihm ins Ohr, Fox mag ziemlich schlau sein, aber Shakehands mit dem Revolutionsgeneral wird dir nichts nützen.

Bei der Presse schon.

Bei der Presse, nicht beim Volk. Wir brauchen beide

Seiten. Die Linken wie die Rechten. In deiner Person mußt du ihnen eine Versöhnung der Gegensätze anbieten... Max, was fällt dir ein!

Nicht so laut, altes Mädchen, die Wände sind dünn.

Dann soll er, kicherte sie, soll dein Förderer uns hören...

*

Da hatte man die Bescherung. Der Junge war gesund! Seine Nase lief nicht mehr, der Husten war verschwunden, das Fieber gesunken, und als Luise in devoter Haltung ein Bananenmus in den Salon brachte, begann der Kleine mit Appetit zu essen. Du lieber Himmel, dem Jungen ging es so gut wie noch nie, und die heimgekehrte Mutter mußte sich mehrmals räuspern, bis sie überhaupt zur Kenntnis genommen wurde.

Hallo, Gubendorff!

Die lag auf dem Kanapee, gab keine Antwort und herzte den Jungen.

Hallo, Adele, sagte Max, ist bei euch alles in Ordnung?

O ja, antwortete die, wir verstehen uns prächtig, gell, mein Kleiner?

Marie verschlug es die Sprache. Eine knappe Woche waren sie weg gewesen, und alles hatte sich verwandelt. Die Gubendorff, das Täubchen aus gemeinsamen Pensionatsjahren, war zu Tante Adele geworden, und der Junge, bisher ein sensibles Wesen, immer kränkelnd, immer fiebernd, strotzte vor Gesundheit.

Wie schön.

Wie entsetzlich.

Adeles Platz war das Kanapee, hier verbrachte sie ihre Tage und legte es offensichtlich darauf an, für den Jungen unentbehrlich zu werden. Gemeinsam mit seiner Tante aß, schleckte und leckte er unentwegt, so daß von den vollen Windeln und Adeles Kittelschürze ein Duft ausging, an dem Maries Parfum wirkungslos abprallte. Gegen die Gubendorff – pardon, gegen *Tante Adele* hatte sie keine Chance. Denn seit Adele im Haus war, ging es dem Jungen rundum gut, seine Ohren waren nicht mehr entzündet, keine Blähung plagte ihn, und vom Morgen bis zum Abend krabbelte er quietschvergnügt auf den wuchernden Formen seiner Tante herum, löffelte mit ihr um die Wette, kasperte, gluckste, gurrte.

Damals, nach dem heftigen Gewitter, hatte Papa im Pavillon ein geheimnisvolles Wort gesagt: Unter Umständen verlange die Liebe ihren eigenen Tod. Jetzt begriff Marie, was der Alte gemeint hatte. Der Himmel des Jungen war ihre Hölle. Sie drohte den Verstand zu verlieren. Aber: Sie hielt durch. Sie hielt immer durch.

Marie!

Ja, Adele?

Bittschön, sei so lieb und bring mir die Heferol-Diät!

Sofort, Adele.

Sie ging ...

Marie!

... und stand.

Marie, ich will dir gewiß nicht lästig fallen, gell? Vielleicht ist es besser, wenn ich mich für eine Weile zurückziehe.

Das darfst du dem Kleinen nicht antun, Adele.

Ich soll bleiben?

Dem Jungen zuliebe.

Für länger?

So lang du magst.

Vielleicht für immer?

Vielleicht für immer.

Gut. Ich will es mir überlegen. Geh jetzt!

Sie ging.

Warte!

Ja, Adele?

Nachher stellst du uns den Kinderwagen bereit. Bei dem herrlich schönen Wetter wollen wir miteinander spazieren, das Bübchen und ich.

Sonst noch was?

Ein Täßchen Tee.

Ohne Zucker?

Vier Stück.

Aber –

Wie mein Diätplan aussieht, bestimme ich, gell?

Und Adele von Gubendorff blieb im Haus, versah es mit einem neuen Geruch und einer neuen Mitte, weshalb auch Max, wie vor ihm Luise, die bisherige Umlaufbahn verließ, um sich so rasch als möglich den veränderten Gravitationsverhältnissen anzupassen. Der alten Haushälterin schien es zu gefallen, wie ein richtiger Domestik behandelt zu werden, und Meier hatte endlich jemanden gefunden, der ein großes Ohr für seine Sorgen hatte. Kam er an den Wochenenden nach Hause, eilte er gleich in den Salon, hockte sich Adele zu Füßen und legte ihr in langen Klagereden dar, wie er unter der Ignoranz der Parteizentrale zu leiden habe. Dann pflegte die Gute ihr Haupt zu schütteln. Was sind das für Gangster! schnaubte sie, und Meier, in ergriffener Dankbarkeit zu ihr aufschauend, lächelte wie sein Sohn.

*

Eine neue, äußerst machtbewußte Königin hatte im Katzenhaus das Zepter ergriffen, ließ sich von Luise bedienen, vom Jungen begeifern, von Max bejammern, und mit gemischten Gefühlen nahm Marie zur Kenntnis, daß Adeles Anwesenheit selbst ihr zum Vorteil gereichte: Max gab plötzlich nach. Unser Filius, sagte er schmunzelnd, möchte in der Nähe seiner Tante bleiben – hier fühlt er sich am wohlsten.

Ah ja, wirklich?

Wir würden das Katzenhaus vermissen, sagte Max.

Von der netten Nachbarin nicht zu reden, ergänzte Marie.

Ja, antwortete Meier, ist sie nicht phantastisch?

Maries Wunsch hatte sich erfüllt. Sie durfte ihr Elternhaus behalten, aber mitten im Salon stand das Kanapee, darauf thronte die Gubendorff, hielt das Söhnchen im Arm und blickte huldvoll auf Meier herab, der, die Hände um die Knie geschlungen, zu ihren Füßen seine Wochenenden verbrachte.

Ach, Adele, wann merken sie endlich, daß ich der geborene Fraktionsführer bin!

Nein, Max, du gehörst in die *Regierung!* Auf so einen Mann darf das Land nicht verzichten, das müssen sie doch einsehen, diese Ignoranten, gell?

Nächste Woche soll ich mich mit einem Burschen von der Autolobby treffen.

Max, das ist eine ausgezeichnete Idee! Überall wimmelt es von Automobilen, überall bauen sie Straßen und Brücken, da wäre es wirklich ein Segen, wenn sich einer wie du um die Verkehrsplanung kümmert.

Habe ich dir schon von Fox erzählt?

Du meinst die graue Eminenz?

Er hält ziemlich große Stücke auf mich.

Vollkommen zu Recht, Max. Wir alle halten große Stücke auf dich. Was schlägt er vor, der kluge Dr. Fox?

Es handelt sich um einen Ford Taunus 17m. Wenn ich ihnen zusage, mich künftig mit Verkehrsfragen zu befassen, wollen sie mir den Wagen zur Verfügung stellen.

Soviel ich weiß, hast du keinen Führerschein.

Wenn ich in der Regierung bin, werde ich einen Chauffeur bekommen.

Aber was machst du mit dem Ford? Niemand kann ihn fahren.

Doch, sagte Max und deutete zur Portiere. Dort stand mit verschränkten Armen Marie. Er grinste verschämt. Sie, sagte er.

Marie?!

Ja. Die Gruppe Eins setzt auf Mobilität. Demnächst

werden wir quer durch das Land eine Autobahn bauen, was auch uns, wie Fox meint, neue Möglichkeiten eröffnet. In dir, meine liebe Adele, hat der Junge eine wunderbare Kinderfrau, und mit dem Ford könnte Marie ohne allzuviel Aufwand zwischen euch und mir hin- und herfahren.

Das will überlegt sein, Max, gell?

Ich kann mich dem Fortschritt nicht verweigern, antwortete er.

*

Am Anfang hatte Marie etwas Mühe, die anzüglichen Witze des Fahrlehrers wegzulächeln, aber mit den Pedalen, Hebeln und Knöpfen kam die ehemalige Klavierspielerin bestens zurecht. Ende Mai bestand sie die Prüfung und wurde bei ihrer Heimkehr von einem veritablen Festkomitee erwartet. Vor dem Katzenhaus stand mit blitzender Chromleiste ein nigelnagelneuer Wagen, ein Ford Taunus 17m! Max hielt eine launige Rede, der Bursche von der Autolobby überreichte ihnen die Schlüssel, dann legte sich der Stadtpfarrer die Stola um, tunkte seinen Wedel in den Weihwasserkessel und gab dem Auto seinen Segen. Zwischen den Armaturen klebte eine Christophorus-Medaille, und allgemein war man der Ansicht, die magnetische Haftung dieser Medaille sei das I-Tüpfelchen *auf einem mobilen Wunderwerk der Technik* (Max in seiner Ansprache).

Aber es sollte noch besser kommen, viel besser!

Dem Kleinen machte das Auto einen gewaltigen Eindruck, und kehrte seine Mama aus der Hauptstadt zurück, brauchte sie nur zu hupen, schon ließ sich ihr Söhnchen von der Tante zu Boden gleiten, taperte mit schnellen Schrittchen in die Küche und verlangte sehr entschieden, von Luise hochgehalten und in das offene Fenster gestellt zu werden. Selbstverständlich galt das Leuchten seiner Augen dem Ford, doch war Marie sicher, daß ein Teil seiner Autoliebe mit der Zeit auf sie abfärben würde. Direkt unterm Küchenfenster pflegte sie zu parken, und während sie dem Ford entstieg, schob sie die Hollywoodbrille ins Haar und rief lachend: Hallo, Liebling, zu ihm hinauf, da bin ich wieder!

Autoauto, kam es von oben, Autoauto!

Und alle drei – die alte Luise, Mama und ihr Sohn – stimmten ein fröhliches Lachen an.

Adele von Gubendorff, die diese Entwicklung mit eifersüchtigen Blicken verfolgte, schaffte sich einen Projektor an, um die Autobegeisterung des Jungen mit Trickfilmen zu bekämpfen, aber kaum erscholl vor dem Katzenhaus die Hupe, wollte er an das riesige Lenkrad von Mamas Ford gesetzt werden, brmmm brmmm, Autoauto!

Meier, von seiner Gattin unterstützt, fand sich in der Hauptstadt immer besser zurecht. Die Zahl hinter seinem Namen verschwand, erst wurden die Kellner freundlich, dann die Toilettenfrauen, schließlich die Journalisten, nun ging es tatsächlich voran, und zwar im Tempo der neuen Zeit. Der eben noch belächelte Mann aus der Provinz wurde bekannt. Meier, hieß es plötzlich, sei ein

Name, den man sich merken müsse, er habe das gewisse Etwas – und vor allem: Er habe die richtige Frau. An den freien Wochenenden fuhr er mit Marie, seiner Chauffeuse, über Land, von Paßhöhe zu Paßhöhe, wo er jeweils aus dem Wagen sprang, um gemeinsam mit anderen Automobilisten, denen er die Hände schüttelte, lobende Worte über die Stärke der Motoren auszutauschen. Auf diesen Fahrten und vor allem in der Hauptstadt, wenn sie an Meiers Seite brillierte, gewann Marie das an Adele verlorene Terrain sukzessive zurück, aber wichtiger, viel wichtiger, war ihr der Junge, und so wurde der Moment, da er ganz zu ihr überlief, zum schönsten ihres Lebens.

Es war ein Mittwoch im frühen Oktober. Um elf war Marie bei Percy angemeldet, und spätestens um vier, nach Möglichkeit etwas früher, wollte sie in der Hauptstadt eintreffen, wo sie zur Eröffnung einer BMW-Filiale geladen waren. Als sie das Garagentor hochwuchtete, kam der Postbote angeradelt. Er streckte Marie ein Luftpost-Kuvert entgegen, dessen Adresse unter vielen, teilweise verschmierten Stempeln kaum noch zu entziffern war. Der Bote neigte sein Haupt und gab ihr stumm die Hand, er ahnte offenbar, daß er kein Lebenszeichen, sondern eine Trauerbotschaft überbrachte. Die hauchdünnen Seiten waren bis zum äußersten Rand beschrieben, ähnlich einer Bruckner-Symphonie, die derart mit Noten zugestopft ist, daß das Schöpfungsglück des Komponisten etwas Atemloses bekommt. Sieben Seiten! Sechs davon enthielten die neuesten Nachrichten aus der Mission, und erst im letzten Abschnitt teilten die Tanten mit, daß sie ihr Leben noch heute verlieren würden. In den frühen Morgenstunden, schrieben sie, hätten sich die weißen Söldner abgesetzt. Gegen Mittag sei auch Piet van Wayenberge, der liebenswürdige Schmetterlingsforscher, flußabwärts davongepaddelt. Van Wayenberge habe sie angefleht, gemeinsam mit ihm zu fliehen, doch sei ihr Platz hier, in der Station, so habe es der Herrgott bestimmt. Und wie herrlich würden sie für ihr Ausharren belohnt! Seit Stunden sei aus der Tiefe des Waldes zu hören, wie die Eingeborenen ihren Sieg feierten, wie sie trommelten und sängen, schöner denn je. *Jetzt sitzen wir auf der Veranda,* endete der letzte Tantenbrief, *eine schreibt, eine vertreibt die Mücken, eine diktiert, und selbdritt gehen wir davon aus, daß wir noch in dieser Nacht heimkehren werden in die Ewige Seligkeit. Deshalb sagen wir Dir nun Adieu, herzallerliebstes Mariechen. Trag Sorge zu Dir. Und vor allem: Sei nicht verzagt! Die Gnadenmutter schenkt Dir schon bald das ersehnte Kind – und glaub uns: Es wird zur Freude von Herrn Dr. Meier ein Junge sein, der Stammhalter und Hauserbe. Erzähl ihm von uns und vergiß nicht, ihn rechtzeitig mit dem Klavier vertraut zu machen – sicher hat er das Musiktalent der Katzen geerbt. Sobald es richtig dunkel ist, müssen wir die Madonna vom Altar holen, in Tücher einwickeln und hinter der Station verbuddeln. Dann gönnen wir uns den letzten Tropfen Gin (die Flasche haben wir extra aufbewahrt) und hoffen zuversichtlich, daß wir uns auf dem Heimflug nicht verirren – Deine drei Dich liebenden Tanten.*

Die Buchstaben verschwammen, aber im Schleier ihrer Tränen vermochte Marie zu sehen, daß das Kind, das ihr im Brief verkündet wurde, auf seinen gekrümmten Beinchen auf sie zutäppelte. Aufschluchzend drückte sie es an die schminke- und puderverschmierten Wangen. Bist du traurig, Mama?

Nein, mein Junge, glücklich. So glücklich wie noch nie.

Sie setzte ihn auf den Vordersitz und brauste los. Vermutlich sah er durch die Frontscheibe nur ein tiefes, von der Herbstsonne durchwirktes Blau und flog mit seiner Mama, die singend am Volant saß, wie ein Engel durch den Himmel.

*

Der Krieg der beiden Königinnen war beendet, die Mutter hatte gesiegt, aber dennoch mußte sie den Kontakt zur Nachbarin weiterhin aufrecht erhalten. Denn nur dank ihr, der treuen Sitterin, konnten die Meiers das Leben führen, das Max seinen Zielen näher brachte. Während Marie in der Hauptstadt weilte, kümmerte sich Adele von Gubendorff um den Jungen, lehrte ihn Gebete sprechen und Lieder singen, zeigte ihm das Städtchen und Filme, worin lautlose Lokomotiven dampften oder der Dicke dem Doofen eine Torte ins Gesicht drückte. Ihr Wirken war segensreich. Schon schaffte er's, mit einem Löffel zu essen. Schon konnte er kleine Sätze bilden, und bald waren seine Fingerchen stark genug, um am uralten Koffer, den sein Urgroßvater vor Jahr und Tag durch Galizien geschleppt hatte, die Messingschlösser aufschnappen zu lassen.

Normal verlief auch die Ehe.

Die Spiegelmarie wurde in der Hauptstadt rasch bekannt. Ihre Erscheinung gefiel, und ihre Bemerkungen über den Weltgeist, die Kunst der Moderne oder Strawinskys bourgeoise Rückständigkeit ließen aufhorchen. Was für eine Frau, einfach bezaubernd! Daß es hinter der Spiegelmarie noch eine andere gab, schien Max nicht zu merken, und diese andere, die Sternenmarie, vermied es natürlich, den Mann in die inneren Räume einzulassen. Unter ihren Toten – der sterbenden Mama, dem pfeifenden Papa, dem verhungerten Eisler, den ermordeten Tanten – hatte er nichts zu suchen. Er sollte sich an die Äußere halten, und wiewohl er sich bei einer Umarmung gezwungen sah, ihr die Gurkenscheiben von der Gesichtsmaske zu fressen, fand er sich mit den Gegebenheiten ab. Es ging ihm gut. Für sein Projekt, die Karriere, war Marie perfekt, und sein Programm kam immer besser an. Wer lehnt schon die Zukunft ab! Vom Zukunftskuchen will jeder ein Stück, alle gieren danach, und niemand verkündete *das bessere Morgen* so glaubwürdig wie Max Meier, der patente Familienvater, dessen Gemahlin seine Worte zu Fleisch machte. Sie bewies, daß es die Idealfamilie, von der er schwärmte, wirklich gab. Es raunten die Herren, es staunten die Damen, und bald spielte sie ihre Rolle derart raffiniert, daß sie selbst den zynischen Dr. Fox beeindruckte.

Und dennoch! Und trotzdem! Je öfter sie an Meiers Seite auftrat, desto klarer sah Marie, daß die gegenseitige Befriedigung nur noch an der Oberfläche klappte, in der Öffentlichkeit. Kehrten sie nachts ins Parteiheim zurück, wo er ein Zimmer besaß, war der Glanz sofort weg, und beiden kam es vor, als müßten sie sich nach einer erstklassigen Vorstellung in einer schäbigen Garderobe abschminken. Zwei müde, schon etwas welke Gesichter preßten die Lippen aufeinander, und fielen die Leiber voneinander ab, empfanden beide einen leichten Degout. Ihn störte ihre *Kriegsbemalung,* und sie begann seinen Bauch als fett, den Hals als dick, den Nacken als stierenhaft zu empfinden. Gute Nacht, Liebling!

Ich dich auch, murmelte er.

*

Für den letzten Sonntag im September hatte Max mit dem Metzger eine Bergtour verabredet, und obwohl das Radio eindringlich vor einem Gewitter warnte, hielten die Herren an ihrer Absicht fest. Am frühen Sonntagmorgen brodelte der Edelkahn heran, Marie trat auf die Terrasse hinaus, und der Junge begleitete seinen Papa zum Steg. Die zwei Männer duckten sich hinter die Scheibe, hielten ihre Mützen fest und brausten dann, ohne daß sie zurückgeblickt hätten, davon. Tief tanzten die Mücken, und immer wieder war ein Warngeräusch zu hören, das Marie seit Kindertagen kannte: Ein hochschnellender Fisch klatschte ins Wasser zurück. Der Himmel wurde schwarz, und bald schlugen und schäumten die Wellen so hoch wie an jenem Föhntag, da Meier zum ersten Mal im Katzenhaus erschienen war. Dann explodierten die Blitze, die Donner, Glocken, Sirenen, es war schrecklich, eines der schlimmsten Gewitter seit Jahren. Um fünf rief Marie die Polizei an, um sechs die Bergwacht und anschließend, von dieser beraten, mehrere Seilbahnstationen, aber niemand konnte ihr sagen, was den beiden Männern widerfahren war – im Aufstieg zu einem Dreitausender hatte sie ein Hüttenwart im frühen Vormittag zum letzten Mal gesichtet.

Als sie mit dem Jungen das Atelier betrat, begann es schon zu nachten.

An der rückwärtigen Wand stand das Klavier, vorn am Fenster der Lehnstuhl.

Eine Weile blieb sie unschlüssig stehen. Sie war hierhergekommen, weil sie im Salon die Uhr nicht mehr aushielt, deren Ticken, deren Tacken und dann, zunehmend schwerer, schicksalhaft, die Gongtöne. Durch die weit geöffneten Fenster drang Kühle herein, und aus jedem Tropfen, der aus der übervollen Dachtraufe plitschte, sprach eine Drohung, die Marie den Atem raubte. Was das Land erfrischte, könnte für die beiden Steiger, für Max und den Metzger, den Tod bedeuten. Viertel vor zehn, da ist man aus dem Gebirge zurück. Komm, sagte sie zum Jungen, laß uns noch einmal die Polizei anrufen!

Halt! War das nicht das Telephon? Ein Auto? Das Boot?

Nein, eine Täuschung jagte die andere, jede Hoffnung erlosch, und das Klavier, ähnlich wie das ferne Gebirge, wurde in der Dunkelheit zu einer finsteren Masse. Zurück in den Salon? Dort lauerte die Uhr. Nach oben? Ja, komm, ich bringe dich ins Bett!

Sie lachte. Der Bub war auf den kreisrunden Schemel,

von dort auf den Klavierdeckel geklettert und knipste jetzt, stolz auf seine Künste, das chartreusegrüne Lämpchen an. Nervös fingerte sie die nächste Zigarette aus der Packung, warf sich in den alten Lehnsessel, drückte den Stummel aus, eilte zum Klavier, packte ihren Jungen, hob ihn auf den Arm und sagte: Nein, ich spiele nicht.

Es ist vorbei, sagte sie.

Nie mehr!

Aber du lieber Himmel, plötzlich klappte sie den Deckel auf, schlug einen Akkord an, spielte eine Tonfolge und geriet unversehens in eine Melodie hinein. Wie sich wehren? Es war stärker als sie. Es war die Macht eines anderen Lebens, ein Befehl aus dem Innern, und der Spiegelmarie blieb nichts anderes übrig, als der Sternenmarie zu gehorchen.

Er kicherte.

Sie setzte ihn auf ihren Schoß, zwischen die Arme, und flüsterte: Früher war ich eine ziemlich gute Pianistin.

Du?

Ja, ich. Dein Großvater hat mich bei jedem Fehler unterbrochen – mit einem Pfiff! *So* klingt das, mein Fräulein, *so!*

Die Vorstellung, seine Mama könnte einmal jung gewesen sein, schien den Kleinen zu amüsieren. Er patschte auf dem Klavier herum, strampelte und lachte. Sie streifte die Schuhe ab und legte den rechten Fuß aufs Pedal. Tu's nicht, wiederholte die Spiegelmarie, aber die andere, die innere, streckte wie eine Traumwandlerin die Arme aus, die Hände sanken auf die Tasten, und auf einmal spürte sie unter dem Gewicht ihres Sohnes etwas Heißes, sie Erregendes aus dem Schemel in sie eindringen. Sie brannte. Alles brannte. Ihre Wirbelsäule wand sich wie eine Schlange, die Brüste spannten den Blusenstoff, und während außerhalb des Lichtmantels der Raum in die Nacht versank, fühlte und wußte sie, daß ihr Leben, ähnlich wie eine Schubert-Sonate, zwischen festen Ufern verlief. Es gab eine höhere Harmonie, ein Gleichmaß im Werden und Vergehen, im Schönen und Schrecklichen. Was sie selbst nicht geschafft hatte, würde dem Jungen gelingen. Er hatte ihr Talent geerbt, das Musiktalent der Katzen, und würde es zu einem erfolgreichen Pianisten bringen, das spürte, das wußte sie jetzt. Nicht die Sonate in a-Moll, weg damit! Nehmen wir lieber die in Dur! Paß auf, im zweiten Satz kommt es auf das Postamento an! Vor der Pause mußt du den Viertelton abstreifen... und mit den Achtelauftakten wieder zum Atmen bringen... Ja, so! So ist gut! Aber Vorsicht, ein Ausatmen soll es sein, kein Anschlag, ein Verklingen. Los, versuchen wir's!

Sie versuchten es.

Bringen wir's zum Atmen!

Sie brachten es zum Atmen...

...Und der Junge, von den wiegenden Armen seiner Mama gefangen, ließ sich tragen und ließ sich treiben, und zwischen den nachtdunklen Ufern der Bucht gingen im schwarzen Spiegel die Sterne auf... der Metzger!

Der Metzger!

In der Lichtbahn, die vom Salon hereinstach, stand

der Metzger und umklammerte mit gewaltiger Pranke den Eispickel. Seine Windjacke war zerrissen, und wie ein zähflüssiger Brei lief ihm die Maske aus Melkfett, Dreck und Blut vom Gesicht. Nein, nicht der Metzger wars, nicht der Metzger...

Da wär ich fast ums Leben gekommen – und ihr spielt Klavier!

Max, da bist du ja endlich!

Mit hängenden Armen stand er da.

Sie schlüpfte in die hochhackigen Schuhe.

Max gab einen Laut von sich, wie ein waidwundes Tier.

Sie schloß den Deckel, glitt vom Schemel, knipste den Lichtmantel aus. Max wich einen Schritt zur Seite, und Marie verließ mit der Bemerkung, er habe sich um Stunden verspätet, das Atelier.

Der Knabe folgte ihr.

Dann hörten sie einen gewaltigen Knall. Meier war der Länge nach hingeschlagen.

Im Strudel

Kein Max! Kein Kuß, keine Umarmung, kein: *Marie, da bist du ja endlich!*

Am Fenster stand niemand; Max war nicht hier.

Sonst war eigentlich alles wie immer gewesen, der gleiche Auftritt wie in den Jahren davor: Die verspiegelten Wände hatten aus synchron wirbelnden Drehtüren ein ganzes Marienballett hereintanzen lassen, alle im schwarzweißen Autodreß, mit Handschuhen, Unterarmtaschen und Lederköfferchen, die ihnen heraneilende Boys sofort abnahmen. Dann hatte der Erste Concierge seine Hand auf die grüne, mit Troddeln geschnürte Livree gelegt, hatte das würdige Haupt gebeugt und ihr die Glückwünsche des Hauses entboten. Madame, alles Gute zum Geburtstag!

Die Rezeptionisten hatten sich mit geneigten Köpfen und gemurmelten Sprüchen dem Ersten angeschlossen.

Messieurs, Sie überraschen mich, sehr liebenswürdig, vielen Dank!

Wie üblich hatte sie ihren Schlüssel erhalten, war im Lift nach oben geschwebt, von Musik berieselt, wiederum von Spiegeln umgeben, die Frisur tipptopp, die Strumpfnähte auch, die vierte Etage, der weiche, Wellen werfende Läufer, ihre lautlosen Schritte, vorbei an Türen Türen Türen, dahinter die Ruhe von Grabkammern, nur hie und da eine Stimme, stets dieselbe, der Fernseher, hier ein Paar Schuhe, da ein Tablett mit zerknüllten Servietten und sehr weit vorn, am Ende des Flurs, ein Wagen mit frischer Wäsche. Hallo, Liebling, ich bin's!

Keine Reaktion.

Kein Max.

Niemand.

Den Boy hatte sie mit einem anständigen Trinkgeld entlassen, und seit Sekunden stand sie mit dem Lederköfferchen, das ihr Papa zum dreizehnten Geburtstag geschenkt hatte, vor der leeren Suite. Das eiserne Nummernschild des Schlüssels pendelte gegen die Tür. Sie war kaum verspätet, höchstens zwanzig Minuten, und daran war der Stau in den Unterführungen der Vorstädte schuld, nicht sie, wirklich nicht.

Überall Sträuße, die meisten mit Karten, doch kannte sie die Absender, ohne nachsehen zu müssen: Fox (gelbe Rosen), die Parteizentrale (Schnittblumen), Madame et Monsieur Grand (drei Lilien) und vom Verband der Fahrlehrer diese gräßlichen Gladiolen mit der Fleischfarbe von Zahnprothesen! Sie warf Unterarmtasche und Köfferchen aufs Bett und begann, sich die Autohandschuhe von den Fingern zu zupfen. Es roch wie in einer Abdankungshalle, eine süßliche Schwüle, darin eine Prise Verwesung, und am liebsten hätte sie den Zimmerservice gebeten, sämtliche Sträuße, nicht nur die Gladiolen, zu entfernen. Furchtbar. Auf seinem Nachttisch tickten die beiden Wecker. Max aß für zwei und schlief für zwei, weshalb er frühmorgens ein doppeltes Klingeln brauchte, um pünktlich geweckt zu werden. Pünkt-lich, t t t!

Lieber, flötete sie ins Telephon, wissen Sie, wo mein Mann ist? Hat er eine Nachricht hinterlegt?

Keine Nachricht.

Kein Max.

Für die Abendtoilette war es noch zu früh, und auf ein Bad hatte sie keine Lust, eher auf einen Drink. Hier? oder in der Bar? Marie schob sich die Sonnenbrille ins Haar. Nicht sehr nett von Max, sein altes Mädchen gerade heute zu versetzen, aber bestimmt würde er seine Gründe haben. Wollte er auf dem Zukunftskongreß den Saucenwürfel-Coup lancieren, eine linke Rede vor rechtem Publikum, mußte er sich natürlich nach allen Seiten absichern: mit der Zentrale, den Lobbys, den Gewerkschaften, da gab es schrecklich viel zu tun. Haltung, Marie. *On a du style.* Nicht weinen: spielen. Weiterspielen. Die kleine Panne aushalten und weglächeln. Oder sollte sie die Gelegenheit nutzen, um den Jungen anzurufen?

Bestimmt käme der Anruf im falschen Moment. Vermutlich hatte er soeben die Lampions angezündet, blickte in den Abend hinaus, lauschte auf das Geschnalz, die gierig am Tangbehang leckenden Zungen, und hoffte, daß ihn seine Freunde und Paddy nicht versetzen würden. Eine feste Verabredung war es ja nicht. Heute abend würden ein paar von seiner Klasse vorbeischauen, hatte er nur gesagt. Ja, möglicherweise auch Paddy. Möglicherweise, was für ein Wort! Vermutlich kam kein Mensch. Vermutlich hatte er die Party erfunden, ihr zuliebe! Damit sie wie geplant in die Hauptstadt fuhr, um für seinen Vater die jung gebliebene Gattin zu geben. Es schauderte sie. Ab in die Bar! Aber nicht im Autodreß, auch nicht im Pucci, für ein Zwischen dieser Art hatte sie in einem der Schränke ein Jaquetkleid von Courrèges deponiert, das Muster ein schwarzweißes Karo, der Rock ein bißchen zu kurz. Rasch zog sie sich um, schlüpfte in rote Pumps, und hoppela! – wie eine ältere Dame, die der Ausdünstung ihrer Haut mißtraut, erwischte sie etwas zu viel Parfum. Givenchy. Audreys Marke. So. Fertig. Um zwanzig vor sieben verließ Marie die Suite.

Im Flur eine angenehme Kühle, das Wäschewägelchen verschwunden. An Wänden und auf Glastischchen verbreiteten leuchtende Alabasterlampen eine nächtliche Schummrigkeit. Alte Bilder verbargen ihre Sujets, eine Vitrine protzte mit Schmuck für vermögende Witwen, aber nirgendwo zeigte sich ein Zimmermädchen, kein Staubsauger surrte, die Etage war leer, wie ausgestorben. Als sie den Liftschalter berührte, teilte sich vor der Kammer das Silbertor und zeigte in den getönten Spiegeln drei Marien, die sich von ihrer Verstörung nichts anmerken ließen, nicht das geringste, die Fassade hielt.

Musikberieselt sank sie in die Tiefe.

Der Bartender und die beiden Kellner, alle im weißen Jackett, knipsten bei ihrem Auftritt ein Grinsen an. Dann sagte der Tender: Madame, wir wünschen Ihnen von Herzen alles Gute zum Geburtstag!

Oh, Danke, sehr nett von Ihnen!

Tanti auguri, riefen die Kellner.

Einen Martini-Cocktail?

Vis-à-vis vom Eingang setzte sich Marie in eine Ecke, lehnte sich zurück, blies den Rauch aus.

À votre santé, Madame!

Die Schlucke, das Rauchen, die Stille taten ihr gut. Der Tender hatte sich sofort wieder hinter den Tresen zurückgezogen und begann, von den beiden Kellnern unterstützt, allerlei Vorbereitungen für eine rauschende Barnacht zu treffen. Sie schütteten Eis in Kübel, hielten

Gläser ins Licht, schnitten Zitronen in Scheiben. Eine angenehme Stimmung. Nur wenige Tische besetzt, gedämpftes Geplauder, leise Jazzmusik, die Fenster noch hell, aber aus Glaskugeln, die überall auf den Tischen standen, spendeten Kerzen ein teintfreundliches Licht. Sie hatte dem Ersten Concierge Bescheid gesagt, wo sie zu finden sei, und rechnete damit, daß demnächst ihre beiden Gäste auftauchen würden, Fox und der Bruder. Seit einigen Jahren kam er zu jedem Geburtstag, was ihm hoch anzurechnen war, denn die Reisen auf seiner Bücherarche führten ihn immer tiefer in die Zeiten zurück, zu den Säulenheiligen und Wüstenvätern, in die Einsamkeit und in die Hitze sterndurchglühter Nächte...

Ein Herr betrat die Bar.

Er ging zum Flügel, berührte einige Tasten, spielte eine Quart, eine Quint, einen Dominant-Septimakkord. Sein Haar, an den Schläfen schon spärlich, aber grau gewellt, verhalf ihm zu einer distinguierten Erscheinung. Die Haut gebräunt, der Körper trainiert. Nein, Klavierstimmer war der nicht, eher ein emeritierter Professor... oder gar ein Musiker, ein international anerkannter Pianist, denn sein Anschlag, erst noch im Stehen, war superb. Sensationell! Der vornehme Herr sprach mit dem Tender, der nickte, nickte ergeben, und schon wetzte ein Kellner ab, um den Auftrag auszuführen. Zwei Sitzgruppen von ihr entfernt ließ er sich nieder, beugte sich etwas vor und quittierte ihren Blick mit einem Nicken. Sie fühlte, wie ihr das Blut in die Wangen stieg. Der Unbekannte mußte sie für äußerst ungezogen halten. Oder nahm er an, daß man miteinander bekannt war? Da hätte er sich getäuscht. Marie war sicher, daß sie sich noch nie begegnet waren.

Um zehn nach sieben wurde dem Herrn ein Steak serviert, und er begann gierig zu essen. Dabei blickte er immer wieder zur Tür, und als plötzlich eine junge, zierliche Frau hereinschwebte, setzte er ein schuldbewußtes Grinsen auf, wie ein Junge, den seine Mutter bei einer verbotenen Handlung ertappt hatte. Eine Japanerin war's. Sie setzte sich zum Steakesser, empfing einen Kuß, lächelte den Tender und die beiden Kellner herbei, und schon arrangierte sich auf dem schwarzen Glastisch eine völlig neue Ordnung. Das Gedeck wurde abserviert, das Bier durch Wasser ersetzt, und neben einem Notenheft hatte sie die Autoschlüssel abgelegt, einen dicken Bund, offenbar ihm gehörend, was darauf hindeutete, daß sie, die Geliebte, einen Parkplatz gesucht hatte, während er, der Vornehme, in die Bar vorausgegangen war. O ja, seine Geliebte war sie, denn nur einer Geliebten stand es zu, einen Tisch, der eben noch mit Saucenflaschen überladen war, in die Schlichtheit eines Haiku zu verwandeln. Die Autoschlüssel, ein Glas Wasser, ihre Hände, Musik. Als die Japanerin das makellose, vielleicht etwas maskenhafte Gesicht hob, drehte der Bartender den Wasserhahn ab, der eine Kellner schaltete die Klimaanlage aus, der andere ließ Miles Davis verstummen, und dann stellten sich alle drei, die Hände auf dem Rücken verschränkt, hinter den Tresen. Auch Marie war erstarrt, wagte kaum noch zu atmen, nicht mehr zu rauchen, knisternd verglühte die Zigarette, ein senkrechter Strich aus ihrer Hand. Eifersucht? Nein nein, Bewunderung, nichts als Bewunderung! Der Teint der Japanerin war weiß wie Schnee, schwarz wie Tusche das Haar, und ihre Figur schien leichter zu wiegen als jene Schatten, den die Kerzenflammen in den Glaskugeln an die Wände fächerten. Reine Harmonie, schwereloses Gleichgewicht, duftende Kirschblüte am Hang eines verschneiten Vulkans. Grazie und Glanz, Kühle und Reiz, dienende Gebieterin, Mädchen/Frau und beides ganz. Stifterin der Stille, doch war es *ihre* Stille, die des Morgens, die des Erwachens, womit sie *seine* Stille, die des Alters, des Grabes, mühelos von ihm fernhielt. Sie hauchte dem Geliebten das Leben ein, das er bereits gelebt hatte. Ihre Blüte verhüllte sein Welken. Über Maries Maske rollte eine Träne.

Vor einigen Jahren hatte Fadejew im Städtchen ein Konzert gegeben, aber seine Kunst, gefeiert von Sankt Petersburg bis Kairo, war dem alten Mann abhanden gekommen. Mitten in Schumanns Abegg-Variationen hatte er sich von der Bühne gestohlen, lange vor dem angekündigten Schluß. Auf Maries Klopfen an die Garderobentür war keine Antwort erfolgt. In Unterhosen hatte er vor dem Spiegel gesessen, mit naßgeschwitzter Hemdbrust. Den Frack über einen Sessel geworfen, seidenglänzend vor Schäbigkeit. Die Hände zittrig, der Bart lang, weiß, zerzaust. Halb Clown, halb Tolstoj. Marie Katz? Nein, hatte der Greis gemurmelt, tut mir leid, an eine Studentin dieses Namens kann ich mich nicht erinnern...

Marie erschrak. Du lieber Himmel, war Fadejew in Japan nicht dem Tod, sondern der Liebe begegnet? Hatte ihn die kühle Schönheit aus dem Hades ins Leben zurückgeführt?

19 Uhr 30.

Die Bar füllte sich, der Lärmpegel stieg, an den Tischen drängten sich Politiker, am Tresen Journalisten, Lachsalven, Händegeschüttel, Schultergeklopfe.

Sie rief den Kellner.

Madame?

Wollen Sie ein lieber Junge sein?

Der Kellner strahlte.

Dann können Sie mir bestimmt sagen, flüsterte sie, ob mein Gatte daran gedacht hat, für später einige Tische zu reservieren.

Jawohl, Madame. Noch einen Martini?

Nein, es wird höchste Zeit, daß ich mich umziehe.

Sehr wohl, Madame. Bis später!

Als sie kurz vor den Liften war, geschahs. Alarm! Eine schwarze Limousine war vorgefahren, und das Grand schickte sich an, den unverhofften Gast gebührend zu empfangen. Die Boys eilten nach draußen, das Licht wurde heller, der Teppich rot.

Wie alle, die sich in diesem Moment in der Halle aufhielten, starrte Marie nach draußen. Gemeinsam mit der Gruppe Eins entstiegen der schwarzen Limousine zwei weitere Männer, Onkel Fox und Max, ihr Gatte. Ein symbolischer Vorgang! Meier, seit Jahren als kommender Mann gehandelt, war angekommen. Die Gruppe Eins höchstpersönlich hatte ihn ins Grand chauffiert. Zu ihr. Zum Diner. Sie hielt es für das beste, erst einmal zu verschwinden. Rückzug in die Unterwelt, zu den Toiletten. Dort würde sie in aller Ruhe abwarten, bis die Herren die Halle verlassen hatten. Dann konnte sie unbehelligt zum Lift gehen und nach oben schweben, in die vierte Etage, in die rettenden Arme von Max.

Er stand am Fuß der Treppe und kam ihr irgendwie bekannt vor. Hochtoupierte Haare, Lederjacke und am rechten Handgelenk ein Goldkettchen mit Namensschild. Ein Fahrlehrer! Ein Funktionär aus dem Vorstand des Verbandes! Sie wollte umkehren, doch zu spät, er hatte sie erkannt und rief: Na, was hat er gesagt? Freut er sich auf das Länderspiel?

Natürlich wäre mein Sohn liebend gern mitgekommen... zum Fußball, meine ich, zu Ihrem Länderspiel, aber momentan ist er leider sehr beschäftigt.

Mit den Mädchen?

Ja, könnte sein.

Na prima, freute sich der Funktionär. Soll er sie mitbringen, die Kleine!

Das geht nicht, sagte sie, wollte sie sagen, doch schon hatte sie eine feuchte Hand im Nacken und auf ihren Lippen einen Kuß. Marie, stieß der Funktionär hervor, Sie sehen phantastisch aus!

Oh, nicht so stürmisch!

Sie und vierzig, das glaubt doch niemand. Achtunddreißig, würde ich schätzen. Höchstens! Oder fünfunddreißig?

Furchtbar. Und das schlimmste war: Max war der unerschütterlichen Überzeugung, sie hätte diese Komplimente nötig. Sie *brauche* es, meinte er, sie *erwarte* es, jeweils an ihrem Geburtstag von allen Seiten umarmt, geküßt und zu einem längst überschrittenen Datum beglückwünscht zu werden. Deshalb die vierzig Rosen, deshalb sein Pakt mit dem Hotel! Max glaubte an den Verjüngungszauber, den er durch den Blumenboten und durch Sergio, den Lieblingskellner der Grand, Jahr für Jahr lancierte, sie floh.

Auf die Toilette floh sie, direkt in die Kabine, Tür zu, Riegel vor.

Eben hatte ihr die Klofrau, eine Jugoslawin, zum Vierzigsten gratuliert. Trinkgeld? Nachher. Erst mal Luft schnappen, allein sein, durchatmen. Mein Gott, Max, merkst du nicht, was hier abgeht? Merkst du es nicht? Die Mutter Oberin von Mariae Heimsuchung fiel ihr ein. Der war alles Fließende zuwider gewesen, das Blut, die Tinte, die Zeit; die hatte das Wort Menstruation verboten und ihre Uhr in den Schrank der Präfektur eingesperrt, und was hatte es gebracht? Nichts, weniger als nichts. Selbst die frömmsten Novizinnen hatten Blutstropfen verloren, und die Uhr hatte laut und hallend von innen an die Schranktür gepocht, toc toc toc, laut und hallend, toc toc toc! Ah, tat das gut, tat das gut. Marie saß auf dem Klo, schlüpfte aus den Schuhen, genoß an den bestrumpften Füßen die Kühle der Kacheln. Bloß nicht hinschauen, beschwor sie sich. Da zeigten sich die Halluxknochen, da schälte sich das Skelett hervor, das Alter, der Tod. Nein, nicht dieses Wort, nicht heute, am Geburtstag, bitte nicht. Draußen plapperte die Jugoslawin. Ich auch Kinder, sagte die, aber schon groß. Kleine Kinder kleine Sorgen. Große Kinder große Sorgen.

Lächeln, Marie, immerzu lächeln, etwas anderes bleibt dir nicht übrig, heute ist der 29. August, da steht die Komödie vom 29. August auf dem Spielplan, alle Jahre wieder, da gilt es die Vergänglichkeit an die Wand zu spielen, respektive in die Spiegel, dem höhnischen Grinsen zum Trotz, ha-ha, hö-hö, ja ja, Max, ja ja, wir haben einen Fehler gemacht, einen schlimmen Fehler, den schlimmsten: Wir haben die Zeit herausgefordert. Wir haben sie zu stauen versucht. Und jetzt, Max, jetzt demonstriert sie uns ihre Macht!

Marie preßte die Fingerspitzen gegen die Schläfen. Überall weiße Kacheln, am Boden, an der Decke, die Decke der Boden, aber: Sie hielt durch. Sie hielt immer durch. Gab der Jugoslawin zu verstehen, wie glücklich sie sei, wie dankbar, und tupfte mit ihrem Taschentuch, das zum Glück ein wenig parfümiert war, den Speichel des Funktionärs von den Lippen. Der hatte ihr gerade noch gefehlt! Und diese unentwegt sie lobende, ihr schmeichelnde Abortfrau! Und erst der Concierge! Was für ein läppischer Kurzauftritt! Eine Operettenfigur! Absolut lächerlich! Seine Stimme wurde dünner von Jahr zu Jahr, hinter grauen Lippen wackelte die Prothese, und die Gicht, die treueste Feindin jedes Rezeptionisten, war in seinen Gliedern unbarmherzig auf dem Vormarsch.

Oder Sergio. Gut, zugegeben, schön war der immer noch. Auch hatte er an jedem Finger eine Geliebte, junge aus dem Personal und ältere aus dem Gästebestand; sein *Maria, Maria, Maria!,* das er Jahr für Jahr anstimmte, um dann mit dem Champagnertablett in die Suite zu platzen, kam stets von Herzen, das schon, gewiß, aber seine Haarpracht war gefärbt, zudem billig, viel zu schwarz, und in seinen Augen flackerte eine böse Gier: Geldgier, Machtgier. Ja, mein lieber Max, ich fürchte, da hast du dich mit einem gefährlichen Typen eingelassen. Dieser Sergio wird sich die Arbeit, die er für dich erledigt, eines Tages verdammt gut bezahlen lassen...

Quarant'anni? Non e véro!

Doch doch, Sergio, doch doch...

Oder wir, Max, wir selber! Hörst du nicht, daß die Dialoge, die wir aufsagen, von Vorstellung zu Vorstellung hohler klingen?

Hörst du es nicht?!

Hörst du es nicht?!?

Die Rosen, Liebster – wunderwunderschön!

Wie es einer Rosenkönigin gebührt.

O, mein Rosenkavalier, du *übertreibst!*

Ich übertreibe? Nein, Marie, alles wird älter, die ganze Welt, das gesamte Universum, nur du bleibst jung, ewig jung und ewig schön...

Dann komm!

Wohin?

Ins Bett.

Ins Bett?!

Ja!

Jetzt?!

Wie damals, am Vorabend meiner Prüfung. Erinnerst du dich? Ich habe dem Gastwirt gesagt, der Herr Leutnant würde die Verdunkelung inspizieren, dann kamen wir ins Reden. Du hast mir deinen heimlichsten Wunsch genannt. Ich sei die geborene First Lady, hast du gesagt, und dann –

Marie, wir dürfen deine Gäste nicht warten lassen.

Dann haben wir uns geliebt, Max. Du warst verrückt nach mir. Ein wilder Kater! Ein Raubtier! Damals hast du mich zerrissen!

Darling, wir kommen zu spät.

Und es war herrlich, von dir zerrissen zu werden. Unser Pakt, Max, mit Blut besiegelt: Ich werde dich nach oben führen, ganz nach oben!

Gewiß. Wir sind auf dem besten Weg dazu.

Ja, Max, wir schaffen es!

Gemeinsam mit unseren Freunden.

Sind die so wichtig?

Einige schon.

Ich verstehe, Max, ich verstehe...

Du bist ein vernünftiges Mädchen, nicht wahr?

Ja, Max, das bin ich. Von wem sind die Schnittblumen?

Von der Partei. Mit den besten Wünschen. Was sagst du zu den Gladiolen?

Etwa von den Fahrlehrern?

Ich hoffe, du hast nichts dagegen, wenn wir uns nach

dem Diner mit ihnen treffen. Einige von den Burschen brennen darauf, dir zu gratulieren.

Oh, das ist wirklich reizend, aber…

Nichts Großes. Eine kleine, improvisierte Party. Du hast es verdient, meine Liebe. Alles wird älter, die ganze Welt, das gesamte Universum, aber du bleibst jung, ewig jung und ewig schön…

Nein, Max, heute nicht. Für einmal möchte ich auf das Diner verzichten. Ich weiß doch, wie es abläuft, alle Jahre wieder, und bleibe lieber hier, in der Unterwelt, kühle meine Füße und erspare mir die verlogenen Glückwünsche, die todlangweiligen Gespräche und den Auftritt der alten Grand. Dieses Schreckgespenst soll mich heute in Ruhe lassen, alles hat seine Grenze, oder nein, halt, ich hab' eine bessere Idee: Marie/Marie. Während sich die Sternenmarie in der Unterwelt versteckt, gibt die Spiegelmarie in der Oberwelt die Gastgeberin.

Die Gastgeberin. Nichts leichter als das! Diese Rolle hatte sie schon als junges Mädchen gespielt, mit Lavendel und Papa als Partnern, die lag ihr im Blut, die spielte sie blind, und sogar an ihren Geburtstagen, wenn sie als Gastgeberin die Gefeierte war, beherrschte sie den Apparat aus dem Effeff. In der Regel begann das Diner punkt acht. Punkt acht. Pünktlichkeit, meinte Meier, sei die Höflichkeit der Könige. Darauf sie: Und die Tugend der Feldwebel. Die Bemerkung trug ihr den ersten Lacher ein, die ersten Komplimente, was für eine Frau, die geborene First Lady. Indem sie sich bedankte, lockte sie mit den Augen einen Kellner herbei, um für Fox ein Bierchen zu ordern, und erkundigte sich fast im selben Atemzug bei der Gubendorff, wie sie mit ihrer Spendensammlung für illegale Emigranten vorankomme. Bald ging es Fox etwas besser, sein Blick verlor das Glasige, sein Zugriff das Fahrige, und zum Glück wurde Adele von ihrer Mitmenschlichkeit derart überwältigt, daß sie gar nicht wahrnahm, wie vor dem Onkel ein Bierchen nach dem andern aus dem Tisch wuchs. Aber nun wurde es höchste Zeit, den ungeduldigen Max zu erlösen! Marie legte ihm die Hand auf den Unterarm und gestand den Gästen, leider sei sie noch gar nicht dazu gekommen, die neueste Kolumne von Aladin zu lesen, dem ersten Journalisten des Landes.

Sofort war Max hellwach. In der Tat, bemerkte er zu seinem Schwager, Aladin habe der Gruppe Eins in deutlichen Worten empfohlen, endlich auf unverbrauchte Gesichter zu setzen.

Damit könne nur Max gemeint sein, sekundierte Fox, und: Gell, du Lieber, rief Adele, wenn du dann in Amt und Würden bist, wirst du mich und meine Emigranten nicht vergessen!

Max versprach es, Adele bedankte sich, Fox schnappte nach dem nächsten Bier, und vom Psychologen Tennebaum, der in der Regel ebenfalls zur Runde gehörte, war je nach Phase ein buddhistisches Om-Gemurmel zu hören, ein Erguß über Schuberts Affekte (schwer gestört) oder ein feuriges Bekenntnis zu marxistischen Ernte-Kollektiven: Sind wir nicht alle Brüder und Schwestern? Sind wir nicht alle *Genossinnen und Genossen?!*

Bei einem dieser Diners hatte auf besonderen Wunsch von Onkel Fox auch der Militärattaché der französischen Botschaft teilgenommen. Ein ehemaliger Offizier der Fremdenlegion, jedoch nicht ohne Charme, vor allem Marie gegenüber, das Profil markant, die Haltung *comme-il-faut.* Vielleicht etwas müd, etwas neurasthenisch, allerdings von vornehmer und sauberer Atmosphäre. Er berichtete glaubwürdig, als junger Sous-Lieutenant im algerischen Bled gegen die Djiouch gekämpft zu haben, wofür sie ihm die Palme verliehen hätten, jenen heiß begehrten, am Béret getragenen Orden, der auf eine Erwähnung im Armeebericht verweise. Zugegeben, an dieser Stelle hätte die Gastgeberin nicht ungern Papas Wasserballsieg in Montys Wüsten-Regimentern erwähnt, aber Adele war schneller und rief: Shalom, liebe Freunde, shalom! Denkt an Picassos Friedenstäubchen, gell?

Max gab ihr recht, und alle wußten, einander zugrinsend, was nun kommen würde: der Saucenwürfel. Die berühmte, schon so oft erzählte, immer wieder gern gehörte Anekdote vom Saucenwürfel! In meiner jugendlichen Unvernunft, pflegte Max zu beginnen, habe ich den Standpunkt vertreten, die höchste Errungenschaft des Bürgertums – halte dich fest, Adele! – sei der Saucenwürfel!

Max, rief die Gubendorff, um Gotteswillen, was sagst du da!

Alle lachten, und damit war der wichtigste Beitrag der Gastgeberin zum Gelingen ihres Diners geleistet, nun schnurrte der Apparat aus eigener Kraft vor sich hin, fröhliches Geplauder, flackernde Kerzen, flitzende Kellner, der erste Gang war gegessen, die Stimmung stieg, ein schöner Abend, würde es morgen heißen, rundum gelungen. Als sie die bauchigen Gläser hoben, um mit dem exquisiten Bordeaux anzustoßen, ging ein Raunen durch den Saal.

Sie kommt, flüsterte Adele.

Direkt zu uns?

Sieht so aus, meinte Onkel Fox. Glückwunsch, altes Mädchen, du bist ihr wichtiger als die Pharmalobby!

Max, Fox, der Bruder, der Psychologe und der Franzose sprangen auf, jeder seine Serviette in der Hand, und bildeten das Empfangskomitee für den langsam sich nähernden Pulk. Vorneweg schritten einige *Commis de rang,* dann kam der *Maître d'hôtel,* an seiner Seite der *Chef de rang,* einen halben Schritt zurück der *Demi-chef de rang,* eitel wie ein Außenminister, an dessen Seite der Kellermeister, streng wie ein Henker, und hinter der Monarchin, die sich auf Sergios kräftigen Arm stützte, hüpfte, unentwegt nach links und nach rechts nickend, nach rechts und nach links grüßend, der kleine Dr. Grandjean wie ein Beiboot über die Kielwellen seiner Fregatte. Ihr Ruf war nicht der beste, sondern ausgesprochen zwiespältig. In ihren Ursprüngen, behaupteten die einen, sei sie in der Opernwelt zu Hause gewesen, andere jedoch, unter ihnen die Journalisten, hatten angeblich herausgefunden, damals habe sie hinter dem Hotel die Straße gemacht und *par occasion* den jungen Grandjean gekapert. Indizien ließen sich für beide Vergangenheiten anführen, und selbstverständlich hielt es die oberste Gastgeberin für geboten, niemanden zu enttäuschen und beiden Fraktionen recht zu geben. Mit rosaroten Dreiecken auf den verrunzelten Wangen, blitzend falschen Zähnen und violetten Wimpern sah sie aus wie eine Leiche in den Beerdigungs-Instituten Kaliforniens und konnte ebensogut als ehemalige Nutte wie als Ex-Heroine durchgehen. Längst war sie auf dem Strom der Zeit zum Geisterschiff geworden, unsinkbar in alle Ewigkeit, und segelte jeden Mittag und jeden Abend den gleichen Kurs. Sie begrüßte im Speisesaal ihre wichtigsten Gäste. Die Autorität der alten Grand wurde von niemandem in Frage gestellt, und wenn sämtliche Piccolos, Pagen und Kellner zusammenklauten, was immer sie in die Finger bekamen: Silberlöffel, Kaviardosen, Champagnerflaschen, Bettwäsche, Jungfernhäutchen, prallgefüllte Dollarseelen und anderes mehr, so zeugte dies nicht, wie Onkel Fox meinte, vom allgemeinen Sittenverfall einer nach links driftenden Gesellschaft, sondern bewies die tiefe Verehrung, die die fünfzig-, ja sechzigjährigen Servierministranten ihrer Ur- und Übermutter entgegenbrachten. Sie klauten, um von ihr ertappt zu werden. Diebe waren sie, doch aus Hingabe, aus Liebe, und je heftiger sie beschimpft, je tiefer sie erniedrigt wurden, desto größer war ihre Bereitschaft, auf den Knien ihrer Herzen der Grand hinterherzurutschen. Der Pulk kam näher. Die Rücken der Herren steiften sich. Alles wiederholt sich, dachte Marie, nie ist das Vergangene vergangen, denn so wie seinerzeit Serafina, die Herrin im Moderne, verfügt hatte, sie, die Katz, sei sechzehn, nicht dreizehn, verfügte jetzt die Grand, von Sergio instruiert, die Meier sei vierzig, immer wieder. *Matrona locuta, causa finita!* Vierzig soll sie sein?! Mein lieber Meier, das kann ich nicht glauben!

Mal klang es perfid, mal bewundernd, und jedesmal lachte Max, lachte glücklich, lachte befreit, denn die Aufmerksamkeit, die er durch das Anlegen des pompösen Geleitzuges auf seine Person gezogen hatte, war genau das, was er brauchte. Ich bin eben doch, wird er gedacht haben, der kommende Mann. Setzen! bedeutete ihm die Unsinkbare, und gehorsam sanken Gatte, Bruder, Onkel, Psychologe und Attaché auf ihre Sessel.

Man sah es der Alten förmlich an: Sergio, ihre Stütze, liebte sie wie einen Sohn. Sergio kannte ihre geheimsten Wünsche. Sergio fühlte, was sie meinte, ahnte, was sie wollte, wußte, was sie dachte, und natürlich wäre es dem alternden Schönling nie und nimmer eingefallen, als Meiers Komplize das Hotel auf Maries Vierzigsten einzuschwören, hätte er nicht gewußt, daß ein Coup dieser Art ganz und gar nach dem Gusto der Grand war. Vierzig? Das kann ich nicht glauben...

Doch doch, Madame, doch doch.

Aus ihren verteerten Lungen war ein Röcheln zu hören, und da sie noch ein paar Mal durchatmen mußte, bis sie es schaffte, Richtung Pharmalobby auszulaufen, fragte die Alte knarzend, wie es dem Filius gehe.

Gut, danke.

Schon im Kindergarten?

In der Schule, Madame.

Aber nicht doch! In der Schule?! Diese junge Mama hat einen Sohn, der bereits zur Schule geht?!?

Ja, sagte Marie leise.

Nächstes Jahr wird er bestimmt dabeisein.

Ja, Madame, nächstes Jahr bestimmt.

Stets das Gleiche, in ewiger Wiederkehr: Zur Vorspeise ein Fisch, das Erheben der Gläser, die Anekdote vom Saucenwürfel, das allgemeine Gelächter, und dann, aufgepaßt, der Auftritt der Alten, ihr Glückwunsch und die Frage nach dem Jungen: Geht er schon zur Schule?

Ins Gymnasium, Madame.

Aber nicht doch! Ins Gymnasium?! Diese junge Mama hat einen Sohn, der das Gymnasium besucht?!?

Ja, sagte Marie leise.

Nächstes Jahr wird er bestimmt dabeisein.

Ja, Madame, nächstes Jahr bestimmt.

Die Kühle der Toiletten tat ihr wohl, und den Boden empfand sie als Labsal für ihre armen, wunden Füße, doch zögerte sie, die Kabine zu verlassen. Adele, die herzensgute Adele, war ihr bestimmt gefolgt, Adele folgte ihr immer, würde jetzt bei den Spiegeln auf sie warten, selbstlos bereit, der Freundin beizustehen, voller Verständnis, voller Mitgefühl, Marie, würde Adele sagen, meine liebe arme Marie, geht es dir besser? Wir alle sind tief erschrocken. Plötzlich warst du kreidebleich.

Oh, das muß an der Hitze liegen. Noch etwas Puder, und ich bin wieder im Spiel.

Marie begann mit der Renovation ihrer Fassade und war froh, daß sie die fahle Haut unter einer dicken Schicht

Schminke verbergen konnte. Max *erwartet* es, sagte sie. Er *braucht* es. Er hofft, doch noch in die Regierung zu kommen, und ich frage dich, Adele, wie schminkt sich ein verbrauchter Mann seine Falten weg? Richtig, mit einer jungen Frau! Deshalb die vierzig Rosen, deshalb der Pakt mit Sergio! Ich bin Meiers Wahlplakat, und so wie es aussieht, stehen wir kurz vor dem großen Triumph...

Im Spiegel ein Grinsen. Tote Augen. Hohle Wangen. Die Zahnhälse zu lang, die Lippen zu rot. Weiße, schwitzende Kacheln. Die Leere der Unterwelt. Die Jugoslawin verschwunden; Adele, die sie eben noch hier geglaubt hatte, war ja heute vormittag zu einem Seminar gefahren, und sie, Marie, begriff, daß ihr der peinlichste Augenblick des Tages, die Begegnung mit der Grand, noch bevorstand.

Sie klappte das Döschen zu, stopfte es ins Täschchen, warf einen letzten Blick auf die Fassade, verließ die Toiletten, kehrte in die Halle zurück, nahm den Lift und fuhr nach oben, in die vierte Etage.

*

Es war wie immer, wie in all den Jahren zuvor: Max, bereits umgezogen, die Rechte in der Hosentasche, stand als Schatten vor der schwindenden Abendhelle. Marie, sagte er, da bist du ja endlich!

Ja, Max, da bin ich...

Hat sich Oskar gemeldet?

Sie nickte.

Schlimm?

Sie standen.

Sie schwiegen.

Verzeih, ich hatte einen wichtigen Termin.

Mit der Gruppe Eins, ich weiß.

Warst du in der Bar?

Ja. Die Tische sind reserviert.

Dann kann die Party ja steigen.

Irgendwo in der Tiefe Gelächter, Geschepper von Pfannen und Geschirr, und wieder: Stille. Die Lichter in den Straßen wurden fetter, es dämmerte, und wenn sich der Himmel aufklarte, würde man in weiter Ferne einen verschneiten Gebirgszug sehen.

Wann hast du mit ihm gesprochen?

Gestern abend.

Ich verstehe.

Ich hatte nicht die Kraft, Max. Nachdem Oskar gegangen war, mußte ich mit dem Jungen reden.

Wie hat er's aufgenommen?

Mit Haltung. Ohne Tränen.

Ganz der Sohn seiner Mama.

Wieder schwiegen sie

Und standen.

Schließlich sagte Marie:

Es ist das Tier mit den Scheren.

Das Tier mit den Scheren?

Das Wappen.

Ach so, sagte Max.

Dann weinte er.

Sie trat neben ihn.

Krebs, sagte er tonlos.

Ja, sagte sie, Krebs.

Maxmarie.

Mariemax.

Die Säule

Wieder die Säule

Wie damals

Im Park

Im Glück

Und jetzt, sagte sie mit einem zarten, geradezu entzückenden Lächeln, müssen wir uns zusammenreißen, ja?

Natürlich, sagte Max. Dem Jungen zuliebe. Brauchst du lange?

Zehn Minuten.

Es könnte hart werden.

Würdest du mir bitte das Kleid schließen?

Wie schön du bist!

Danke, Darling.

Keine Chance?

Oskar ist skeptisch.

Der Junge?

Ging heute früh zur Schule.

Und heute abend?

Wollten Freunde kommen.

Wie lange noch?

Ein Jahr, vielleicht zwei.

Keine Operationen?

Nein, dafür sei es zu spät.

Ein Jahr ist sehr kurz.

Vielleicht sind es zwei.

Max verließ das Bad.

Sie rief ihm nach:

Danke für die Rosen, Liebling.

Sind sie pünktlich geliefert worden?

So schön wie noch nie.

Wie es einer Rosenkönigin gebührt.

In seinem Dinnerjackett sah er hinreißend aus, groß und stattlich, erfahren und abgeklärt, wahrhaftig ein Herr. Gehen wir?

Gehen wir!

NACHFAHREN

An der Tankstelle, wo sie seit eh und je an der Bar hockten, kam jeweils am Vormittag der Postbote vorbei, um treu zu melden, was er auf seiner Tour erlebt hatte. Vom Kommen und Gehen berichtete er, vom Werden und vom Welken, und Anfang Februar, da sich die ersten Fasnachtslarven zeigten, begann sich das Interesse des Boten und seiner Zuhörer auf das Katzenhaus zu konzentrieren. Genaues wußte man nicht, nur soviel: Seit vorgestern sei weder die Gubendorff noch die kleine Paddy, die Freundin des Jungen, eingelassen worden. Jedes Klingeln sinnlos, auf dem Vorplatz hoher Schnee, nirgendwo ein Licht, nicht einmal in der Küche, die Fensterläden geschlossen, aus dem Kamin kein Rauch, gerade so, als wäre im Innern jedes Leben erloschen.

Eines Morgens jedoch öffnete sich die Wappentür, und ganz in Schwarz verließ Madame Meier das Haus, um sich von einem Taxi ins Städtchen fahren zu lassen. Bei Percy tauchte sie auf, erkundigte sich wie üblich nach Felix, war reizend zu Suzette und Sophie und besprach mit der Müller eine Personalie des Yachtclubs. Wie es dem Jungen gehe? Ach, Percy, wehrte sie lächelnd ab, wie soll es ihm gehen. Solange seine Freunde von ihm erzählen, wird er noch ein wenig weiterleben. Was bin ich Ihnen schuldig?

Percy hob die Hände, dann ließ er mit vorstoßender Lende die Lade in den Kassenbauch zurückgleiten.

Danke, Percy. Fabelhafte Arbeit.

Bis in den Abend hinein verharrte das Haus in der Stille, aber dann, als über dem See eine rötliche Winterdämmerung stand, begann es sich wie aus eigener Kraft zu beleben, Fensterläden gingen auf, Lichter leuchteten, Oskar fuhr vor, die Müllers kamen, und am Küchentisch, über dem nun eine funzlige Birne brannte, schien die uralte Luise miteins zu wissen, daß zum Abendessen Herr Max eintreffen und wie üblich einen tüchtigen Hunger haben würde. Ob es tatsächlich eine Kartoffel war, die sie schälte? Oder kratzte sie von einer Porzellantasse den Goldrand ab? Egal. Zwischen Luises rechter Hand, worin das Schälmesser steckte, und ihrer Linken, mit der sie die Kartoffel hielt, die Porzellantasse oder ein Stück Seife, ergab sich am Abend dieses traurigen Tages, da der

Sohn und Stammhalter in den Armen seiner Mutter verschieden war, eine Art von logischem Zusammenhang, so war es schon immer, so ist es jetzt, so wird es sein, einfach weiterschälen, Luise, dranbleiben, fortleben und weiterschälen.

*

Der Spiegelmeier sollte man das gelebte Leben nicht ansehen, den Tod schon gar nicht. Wo es Problemzonen gab, wurde nachgeholfen, auch von Percy – erst mit einer dezenten Nachdunklung gewisser Stellen, dann mit einem künstlichen Haarteil. Als Meier, der von seinem Ziel niemals abgelassen hatte, in die Regierung gewählt wurde, schaffte es das Paar auf das Cover einer Illustrierten, sie im Sessel, das linke Bein über das rechte gelegt, er stehend, eine Hand auf ihrer Schulter. Beiden fiel auf, daß sie unbewußt jene Pose eingenommen hatten, die das Verlobungsbild von Maries Eltern zeigte. Aber nicht genug damit! Die Eltern, damals noch sehr junge Leute, hatten mit leicht belemmerter Miene dem alten Seidenkatz hinterhergeblickt, der nach der peinlichen Verwechslung der Nachtigall mit der Verlobten seines Sohnes im selbstgeschaffenen Paradies verschwunden war, und kurios, äußerst kurios!, das Paar auf dem Cover der Illustrierten hatte einen ähnlichen Gesichtsausdruck wie das Paar auf der bräunlich vergilbten Photographie. Ja, auch Marie und Max Meier haben jemandem nachgeblickt, der sich rasch von ihnen entfernte, um in einem undurchdringlichen Dschungel für immer zu verschwinden.

Nach sieben erfolgreichen Jahren hatte Meier die Regierung verlassen. Fortan lebte er wieder bei ihr, im Katzenhaus, und die Alten an der Tankstelle waren neidlos der Meinung, nun würden die Meiers den verdienten Abend ihrer Zeit genießen, Ruhe und Rast nach einem erfüllten Leben. Aber immer öfter sah man den einst landesberühmten Mann mit verrutschter Krawatte oder verschmutzter Hose durch eine Gasse hasten, und schon bald wurden die Kinder, die sich über ihn lustig machten, nicht mehr zurechtgewiesen.

Meier gehörte zu den Menschen, die nur steigen können – nicht fallen. Er hatte für sich, seine Familie, seine Partei und sein Land das Beste gewollt. *Von der unerschütterlichen Überzeugung durchdrungen,* stets in die richtige Richtung zu blicken, nach vorn und nach oben, war er seinen Weg gegangen, ging ihn immer noch, ging ihn tapfer, nur wußte er nicht mehr, woher er kam: vom Gipfel oder von unten. Er setzte sich in schäbige Vertreterkneipen, zog im Herbstregen über Land, und sein Jakkett, als wäre es Frühling geworden, hängte er am Fingerhaken über den Rücken. Er ordnete an, den Pavillon neu zu streichen und den Zwillingskinderwagen, den er im hochgehievten Kahn versteckt habe, dem Adventsbasar der Pfarrei zur Verfügung zu stellen. Auch war er überzeugt, im Dachstock hause noch immer der *alte Jude,* stand ängstlich im Entree und lauschte nach oben, wo der Jude, wie er sagte, rastlos hin und her wandle, sieben Schritte hin, sieben zurück. Du irrst dich, Lieber, Papa ist tot.

Tot?

Ja.

Und lebt?

Nein, eben nicht.

Aber die Schritte, Marie, die Schritte! Hörst du nicht? Sieben hin, sieben her...

Der eigene Mann wurde ihr der fremdeste von allen, bizarr in seinen Wünschen und in seinen Gefühlen so weich, daß ihn ein später Schmetterling, der im Herbstlicht an den Salonfenstern vorbeitaumelte, zu Tränen rührte. Manchmal griff er mitten in der Nacht zum Telephon, bestellte seinen Chauffeur und verlangte, unverzüglich abgeholt und in die Hauptstadt gebracht zu werden, zu einer dringenden Sitzung des Kabinetts. Ein paar Mal fuhr die schwarze Limousine noch vor, dann kam sie nicht mehr, und Ex-Minister Meier stand in Pantoffeln und Unterwäsche in eisiger Winternacht vor dem Haus. Aufrecht stand er, in staatsmännischer Pose, hatte unterm Arm seine schwarze, von der Schuh- und Lederindustrie gestiftete Mappe und auf dem verwirrten Schädel den vom Schwiegervater geerbten Zylinder, Überzug aus Nitrolack, geeignet für Kutscher, Sargträger und Politiker bei Staatsbegräbnissen. In einer solchen Nacht, da ein Schneesturm heulte, verschloß ihm ein Windstoß den Rückzug, klirrend war die Wappentür zugefallen, und leider kam er nicht auf die Idee, bei sich selber zu klingeln. Oder fürchtete er, den alten Juden zu wecken? Jedenfalls stapfte er auf bloßen Socken in den Flockenwirbel hinaus, geriet vor die Betonwand der Baronie, wähnte sich vermutlich im Gebirge seiner Kindheit und schaffte es, samt Mappe, Zylinder und Pantoffeln auf Adeles Balkon zu gelangen. Wie lange er dort gelegen hat, konnte hinterher nicht mehr festgestellt werden, aber irgendwann im Morgengrauen vernahm Adele ein Maunzen, öffnete die Balkontür und ließ den sterbenden Kater hineinschlüpfen.

Um zehn Uhr vormittags erschien die Witwe bei Percy, erkundigte sich nach Felix, war reizend zu Suzette und Sophie und versicherte der Müller, noch in seinen letzten Tagen habe Max betont, wie sehr ihn die Ehrenmitgliedschaft im Yachtclub gefreut habe. Die Müller schluchzte, und Percy, dem es vor lauter Rührung die Wimperntusche verschmierte, sagte mit Grandezza: In unserm Gedächtnis wird er weiterleben.

Danke, Lieber, das haben Sie sehr schön gesagt.

Er begleitete sie mit Felix zur Tür.

Nach dem Begräbnis gebe ich ein Essen im kleinen Kreis. Nur mein Bruder und ein paar intime Freunde, der Baron, Adele von Gubendorff und Dr. Fox. Sollten Sie etwas Zeit übrig haben, wäre es fabelhaft nett von Ihnen, wenn Sie vorbeischauen würden.

Morgen im Atelier/Abend im Grand

Marie stieß die Läden auf, dann schloß sie das Fenster, hob die Arme, griff in die Gardinen und ließ die feinen, durchsichtig weißen Stoffe über ihren Füßen ineinanderrieseln. Das war ihr Auftakt, Morgen für Morgen, und bei jedem Fenster wurde er wiederholt. Im dritten und letzten blieb sie stehen, ohne es zu schließen. Dunst rückte das Gebirge in die Ferne; weich faßten die Ufer den bleichen See, es war der 29. August, ihr Geburtstag, und damit war eine wichtige Frage, die Kostümfrage, entschieden. Heute würde sie das Pucci anziehen, das sommerleichte Abendkleid aus ihren besten Jahren.

Hast du gut geschlafen, Luise?

Keine Reaktion, natürlich nicht.

Marie steckte zwei Scheiben in den Toaster und stellte sich, während das antike Chromding surrte und rauchte, ans Küchenfenster. Wartete sie auf den Blumenboten? Aber nein, der lag längst auf dem Friedhof, wie Max und ihr Sohn. Heute abend würde sie auf dem Grab die Blumen gießen. Dann würde sie sich unter der großen Linde auf die rundumlaufende Bank setzen und warten, bis Percy und Felix, sein Pudel, vom Städtchen heraufkamen. Percy war der einzige Mensch, mit dem sie noch Kontakt hatte, und sie gab die Hoffnung nicht auf, eines Tages könnte er in seine Künstlerexistenz zurückkehren und die große Begabung, die ihn bestimmt nicht verlassen hatte, doch noch ausleben.

Nachdem sie ihren Tee getrunken und die beiden Toastscheiben gegessen hatte, jede mit einer Flocke Butter bestrichen, ging sie ins Atelier. Der Junge hatte es noch zu seinen Lebzeiten entrümpelt, und im hohen Sommer oder im Winter, wenn es voller Schneelicht war, wurde es hie und da wieder so groß wie damals, als das fünfjährige Mariechen der sterbenden Maman den Handspiegel gereicht hatte. Ein Saal wie eine Kirche, und bis auf den alten Lehnsessel, in dem erst Maman, dann Papa, dann ihr Sohn gesessen hatte, völlig leer.

Hier, vor dem hohen Fenster, nahm sie ihren Platz ein.

Es war ein angenehmer Platz, wie auf dem Promenadendeck eines *Oceanliners,* und es störte sie nicht im geringsten, daß die dummen Buchstaben in Mamans Romanen klein und kleiner wurden, so daß sie sich von den bräunlichen Tupfen, die die schönsten Stellen übersäten, kaum noch unterschieden. Marie lauschte in die Stille, dachte über das Leben nach und träumte vor sich hin. Manchmal verging darüber ein ganzer Tag, und es kam sogar vor, daß sie vor lauter Nachdenken vergaß, auf dem Friedhof die Blumen zu gießen.

Seitdem der Metzger im Rollstuhl saß – vor einigen Jahren war er in den Bergen verunfallt –, wurden Percys Pudel nicht mehr vergiftet. Aber die Sprühwolken aus den Spraydosen zerstörten ihnen das Fell, vermutlich auch die Lunge, und irgendwie hatte Marie das ungute Gefühl, der aktuelle Felix würde der letzte sein. Hängen Sie Ihren Frisierkittel an den Haken, hatte sie Percy geraten, und fangen Sie noch einmal an, noch einmal von vorn!

Als Maler?

Ja, Percy. Wir sollten unsere Talente nicht vergeuden. Und glauben Sie mir, seit es unser Atelier gibt, hat es auf diesen Moment gewartet: daß ein Künstler kommt, seine Leinwand aufstellt und zu arbeiten beginnt.

Nein, es hatte nicht geklingelt.

Hier klingelte niemand mehr, und wenn sie es recht bedachte, war sie nicht einmal sicher, ob es gerade Frühling wurde oder Herbst, ihre Tage glichen sich, auch ihre Geburtstage. Aber das war kein Problem für sie, die hatten sich schon immer geglichen, vor allem die Vierzigsten, da hatte sich alles wiederholt, wie ein Ritual, morgens der Blumenbote und abends die Party, morgens Luise und abends die Grand, diese bösartige, unsinkbare Fregatte, die es nicht ein einziges Mal unterlassen hatte, sich bei der jungen Mama nach dem Sohn zu erkundigen. Geht er schon in den Kindergarten?

In die Schule.

Schon in die Schule?

Ins Gymnasium.

Ursprünglich hatte Luise das Blumenbouquet in Empfang genommen, aber im Lauf der Jahre war es ihr zunehmend schwerer gefallen, sich beim Klingeln des Boten vom Hocker zu erheben, und dann, es muß noch vor der Erkrankung des Jungen gewesen sein, hat sie es nicht mehr geschafft. Und einmal, auch daran konnte Marie sich gut erinnern, haben sie zu dritt auf der Terrasse gesessen: sie, der Junge und Adele. Der Sterbende war in Kissen gebettet, um die Füße ein Plaid, und unterm Sonnensegel war es so heiter wie damals, Jahrzehnte zuvor, als die genesene Marie dem verliebten Lavendel mit den weißen Strümpfchen und den Lackschuhen einen roten Kopf beschert hatte. Aber irgendwie waren sie einander zum Verwechseln ähnlich, diese Vierzigsten, beinahe gleich, und letztlich blieb von all diesen Geburtstagen nur ein einziger übrig, eine wundervolle Erinnerung...

Ah, Marie, da bist du ja endlich.

Danke für die Rosen, mein Liebster!

Sind sie pünktlich geliefert worden?

So schön wie heuer waren sie noch nie.

Wie es einer Rosenkönigin gebührt.

In seinem Dinnerjackett sieht er hinreißend aus, groß und stattlich, erfahren und abgeklärt, wahrhaftig ein Herr. Gehen wir?

Gehen wir!

Nach allen Seiten nickend, erreichen sie den Saal, und im Saal, vom *Chef de rang* beflissen begleitet, ihren Tisch. Nein, was für eine wundervolle Überraschung, was für ein grandioses Geburtstagsgeschenk – Sie, Gruppe Eins, an meiner Tafel!

Darf ich Marie sagen?

Herr Präsident, Sie machen mich erröten.

Meine liebe Marie, sagte er, ihre Hand nehmend, sie an seine Brust drückend, ich beglückwünsche Sie zu Ihrem Gatten. Er wird uns übermorgen mit einer fulminanten Rede überraschen, und wenn er sich zur Zukunft bekennen wird, also zu unserer Jugend, zur Blüte des

Landes, werde ich gewiß nicht der einzige sein, dem bei diesem Stichwort seine Gattin einfällt, unsere schöne Marie. Wenn Sie schon *vierzig* sind, bin ich der Kaiser von China.

Danke für das Kompliment, Genosse Vorsitzender!

Einige der Umstehenden grinsen, kein Zweifel, das Bonmot wird die Runde machen. Der *Chef de rang* stellt sich hinter ihren Sessel, die Königin setzt sich und lädt die Herren ein, es ihr gleichzutun. Max, die Gruppe Eins, der Bruder und Onkel Fox sinken auf ihre Plätze. Feierlich stoßen sie an, und mit der üblichen, vom gesamten Personal geschätzten Noblesse bittet die Gastgeberin den *Maître d'hôtel,* spätestens um Viertel vor zehn den Käse zu servieren, damit sie rechtzeitig in die Bar wechseln können.

Inhalt

Der Autor dankt der Schweizerischen Kulturstiftung PRO HELVETIA für die Unterstützung seiner Arbeit.